Beiträge zur Schulentwicklung

Per Dalin

Schule auf dem Weg in das 21. Jahrhundert

Mit einem Beitrag von Val D. Rust
und einem Vorwort von Hans-Günter Rolff

Die vorliegende Ausgabe basiert auf der
norwegischen und englischen Ausgabe
und wurde von Jochen Pöhlandt übersetzt

Luchterhand

Die Deutsche Bibliothek – CIP-Einheitsaufnahme

Dalin, Per:
Schule auf dem Weg in das 21. Jahrhundert / Per Dalin;
Val D. Rust. – Neuwied; Kriftel; Berlin: Luchterhand, 1997
(Beiträge zur Schulentwicklung)
ISBN 3-472-02578-6

Originaltitel der englischen Ausgabe:
Towards Schooling for the Twenty-First Century

Originaltitel der norwegischen Ausgabe:
Utdanning for et nytt århundre

Satz: Fotosatz Froitzheim AG, Bonn
Druck: Wilhelm & Adam, Heusenstamm
Printed in Germany, August 1997

Inhalt

Vorwort

Dieses Buch verdankt seine Entstehung zu einem erheblichen Teil den Ideen und Überlegungen Tausender von Menschen, die im Rahmen des Projekts *Schuljahr 2020* Konzepte und praktische Beispiele zu Bildungsfragen der Zukunft beisteuerten. IMTEC (The International Learning Cooperative) initiierte das Projekt im Jahre 1987 mit der Einladung einer Reihe von Fachleuten zu internationalen Konferenzen. Das erste Treffen fand in Finnland statt, wo die Gruppe das künftige Verhältnis von Schule und Medien analysierte. 1988 arrangierte das Mid-Continental Regional Educational Laboratory in Colorado, USA, gemeinsam mit IMTEC die zweite Konferenz; ihr Thema waren Strategien einer umfassenden Bildungsreform. Auf der dritten Konferenz, zu der britische Behörden IMTEC 1990 einluden, ging es vor allem um Bildung und Arbeit. Den Abschluß bildete 1993 eine vierte internationale Konferenz in Berlin, und zwar zum Thema *Das europäische Bildungs-Haus.* – Wir danken allen Teilnehmern dieser Konferenzen für ihre Anregungen.

Vorwort zur deutschen Ausgabe

Fast nichts ist so unklar wie die Zukunft der Schule. Die einen fürchten für die Wissenschafts- und Informationsgesellschaft eine totale Verschulung, also Lernen von morgens bis abends und von der Wiege bis an die Bahre. Die anderen glauben, daß die neuen Multimedia die Schule, zumindest die heutige, gänzlich überflüssig machen würden. Radikale Schulkritiker meinen zudem, die Schule müsse ohnehin abgeschafft werden, weil sie sich als unfähig zur Reform erwiesen habe.

In dieser Situation ist es wohltuend, dieses neue Buch von Per DALIN zu lesen; denn es enthält eine überzeugende Orientierung über die Zukunft der Schule wie von der Schule der Zukunft.

Es propagiert keine neue Prognosetheorie und auch keinen neuen Planungsansatz, die die Mängel der alten durch verbesserte Perfektion wettzumachen versuchen, sondern ein grundlegend anderes Paradigma der Schulentwicklung. Das bisherige Paradigma war in der Tat auch wenig erfolgreich. Nichts wurde so realisiert, wie es in den Zentralen geplant war. Was nicht schon an den politischen Interessengegensätzen hängenblieb, versandete spätestens auf dem Weg in die Schulen, bevor es überhaupt in Neuerungen oder Entwicklungen einmündete.

Das neue Paradigma erwartet deshalb auch weniger von zentraler Planung und politischer Prognose. Es verlangt allerdings politische Führung und administrative Unterstützung aller Art, von der Sicherung der Rahmenbedingungen bis zu wahrnehmbaren Angeboten der Lehrerfortbildung.

Das neue Paradigma setzt vornehmlich auf die Kraft der Schulen, genauer: jeder einzelnen Schule. Wir verdanken Per DALIN die griffige Formel, daß die einzelne Schule der Motor der Entwicklung ist. Dies plausibel und verständlich zu machen ist die zentrale Botschaft dieses Buches. Es versucht, diese Botschaft überzubringen, indem es

- Hinweise gibt auf die mit Sicherheit zu erwartenden gesellschaftlichen Umwälzungen, Revolutionen genannt, die für den bezeichneten Paradigmenwechsel ursächlich sind,
- die Perspektiven veränderter Kindheit darlegt,
- Visionen für die Bewältigung der dringlichsten Zukunftsprobleme aufscheinen läßt,
- Modelle künftiger Schulen entwirft und ausmalt,
- begründete Antworten auf die Frage nach der Güte von Schulen gibt,

- die Reformfähigkeit der Schulen nachweist, aber auch die
- Grenzen einer Schulreform von innen und von unten aufzeigt und damit den Blick wieder auf die politisch Verantwortlichen lenkt.

Per Dalin ist ein weltweit arbeitender und deshalb auch weltweit kundiger Schulentwickler und Schulberater, der auch in NRW und Bremen gewirkt hat. Er konnte deshalb ein hochinformatives Buch schreiben mit vielen Beispielen aus vielen Ländern in klarer Sprache. Per Dalin sieht die Probleme der Schule in einer diagnostischen Schärfe, die kaum zu überblicken ist. Aber er bleibt dennoch mit guten Gründen optimistisch.

Deshalb ist ihm ein Buch gelungen, das Lehrkräften wie Schulentwicklern, Politikern wie Verwaltern wertvolle Anregungen und Unterstützung zu geben vermag.

Prof. Dr. Hans-Günter Rolff
Leiter des »Instituts für Schulentwicklungsforschung« der Universität Dortmund

Vorwort zur norwegischen Ausgabe

Das vorliegende Buch ist das erste von zwei Büchern zum Thema Schulentwicklung. Es beruht im wesentlichen auf der von vielen Kolleginnen und Kollegen bei dem IMTEC-Projekt »Schule im Jahre 2020« geleisteten Arbeit. Dieses Projekt führte Einzelpersonen und Institutionen aus vielen Ländern in dem Bemühen um Zukunftsmodelle für die Schule zusammen.

Für mich begann die Beschäftigung mit diesem Thema im Jahre 1984, als ich einen Vortrag über »Die Schule der neunziger Jahre« zu halten versprach. Mir wurde klar, daß ich die grundlegenden Fragen noch zu wenig durchdacht hatte, und der Vortrag bestand daher aus einer Reihe für mich wichtiger Fragen. Damit setzte auch die Suche nach den Antworten ein.

Diese sind nur schwer zu finden. Das Zusammenspiel der Kräfte, die die gesellschaftliche Dynamik am Ende dieses Jahrhunderts prägen, ist so unübersichtlich und kompliziert, daß niemand es bis ins Letzte durchschaut. Aus ihm ableiten zu wollen, wie eine gute Schule für das 21. Jahrhundert aussehen sollte, ist noch ungleich komplizierter. Dennoch hoffe ich, zentrale Merkmale des Enwicklungsprozesses benannt und in übersichtlicher Form beschrieben zu haben, so daß der Leser sich ein ganzheitliches Bild machen kann.

Ich habe mich mit dem Stoff mehrere Jahre beschäftigt. Dabei wurde mir die Komplexität der aufgeworfenen Fragen immer mehr bewußt, je tiefer ich in sie eindrang. Eigentlich ist dieses Buch eine Unmöglichkeit, jedenfalls in dem begrenzten Rahmen, den ein Verlag akzeptieren kann. Viele Experten werden mit Recht sagen können, daß »ihr« Gebiet in der Breite wie in der Tiefe unzulänglich behandelt ist.

Das Buch erhebt also nicht den Anspruch, die Kräfte, die unsere Zukunft formen, umfassend zu analysieren. Ich beschränke mich auf das, was ich als Hintergrund der Frage nach den Möglichkeiten der künftigen Schule für besonders wichtig halte. Die in Kapitel 3 unter *Paradigmawechsel* behandelten Zusammenhänge sind für mich wesentlich; aber ich kann nicht mehr tun, als – sozusagen aus der Hubschrauberperspektive – eine *Übersicht* zu geben. Sie soll den Leser anregen, selbst tiefer einzudringen und so der Oberflächlichkeit entgegenzuwirken, die sich aus der bloßen Zurkenntnisnahme der Übersicht ergeben kann. So hoffe ich auf einen kritischen, vertiefenden Diskurs, der meine Überlegungen ergänzt und Alternativen benennt.

Wer meine früheren Arbeiten kennt, wird in dem vorliegenden Buch die Erörterung der praktischen Konsequenzen vermissen, die sich aus dem Dargelegten für die Schule ergeben. Sie sind erst Thema der beiden anderen Bände der Trilogie.

Vielen Kollegen habe ich für Anregungen und Kritik zu danken, vor allem meinem Freund Prof. Val D. Rust am UCLA in Kalifornien, mit dem ich bei einer englischsprachigen Publikation zur Zukunft der Schule zusammenarbeite. Hervorragend geholfen hat mir ein weiteres Mal Inger-Johanne Lange, die es auf unbegreifliche Weise versteht, unter allen Disketten, Manuskripten und Literaturhinweisen Ordnung zu halten.

Per Dalin, Oslo

1. Planen für das nächste Jahrhundert

Beginnen wir mit einem Gedankenexperiment: Wir stellen uns vor, daß wir im Jahre 1894 in Kopenhagen an einer Konferenz teilnehmen, die sich mit Fragen der künftigen Lehrerausbildung befaßt. In dem Eröffnungsvortrag sagt der Referent eingangs folgendes:

... Wir stehen vor einer fast unlösbaren Aufgabe. Diejenigen von Ihnen, die jetzt eine Stelle an einem Lehrerseminar antreten, werden am Ende ihrer Berufslaufbahn Kandidaten unterrichten, die ihrerseits als ältere Lehrer Schüler haben werden, die in 100 Jahren, 1994, noch berufstätig sind. Und wenn wir uns klarmachen, wie schnell unsere Gesellschaft sich schon jetzt verändert, müssen wir im nächsten Jahrhundert mit wenigstens ebenso großen Umwälzungen rechnen. Welche das sein werden, das wüßten wir gern, die wir die Aufgabe haben, die junge Generation auf eben dieses Jahrhundert vorzubereiten.

Ja, wer hätte 1894 die fast unglaublichen Veränderungen vorhersagen können, die im Laufe dieser 100 Jahre Realität geworden sind?

- Im Jahre 1900 waren Tuberkulose, Lungenentzündung und Syphilis die häufigsten Todesursachen, Krankheiten, die in den entwickelten Ländern heute so gut wie ausgerottet sind.
- 1900 arbeiteten 70% der Erwerbsbevölkerung in der Landwirtschaft, 20% in der Industrie und 10% in Dienstleistungsberufen. Der Industrie- und der Dienstleistungssektor sind heute gleich groß, und weniger als 5% sind noch in der Landwirtschaft tätig.
- Am Anfang dieses Jahrhunderts war Kohle der wichtigste primäre Energieträger. Im Laufe von nur drei Jahrzehnten übernahm das Erdöl diese Rolle.
- In den ersten 30–40 Jahren des Jahrhunderts wurden Erfindungen und Entdeckungen gemacht, die unsre Arbeits- und Lebensgewohnheiten von Grund auf veränderten: die Röntgenstahlen (1897), das Auto (1886), das Telephon (1901), der Traktor (1907), das Radio (1922), das Flugzeug (erster Linienflug 1936), das Penicillin (1939), der Mähdrescher (1939). Und mit diesen Beispielen ist erst eine kleine Auswahl der Innovationen genannt.
- In keinem früheren Jahrhundert gab es so viele soziale Veränderungen. Genannt seien die ersten Arbeitsgesetze, die russische Revolution (1917)

und die wachsende Macht der Arbeiter, die sich in der Sozialgesetzgebung der zwanziger und dreißiger Jahre niederschlug und die in Westeuropa im Aufbau eines umfassenden Systems der sozialen Absicherung zwischen 1950 und 1970 gipfelte. Die wichtigste Veränderung ist indes der Einzug der Frauen ins Erwerbsleben bis hin zu Führungspositionen.

- Kaum ein früheres Jahrhundert hat – jedenfalls in Europa – so viel Gewalt und Krieg gesehen wie das zwanzigste.
- In keinem anderen Jahrhundert der Neuzeit gab so viele soziale und ethnisch bedingte Konflikte und so große Flüchtlingsmigrationen.
- Niemals vorher gab es ein vergleichbares wirtschaftliches Wachstum. Die Industrialisierung schuf in Verbindung mit neuem Wissen, neuen Technologien und einer neuen Arbeitsorganisation ganz neue Voraussetzungen eines Wohlstandes für alle. Die Industrieproduktion in den OECD-Ländern vervierfachte sich allein von 1950 bis 1980. Zugleich aber wurde den meisten Menschen an ihrem Arbeitsplatz mehr abverlangt.
- Das Jahrhundert hat den Bewohnern der westlichen Industrieländer mehr Freizeit und eine höhere Lebenserwartung gebracht. Die meisten können sich eine ganze Reihe begehrter Güter und Dienste leisten. So entwickelte ein kleiner Teil der Menschheit eine spezifische Freizeit- und Urlaubskultur.
- Nach dem Zweiten Weltkrieg hat sich die Jugend nachdrücklich als eigenständiger Teil der Gesellschaft etabliert. Wegen ihrer Kaufkraft hat sie als Gruppe große Macht, und in der Popkultur besitzt sie ein eigenes Ausdrucksmittel und eine Kraft zur Realisierung ihrer Träume.
- In diesem Jahrhundert ist ferner die Kluft zwischen den reichen und den armen Nationen immer größer geworden. Einige Entwicklungsländer sind im Begriff, der Armut zu entwachsen, aber viele verharren in einer hoffnungslosen und entwürdigenden Situation.
- Am Ende des Jahrhunderts prägen die elektronischen Medien in ständig steigendem Maße den Alltag der meisten Leute, auch den Alltag in Wirtschaft und Politik. Eine neue, oft zentralistische Macht ist dabei, unserer ganzen Gesellschaft ihren Stempel aufzudrücken.
- Vor allem hat die Datenverarbeitung ganz neue Möglichkeiten eröffnet und zum Teil einschneidende strukturelle Veränderungen der Gesellschaft bewirkt, die den meisten von uns den Erwerb neuer Qualifikationen abverlangen.
- Im Jahre 1894 lebten 2 Milliarden Menschen auf der Erde. Heute sind es 5,5 Milliarden. Es dauerte mehrere hunderttausend Jahre, ehe (um das Jahr 1800) die erste Milliarde erreicht war. In nur hundert Jahren verdoppelte sich dann die Zahl, und diese wiederum verdreifachte sich in weiteren hundert Jahren!

Damit sind wir wieder bei unserer Konferenz im Jahre 1894. Wer hätte sich damals eine solche Zukunft vorstellen können? Die Frage stellen heißt grundsätzliche Zweifel daran wecken, ob Planung auf längere Sicht überhaupt möglich ist. Je rascher die Gesellschaft sich verändert, desto unwahrscheinlicher wird es, daß Planung zu irgend etwas nütze ist.

Jedoch ist die Alternative noch abwegiger: das passive Abwarten alles dessen, was kommen könnte. Der große Unterschied zwischen 1894 und heute ist vielleicht unsere Haltung zum »Fortschritt«: Unser Zweifel an ihm hält dem Glauben an ihn die Waage, wie u. a. Horkheimer und Adorno in ihrer »Dialektik der Aufklärung« ausgeführt haben (HORKHEIMER und ADORNO 1947). Hans Küng dagegen sagt es so:

Es liegt in der Natur der rationalen Aufklärung selbst, daß ihre *Vernunft leicht in Unvernunft umschlägt.* Nicht alle Fortschritte der Wissenschaft sind auch schon Fortschritte der Menschlichkeit. Zwischen der hominisierten und der zu humanisierenden Welt klafft nach wie vor ein Abgrund. Die eingeschränkte partikulare Rationalität von Naturwissenschaft und Technik ist nun einmal nicht die ganze, ungeteilte Vernünftigkeit, die wahrhaft vernünftige Rationalität (KÜNG 1992, S. 63 f.).

Jeder Blick in eine Tageszeitung lehrt uns, daß an unserem Umgang mit den Ressourcen der Erde in diesem Jahrhundert etwas von Grund auf falsch ist:

- Jeden Tag wächst die Erdbevölkerung um etwa 250 000 Menschen.
- Jeden Tag sterben 35 000 Kinder an Hunger oder Mangelkrankheiten.
- Jeden Tag werden ungefähr 4,6 Milliarden DM für militärische Zwecke ausgegeben, ein Vielfaches dessen, was für Entwicklungshilfe aufgewendet wird.
- Jeden Jag nehmen die Schulden der Entwicklungsländer um 460 Millionen DM zu. Die unfaßbare Summe von 2,6 Billionen DM, die die Entwicklungsländer den OECD-Ländern schulden, wird so immer noch höher.
- Jeden Tag sterben 100 Arten aus – für immer! –, und jedes Jahr wird ein Regenwaldgebiet von der doppelten Größe Dänemarks zerstört.
- Nachlässigkeit, Raubbau und Bevölkerungszunahme haben bewirkt, daß global gesehen pro Einwohner heute nur noch halb soviel Kulturland verfügbar ist wie 1950. Die Situation wird sich in den nächsten 30 Jahren noch weiter verschlechtern, die genannte Fläche wird von 2 800 auf 1 700 qm sinken. Die Nahrungsmittelerzeugung kann mit dem Weltbevölkerungswachstum nicht mehr Schritt halten. Die wichtige Reisproduktion ist in jedem der drei letzten Jahre gesunken, und die weltweite Lagerhaltung deckt heute nur mehr den Verbrauch von sechs Wochen.

Wir hätten auch andere Zahlen auswählen können – sie weisen alle in die gleiche Richtung: Es kann so nicht weitergehen. Die Welt steht vor ganz fundamentalen Richtungsentscheidungen, und diese werden in unser Leben und das der nachfolgenden Geschlechter in einer kaum vorstellbaren Weise eingreifen.

1.1 Der Paradigmawechsel

Dieses Buch handelt von dem Paradigmawechsel, den wir derzeit erleben, und seinen mutmaßlichen Auswirkungen auf Bildung, Ausbildung und Lernen in der Gesellschaft der Zukunft. Verbreitet ist die Auffassung, dieser Paradigmawechsel – vielfach als Übergang *von der Moderne zur Postmoderne* beschrieben – falle in die siebziger und achtziger Jahre; doch ist auch behauptet worden, so z. B. von Küng, schon das Ende des Ersten Weltkrieges 1918 sei die eigentliche »welthistorische Wasserscheide« gewesen (KÜNG 1992, S.20). Küng belegt das mit dem Hinweis auf grundlegende Veränderungen der Weltpolitik, die »Ausdruck eines tiefgreifenden Epocheneinbruchs« seien: den Untergang des Habsburgerreichs, den Zusammenbruch des ottomanischen Reichs und des chinesischen Kaiserreichs. Die Moderne, die um die Mitte des 17. Jahrhunderts mit der modernen Philosophie (Descartes), Naturwissenschaft (Galilei) und einem säkularisierten Verständnis von Recht, Staat und Politik begann, hätte von einer friedlichen postmodernen Weltordnung abgelöst werden können. Aber dies geschah nicht; der Nationalsozialismus in Deutschland, der Faschismus in Italien, der Kommunismus in der Sowjetunion und der japanische Militarismus bewirkten, daß das Jahrhundert von Konfrontationen, Unterdrückung und Kriegen geprägt war (a. a. O. S. 20–23).

Aber das war keine zwangsläufige Entwicklung. Schon am Anfang des Jahrhunderts gab es eine aktive Friedens- und eine schwungvolle Frauenbewegung und nicht zuletzt eine starke, deutliche Zivilisationskritik. Die vielen Katastrophen dieses Jahrhunderts haben trotz allem ein neues Fundament gelegt: Die Chance, eine qualitativ neue Zukunft zu schaffen, ist heute größer als je zuvor.

Derzeit ist die Welt in einer dramatisch bewegten Phase. Manche der Institutionen, die bisher zur Stabilität beitrugen, scheinen viel von ihrer Legitimität und Autorität verloren zu haben. Die Reaktionen auf diese Unsicherheit sind höchst verschieden. Einige hoffen nach wie vor, der allmächtige Gott werde die Menschheit irgendwie vor einer Katastrophe bewahren. Andere verhalten sich apathisch, genießen das Leben hier und jetzt und erwarten entweder ein Ende im Chaos oder setzen auf die Lösung der Probleme durch die nächste Generation. Wieder andere sehen das Chaos als notwendiges Durchgangsstadium zu einer von Grund auf anders organisierten Welt. Für sie sind revolutionäre Strömungen notwendig; die derzeitigen kräftigen Erschütterungen erscheinen als Teil eines Prozesses, in dem ein sterbendes Zeitalter sich in ein neues verwandelt.

Von den Entscheidungen, die wir *heute* treffen, wird es abhängen, ob wir eine neue und bessere Zukunft herbeiführen können. Wir können es uns nicht leisten, dazusitzen und abzuwarten. Wir – zumal diejenigen, die mit Bildung und Ausbildung zu tun haben und die Bürger von morgen auf ein Leben in Verantwortung vorbereiten sollen – müssen Stellung beziehen und handeln.

1.2 Planung heute

In vielfacher Hinsicht bedeutet das zunächst einmal Planung, d. h. Klärung der Ausgangspunkte, der Ziele, der Vorgehensweise. Aber eben hier liegt die Schwierigkeit; denn im Bildungssektor sind weder der Ausgangspunkt noch die Ziele und also auch nicht der Weg klar und eindeutig. Innovationen und Reformen sind auf mehreren Ebenen angesiedelt, vom Klassenraum bis zum System als Ganzem. John Simmons und Rolland Paulston wollen den Terminus *Bildungsreform* auf Veränderungen der Strukturen und der landesweit geltenden Normen beschränken, während sie unter *Bildungsinnovation* eine Veränderung auf der Mikro-Ebene verstehen (SIMMONS 1974, PAULSTON 1976). Mag diese Unterscheidung auch etwas willkürlich sein, so ist sie doch hilfreich insofern, als es vernünftig erscheint, örtlich begrenzte von großmaßstäbigen Reformbemühungen zu trennen.

Herkömmliche Planung im Bildungssektor folgt ungefähr diesem Muster:

1. Eine Schule, mit der man 10–15 Jahre Erfahrung hat (nicht nur in der Praxis, sondern auch in Evaluation und Forschung), weist bestimmte Mängel auf. Zu deren Untersuchung wird ein Ausschuß eingesetzt.
2. Aufgrund der erkannten Unzulänglichkeiten und einer Einschätzung der in den nächsten zehn Jahren zu erwartenden Entwicklung erarbeitet der Ausschuß Änderungsvorschläge. Das dauert in der Regel zwei bis drei Jahre.
3. Weitere ein bis drei Jahre vergehen, bis die Empfehlungen auf den politischen Ebenen diskutiert, ihre Verwirklichung durch Gesetze vorbereitet und alle erforderlichen Absprachen getroffen sind.
4. Es folgt eine mindestens fünfjährige Phase der Versuchs- und Entwicklungsarbeit und des Sammelns von Erfahrungen mit Pilotprojekten.

5. Die Durchführungsphase, in der alle Schüler im ganzen Land etwas anderes lernen, anders arbeiten und eine neue Schulwirklichkeit erleben, nimmt wenigstens 10–15 Jahre in Anspruch.

Natürlich ist dies kein starres Schema, es gibt durchaus Variationen. Dennoch können wir mit gutem Grund behaupten, daß nationale Schulreformen von der Konzeption bis zur landesweiten Durchführung mindestens 20 Jahre dauern. Das bedeutet, daß die Problemstellungen, auf denen eine Reform beruht, schon 25 Jahre alt sind, wenn sie überall umgesetzt ist! Allein diese zeitliche Dimension ist ein grundsätzliches Planungsdilemma. Es gibt zwar Politiker, die das Verfahren zu beschleunigen suchen; aber sie haben nur begrenzten Erfolg. Eine so komplexe und schwerfällige Organisation wie die Schule neigt dazu, Veränderungen zu unterlaufen, die sich nicht an die genannte Abfolge halten. Die Beteiligten vor Ort wissen auch, daß die Amtszeit der meisten Minister und das Gedächtnis der Institutionen kurz sind, und ferner mißtrauen sie Reformen, die sie nicht selbst mitgeplant haben.

Es gibt auch viele Versuche, direkt Veränderungen der Arbeitswelt durchzusetzen und daraus Folgerungen für Bildung und Ausbildung abzuleiten. Diese Reformbemühungen werfen eine Reihe methodischer Probleme auf. Die Autoren sehen die Konsequenzen ihrer Empfehlungen oft zu eng und konservativ und unterschätzen die Bedeutung der Mitarbeit der direkt Beteiligten an den intendierten Reformen. Statt deren *Richtung und Inhalt* zu benennen, erörtern sie hauptsächlich Zunahme und Rückgang des Bedarfs an bestimmten Qualifikationen. Das hat für unsere Perspektive nur begrenzten Wert (BAILEY 1991).

Das vorliegende Buch und die beiden folgenden, die mit ihm zusammen eine Trilogie bilden, möchten die Entwicklung der Schule auf eine neue Grundlage stellen. Diese Grundlage sind eine Analyse der in der heutigen Gesellschaft wirksamen wirtschaftlichen und sozialen Kräfte und bestimmte Vorstellungen von der künftigen Gesellschaft. Natürlich ist das ein sehr ehrgeiziges – manch einer wird sagen: allzu ehrgeiziges – Vorhaben. Viele Probleme können wir nicht im Detail behandeln. Wir müssen sozusagen ein Bild mit breitem Pinselstrich zeichnen. Wir sind uns darüber im klaren, daß es zu jedem der berührten Problemkomplexe viele Auffassungen und Auffassungsnuancen gibt und daß zu jedem Komplex Fachleute viel Wertvolles beitragen könnten. Diese Beiträge sind ausdrücklich erwünscht; wir setzen auf einen kritischen Dialog. Ohne ihn gibt es keinen Weg in eine gute Zukunft. Was wir hoffen tun zu können ist, einen *Überblick* über eine sehr verwickelte, komplexe Wirklichkeit zu geben. Wir verkennen nicht die Gefahr der Oberflächlichkeit, und dennoch meinen wir, daß diese Art der Orientierung gerade in einer Epoche der vielen und schnellen Veränderungen wichtig ist.

1.3 Die Gesellschaft der Zukunft

Wer sich der schwierigen und langwierigen Arbeit unterzieht, etwas so Komplexes wie das Bildungswesen zu verändern, muß sich vergewissern, daß sein Tun für die Welt von morgen relevant ist. Eine Vorstellung – oder zumindest eine vage Vision – der Gesellschaft, die wir in 30 oder 50 Jahren haben möchten, ist daher unverzichtbar. Denn auf die Gesellschaft von morgen soll die Schule ja vorbereiten.

Ein Bild dieser Gesellschaft zu zeichnen bereitet natürlich fast unüberwindliche Schwierigkeiten. Wer die Ölkrise von 1973 oder den Fall der Berliner Mauer 1989 erlebt hat, weiß, daß plötzliche, gänzlich unerwartete Ereignisse das Leben vieler einzelner und die Gesellschaft als Ganzes dramatisch verändern können.

Einen Ausweg aus diesem Dilemma sollen in dem vorliegenden Buch die »Revolutionen« zeigen. Mit diesem Terminus bezeichnen wir langfristig (d. h. auch in der überschaubaren Zukunft) wirksame, die Gesellschaft verändernde Grundströmungen von hoher Durchschlagskraft. Eine Revolution ist, kurz gesagt, ein gesellschaftlicher Paradigmawechsel. Wir wollen zu zeigen versuchen, wie mehrere dieser Revolutionen zusammenwirken, und daraus mögliche Szenarios ableiten (siehe Kapitel 3).

Die Vielfalt künftiger Möglichkeiten ist unübersehbar, eine exakte Entwicklungsprognose so gut wie unmöglich. Unser Ausgangspunkt ist daher ein anderer: Aus der »Kräfte-Analyse« (Kapitel 3) ergibt sich *nicht,* daß die Zukunft einfach *kommt;* sie wird *gemacht* – von aktiven, gebildeten, verantwortungsbewußten Personen, von Organisationen und Nationen. Die Zukunft, die wir uns wünschen, werden wir nur dann bekommen, wenn wir eine *Vision* von ihr haben. Von dieser Vision müssen alle Planungen ausgehen. *Eine* Vision wollen wir in diesem Buch skizzieren.

Visionen der Zukunft entstehen nicht in einem Vakuum. In ihnen drücken sich grundlegende Wertvorstellungen aus. Ohne »global standards«, verbindende Visionen, läuft die Welt Gefahr, in Chaos und Zusammenbruch zu enden. Die Menschheit steht vor der unendlich schwierigen Herausforderung, eine »Weltethik« zu formulieren, Spielregeln, die uns einer gewollten gemeinsamen Zukunft näherbringen können (KÜNG 1992).

1.4 Kinder und Jugendliche

Die Lebenssituation von Kindern und Jugendlichen ist in sehr raschem Wandel begriffen. Eine wachsende Zahl von Schülern fällt aus dem »normalen« Schulangebot heraus und bedarf besonderer Hilfe. Viele junge Leute werden aus der Schule in die Arbeitslosigkeit oder Unterbeschäftigung entlassen, immer mehr Schüler kommen aus stark belasteten, gestörten Familien. Das sogenannte *soziale Kapital,* die Bereitschaft der jungen Menschen zum schulischen Lernen, ist in fast allen Industrieländern geschwächt.

Zugleich sind der Schule im Kampf um die Aufmerksamkeit der Schüler starke Konkurrenten erwachsen. Das sind vor allem die elektronischen Medien, die Datenverarbeitung und die Gesellschaft der Jugendlichen selbst mit ihren Normen und ihren Erwartungen an ein gutes Leben. Die Schule kann nicht mehr überwiegend mit motivierten, lernwilligen Schülern rechnen.

Daraus ergibt sich die Frage, welche Institutionen im Leben der Kinder und Jugendlichen weiterhin von Bedeutung sind, was mit diesen Institutionen geschieht und wie sie auf die Institution Schule einwirken. Können wir eine Fortdauer der Trends der achtziger und neunziger Jahre unterstellen, oder zeichnen sich Alternativen ab?

Wenn die Schule nicht die tatsächliche Lebenssituation der Schüler zur Kenntnis nimmt, droht ihr Angebot oberflächlich zu werden. Das Wesentlichste überhaupt beim Lehren und dem Bemühen, Schüler zu motivieren und zu engagieren, ist das stimmige Verhältnis von Angebot und Nachfrage. Schule ist nicht nur Vorbereitung auf die Zukunft, sie ist auch gelebtes Leben hier und jetzt. Schüler brauchen eine Schule, die ihre Bedürfnisse und ihre Lebenssituation ernst nimmt. Die Frage ist, ob jemand derzeit ein verantwortbares Angebot formulieren kann, das sowohl den direkt empfundenen Bedürfnissen des Tages entspricht als auch auf eine ungewisse Zukunft vorbereitet (siehe Kapitel 2 und 3).

1.5 Die Lernerfordernisse

Was Schüler künftig lernen sollten, ergibt sich aus den Bedingungen, unter denen Kinder und Jugendliche in den nächsten Jahrzehnten aufwachsen werden. Sind die Kenntnisse und Fertigkeiten, die wir heute für grundlegend halten, auch in Zukunft wichtig? Was heißt eigentlich »grundlegend«? Und können diese Kenntnisse und Fertigkeiten ebensogut außerhalb der Schule erworben werden? Kann die Schule den oft schwierigen *sequentiellen Lernprozeß* gegen die Konkurrenz der Medien behaupten? Brauchen wir weiterhin eine nach

Fächern organisierte Schule, oder ist in der komplexen Welt, in die unsere Kinder hineinwachsen, problemorientiertes Lernen wichtiger geworden? In welchem Maße können die einzelnen Fächer den Kindern und Jugendlichen bei der Bewältigung der nur in Umrissen bekannten Probleme der Zukunft helfen?

Die jungen Leute sind einer verwirrenden Flut von Eindrücken, Wissensfragmenten und isolierten Informationen ausgesetzt. Die tieferen Lernbedürfnisse – das Leben zu ordnen, Zusammenhänge zu verstehen, die Bruchstücke zu verbinden, eigene Standpunkte zu entwickeln und argumentativ zu vertreten, vom bloßen Wissen zu wirklichem Verstehen fortzuschreiten – drohen darüber zu kurz zu kommen. Dies zu verhindern ist eine wichtige und schwierige Aufgabe der Schule.

Die Lernerfordernisse sind von einer Vision der Zukunft her zu definieren. Heute lernen Kinder wie Erwachsene das meiste außerhalb der Schule. Die Frage muß demnach lauten: Welche Bedürfnisse haben Kinder und Jugendliche in einer an Informationen wie an Konflikten reichen künftigen Welt? Welche werden durch das »Alltagslernen« befriedigt, und welche fallen in den Aufgabenbereich der Schule?

1.6 Was ist eine gute Schule?

Was sind Kenntnisse? Wie geschieht Lernen? Was kann die Schule künftig tun, um die Lernfähigkeiten der Schüler wirklich zu nutzen und so einer sinnvolleren Schule für das 21. Jahrhundert den Boden zu bereiten?

In den letzten zehn Jahren ist viel darüber diskutiert worden, welche Faktoren für eine »effektive Schule« konstitutiv sind. So wichtig dies ist, so wenig relevant ist es doch in unserem Zusammenhang, einfach weil die Grundfrage, was denn eine *gute* Schule ausmacht, die Kinder auf die Gesellschaft von morgen vorbereiten soll – und die zugleich ein Stück Leben hier und heute ist! –, nicht gestellt wird. Es ist dies eine normative Frage, die von vorrangigen Lernerfordernissen auszugehen hat. Diese lassen sich, wie gesagt, nicht benennen ohne die Zielvorgabe einer bestimmten Vorstellung von der künftigen Gesellschaft.

Ins Praktische gewendet, muß die Frage lauten, welche Lerninhalte und welche Erfahrungen die Schüler am besten auf eine veränderliche Welt vorbereiten können. Was die jungen Menschen in der Schule tun, sollte mit dem Leben, das sie nach der Schulzeit führen werden, etwas zu tun haben.

Eine gute Schule ist eine, die selbst lernt, eine *lernende Schule,* die sich kontinuierlich wandelt, eine lebendige Institution, die zum Lernen anregt und in der jeder seine Rolle verantwortungsbewußt wahrnimmt. Wir möchten in diesem Buch zeigen, daß die Diskussion um die gute Schule in jedem Falle die folgenden Momente berücksichtigen sollte:

1. Visionen der Gesellschaft der Zukunft, die sich ergeben aus einer Einsicht in die Kräfte, die unsere Gesellschaften heute und in den kommenden Jahren formen;
2. Verständnis der Welt der Kinder und Jugendlichen – heute und in den kommenden Jahrzehnten;
3. Klärung der Lernbedürfnisse von Kindern und Jugendlichen in einer komplizierten, an Informationen wie Konflikten reichen Welt;
4. Analyse der spezifischen Rolle der Schule in der lernenden Gesellschaft der Zukunft; Versuch, die Merkmale einer »guten Schule« zu benennen.

1.7 Theorien der Schulentwicklung

Schulentwicklung war und ist der Mittelpunkt der Arbeit der Stiftung IM-TEC. Dabei ging es bisher vor allem um Studien von in Veränderung begriffenen Schulen und um praktische Schulentwicklung. Diese Studien haben gezeigt, daß das, was während der Umsetzung einer Idee in die Wirklichkeit geschieht, das Resultat maßgeblich bestimmt. Ideen mögen noch so gut sein; wenn sie nicht in einer Weise umgesetzt werden, die in dem komplizierten System der Bildungseinrichtungen »ankommt«, hat alle Planung wenig Sinn. »Implementation dominates outcomes« lautete die Schlußfolgerung der Forscher der RAND Corporation, die in den siebziger Jahren mehrere Hundert bundesstaatliche Projekte untersuchten, die bestimmte Wirkungen in der Schule zeitigen sollten (BERMAN und McLAUGHLIN 1977). Viele wichtige und gute Ideen wurden nie in der Wirklichkeit erprobt, und einige weitere kamen nicht über das Versuchsstadium hinaus. Die meisten Veränderungen blieben an der Oberfläche und erreichten nicht den Kern der Schulwirklichkeit.

Eine bessere Wirklichkeit kann nur erreichen, wer über gründliche Kenntnisse der Schule als Organisation sowie der Theorie der Schulleitung und Schulentwicklung verfügt. Auf die unverzichtbaren theoretischen Grundlagen geht daher das zweite Buch dieser Reihe ausführlich ein.

1.8 Strategien der Schulentwicklung

Was können wir praktisch tun? Was muß geschehen, damit die Praxis wirklich so verbessert wird, daß die Schule als Institution zu einer »guten Schule« für die Gesellschaft der Zukunft wird? Dies ist das Thema des geplanten zweiten Buches.

Eine Strategie der Schulentwicklung sieht in dem *einzelnen Lehrer* oder Schulleiter den Träger der Veränderung und bezweckt daher eine Stärkung seiner Kompetenz. Die Auffassung, daß Veränderungen von Individuen ausgehen, hat in der Schule eine lange Tradition. Im Klassenunterricht der fächerorientierten Schule sind solche Veränderungen zum Positiven nachweisbar. Ungeklärt ist noch, ob sich lehrerbezogene Strategien auch in nicht fächerorientierten Schulen und in der Personalentwicklung – soweit es um leitende Funktionen geht – positiv auswirken.

Eine andere Strategie geht von der *einzelnen Schule* als Einheit der Veränderung aus. Sie sieht die Schule als einen Organismus, dessen Teile zusammenhängen. Die Schulkultur entscheidet darüber, ob Veränderungen sich durchsetzen und zu Verbesserungen führen; gemeinsame Visionen und Ziele sind Bedingungen des Fortschritts. Wir wollen an einer Reihe von Beispielen Möglichkeiten und Grenzen dieser Strategie aufzeigen.

Die am meisten verbreitete Strategie sieht im *System* den Träger der Veränderung. Systemstrategien werden mit unterschiedlichem Erfolg in allen Ländern erprobt. Ihre Stärken und Schwächen sind sowohl gründlich erforscht als auch aus der Praxis gut bekannt.

Heute zeichnen sich in vielen Ländern Rollenveränderungen im System ab. Mehr Freiheit für die einzelne Schule und eine beträchtliche Dezentralisierung der Entscheidungen auf die kommunale Ebene sind deutliche Tendenzen. Damit wird die Frage wichtiger, wie dennoch eine ungefähr gleiche Qualität gesichert werden kann. Wir werden auf verschiedene Praktiken der Qualitätssicherung und ihr Verhältnis zur Schulentwicklung eingehen.

1.9 Die drei Hauptperspektiven

Damit ist das Vorhaben, das wir mit den Bänden dieser Serie verfolgen, hinreichend beschrieben. Es sollen drei Hauptperspektiven der Schulentwicklung vorgestellt werden:

- *Die gute Schule* des nächsten Jahrhunderts, beruhrnd auf einer umfassenden Analyse der die Gesellschaft transformierenden Kräfte, auf Visionen der künftigen Gesellschaft und auf einer Kenntnis der Lernerfordernisse, denen die Schule am besten gerecht werden kann.

- *Schulentwicklungstheorie,* beruhend auf einer Analyse der Spezifika verschiedener Organisationstypen, im besonderen der Schule, sowie der Voraussetzungen, die bei der Leitung und im Verfahren erfüllt sein müssen, wenn praxisorientierte innovative Schulentwicklung gelingen soll.

- *Alternative Praxis,* die Darstellung verschiedener Versuche, die Schule zu verändern, beruhend auf einer Evulation von Versuchen aus mehreren Ländern.

Kinder und Jugendliche in der Gesellschaft der Zukunft

Die Lebensumwelt junger Menschen und damit die Verhältnisse, unter denen sie aufwachsen, verändern sich. Die Kenntnis dieses Hintergrunds ist unerläßlich, wenn Schulentwicklung den Interessen der Schüler dienen und ihre Lernmotivation fördern will. Zum Glück sind die Einflüssse des Elternhauses, der Arbeitswelt, der Beziehungen zu Gleichaltrigen, der Kirche und der Medien auf die Jugendlichen gründlich untersucht worden (COLEMAN 1987; COLEMAN und HOFFER 1987). In den kommenden Jahren wird ein Verständnis dieser Einflüsse noch wichtiger werden, weil die Rolle der Schule sich von Grund auf verändern muß, wenn sie den Kontakt zu den anderen, rasch sich wandelnden Einflußfaktoren nicht verlieren will.

Schulen müssen auf die pragmatischen Forderungen reagieren, die in zunehmendem Maße an sie gestellt werden. Zum Beispiel erfordern die neuen Technologien eine längere Ausbildung, aber es wäre abwegig, wollte man darunter mehr konventionelles Lernen zur Vorbereitung auf die Arbeitswelt verstehen; denn als Arbeitskräfte im herkömmlichen Sinne sind die jungen Leute immer weniger gefragt. Lernprogramme sind, zumindest teilweise, auf den sich verändernden Arbeitsmarkt und die zu erwartenden Bedürfnisse neuer Industrien abzustellen. Jugendliche müssen auf die künftige Arbeitswelt durch Erwerb angemessener Kenntnisse, Einstellungen und Verhaltensweisen vorbereitet werden.

Wir wissen nicht genau, welche Rolle der Schulbesuch im nächsten Jahrhundert spielen wird. Die Schaffung einer abgeschirmten, der Persönlichkeitsentwicklung und Erziehung von Kindern und Jugendlichen dienenden Umgebung ist ein in der Geschichte der Menschheit relativ neuer Gedanke. Noch am Anfang des 20. Jahrhunderts war Schulbesuch ein Privileg der Mittelschicht, die ihren Kindern eine lange Ausbildung finanzieren konnte. Erst in den fünfziger und sechziger Jahren wuchs im Zuge der wirtschaftlichen Entwicklung in den westlichen Ländern allmählich die Vorstellung, daß alle Jugendlichen die Chance einer längeren Ausbildung haben sollten und daß der Staat deren Finanzierung zu einem erheblichen Teil gesetzlich zu garantieren habe (HURRELMANN 1989).

Nach dem Zweiten Weltkrieg errichteten einige westliche Länder sehr bald einen Wohlfahrtsstaat, der manche der verbliebenen Bildungshindernisse beseitigte. Die skandinavischen Länder zum Beispiel erlebten ein wirtschaftliches Wachstum, das in der Geschichte seinesgleichen sucht und welches bewirkte, daß diese Länder heute zu den reichsten der Welt gehören. Sie schufen ein Bildungsmodell, das private Initiative mit öffentlicher Kontrolle zu verbinden suchte, so daß die gerechte Verteilung der Ressourcen zum Ideal wurde. Daher waren die skandinavischen Länder auch unter den ersten, die den Jugendlichen während einer teilweise langen Ausbildungszeit ein von Familie und Kirche einigermaßen unabhängiges Leben ermöglichten.

2.1 Die Sozialisation von Kindern und Jugendlichen – ein Rückblick

In den modernen westlichen Gesellschaften hat die Verantwortung für Kindererziehung grundlegende Veränderungen erfahren; sie hat sich von den Familien wegverlagert. Im vorindustriellen Europa waren Kindererziehung und Ausbildung im wesentlichen informelle Prozesse. Die Erziehung oblag hauptsächlich der Familie, die damals allerdings eingebettet war in ein Umfeld, in dem der Haushalt mit Nachbarn, Gemeinde und Kirche in einem integrierten, fugenlosen Netzwerk verbunden war. Die Kinder konnten nur schwer ausmachen, wo die Familie aufhörte und die größere Gemeinschaft anfing. Dennoch hatten die Familie und der einzelne Haushalt die Hauptverantwortung für die Heranwachsenden und waren auch die wirtschaftliche und soziale Grundeinheit, die in viel stärkerem Maße als heute für die Produktion von Nahrung und Waren und sogar für das religiöse Leben sorgte. Im vorindustriellen Europa waren die Familie und die Zünfte die wichtigsten wirtschaftlichen Institutionen, und eine Lehrzeit in enger Bindung an einen Meister war der eigentliche Eckpfeiler des Hineinwachsens der jungen Leute in ein Handwerk oder eine andere Beschäftigung. Was sich »Schule« nannte, war damals kaum mehr als eine Art Lehrzeit für angehende Pfarrer und Lehrer. Durch die Zunftordnung wurde das Kind einem Zunftmeister anvertraut, an den es eng gebunden war. Dieser war in aller Regel kein Fremder; denn der Zugang zu einem Beruf (durch die Aufnahme als Lehrling) hing allgemein von Verwandtschaftsbeziehungen ab: Bestimmte Familien kontrollierten die Mitgliedschaft in den Zünften, so daß die Zunft mit der Familie und dem Haushalt im weiteren Sinne eng verflochten war. So waren, anders gesagt, sogar die Berufsvorbereitung und das wirtschaftliche Verhalten in Familie und Haushalt eingebettet.

Mit der Entstehung der Industriegesellschaft im neunzehnten Jahrhundert differenzierte und spezialisierte sich allmählich die Sozialisation der Kinder. Ein Hauptmerkmal dieser Entwicklung war, daß verschiedene Institutionen ihre organische Verbundenheit mit anderen Institutionen verloren, somit autonomer wurden und sich auf sich selbst zurückzogen. Die Großfamilie wurde nach und nach auf eine kleine Einheit aus Mann, Frau und Kindern reduziert. Während diese »Kernfamilie« vor allem für die Sozialisation in der frühen Kindheit zuständig blieb, übernahmen andere Institutionen eine jeweils spezifische Teilverantwortung für die späte Kindheit und die Jugendzeit. Die Schule wurde für die allgemeine Ausbildung verantwortlich, der Arbeitsplatz für die Berufsausbildung, die Kirche für religlöse Unterweisung, etc. (ARIES 1975). In diesem neuen Sozialisationsmodell nahmen also mehrere Institutionen in ihrem Zusammenwirken die Aufgabe wahr, die Jugendlichen auf ihre spezifische Geschlechts-, Sozial- und Berufsrolle vorzubereiten. Ausbildung und Sozialisation wurden so zu einem *öffentlichen* Anliegen, das die vertrauten überkommenen Bindungen schwächte. Die Entwicklung der Persönlichkeit und der Fertigkeiten junger Leute wurde damit auch in zunehmendem Maße zum Gegenstand politischer Auseinandersetzungen. Nach einiger Zeit stabilisierte sich die Situation wieder, so daß jede Institution ihre spezifische Rolle in dem übergeordneten Sozialisationsprozeß spielen konnte.

In den letzten 30–40 Jahren jedoch hat sich das im System ursprünglich bestehende Gleichgewicht stark zur Schule hin verschoben. Die Schülerzahlen sind förmlich emporgeschnellt, und die Dauer des Schulbesuchs ist derart angestiegen, daß die Schule heute im Leben junger Leute eine enorme Zeit beansprucht. Die sozialistischen Staaten Mittel- und Osteuropas beispielsweise mochten den Familien die wichtige Aufgabe der Vermittlung von Werten nicht anvertrauen und bauten systematisch Einrichtungen der formalen Bildung und Ganztagsbetreuung auf, die für die Kindererziehung von der Geburt bis zur Schwelle des Erwachsenenalters verantwortlich waren. In der früheren DDR hatten 1955 9,1% der Kinder bis zu zwei Jahren einen Platz in einer Kinderkrippe; 1975 war dieser Anteil auf 50,8% und 1987 auf 68,1% gestiegen. Der Anteil der Drei- bis Sechsjährigen, die einen Kindergarten besuchten, nahm im gleichen Zeitraum von 34,5% über 84,6% auf 93,6% zu (LIEGLE 1990, S. 162). Man könnte derart einschneidende Veränderungen als Besonderheit des Ostblocks abtun, wenn nicht die Entwicklung in der westdeutschen Bundesrepublik ganz ähnlich verlaufen wäre: Hier stieg der Anteil der Kindergartenkinder von 32,7% im Jahre 1965 über 65,5% 1975 auf 79,0% 1987 (LIEGLE 1990, S. 162). Der gleiche Trend zeigt sich in ganz Westeuropa.

Am anderen Ende des Bildungssystems ist zu beobachten, daß junge Menschen länger als jemals zuvor in der Schule verbleiben. Die Dauer des obligatorischen Schulbesuchs wurde in den meisten westeuropäischen Ländern schrittweise von sieben auf acht, neun und zehn Jahre ausgedehnt. Der Anteil der Fünfzehnjährigen, die eine Vollzeitschule besuchten, stieg in der Bundesrepublik von 1960 bis 1986 von 38,3% auf 93,7%. Die entsprechenden Zahlen für die Neunzehnjährigen sind 10,2% und 23,2% (BAETHGE 1989, S. 41). Solche strukturellen Verschiebungen – zusammen mit wichtigen wirtschaftlichen und technologischen Veränderungen – sind für den Sozialisationsprozeß von erheblicher Bedeutung.

Wer die Funktion von Bildung und Ausbildung in der Gesellschaft der Zukunft verstehen will, muß diese Wandlung der Bedingungen kennen, unter denen Kinder und Jugendliche heranwachsen und lernen. Die Gesellschaften von ehedem, für die die *Entwicklungsoptimisten* Bildung planten, unterschieden sich ganz wesentlich von den heutigen.

2.2 Elternhaus und Familie

Die Familie als Institution hat ihren Charakter im Laufe dieses Jahrhunderts gewandelt; an die Stelle der Großfamilie mit ihrem großen Haushalt trat die Kernfamilie. Mit ihr verbindet sich normalerweise die Vorstellung von dem Mann als Ernährer, der Frau als Hausfrau und kleinen Kindern, die zusammen, ohne weitere Verwandte, in einer separaten Wohnung oder einem Haus leben. Dieser Familientyp ist zum anerkannten Standardmodell geworden, weil seine Struktur den Bedürfnissen einer hierarchischen, bürokratischen industriellen Gesellschaft entgegenkam, die von den Beschäftigten Mobilität und Ersetzbarkeit erwartete. Er paßte auch gut zu der die moderne Gesellschaft durchdringenden Spezialisierung, die Familienleben und Arbeitsleben strikt trennte.

Die Kernfamilie des Industriezeitalters bleibt das allgemeine Ideal, und viele neigen dazu, die meisten unserer sozialen Mißstände dem Dahinsiechen dieser Institution anzulasten – womit sie zugleich behaupten, der einzige Weg zur Behebung dieser Mißstände sei die Wiederherstellung der Kernfamilie. Während sie aber solchermaßen das Ideal hochhalten, hat die Kernfamilie sich schon transformiert. Mit der Familie hat auch das Heim als Institution sich gewandelt, und wir fangen gerade an, verschiedene bleibende Folgen dieser Wandlung zur Kenntnis zu nehmen:

- Die Familien sind kleiner.
- Geschwister sind oft durch nur geringen Altersabstand getrennt.
- Die Eltern sind jünger.
- Beide Elternteile arbeiten außerhalb des Hauses.
- Es gibt viele alleinerziehende Mütter und Väter.
- Die Freizeit wird immer länger.
- Die Medien und die Konsumgüterindustrie liefern Produkte, die den verschiedenen Altersgruppen sozusagen auf den Leib geschneidert sind.

- Erwachsene und Kinder verbringen weniger Zeit gemeinsam.
- Innerfamiliäre Konflikte werden immer weniger von der Familie selbst gelöst und und immer mehr vom *Sicherheitsnetz* der Gesellschaft.

Diese Stichworte beschreiben eine allmähliche Entwicklung in der zweiten Hälfte dieses Jahrhunderts. Die ursprüngliche Kernfamilie funktionierte in der Industriegesellschaft gut. Sie war hierarchisch aufgebaut, sie konnte sich wechselnden Umständen schnell anpassen, und sie schuf sich eine *Privatsphäre* mit spezifischen privaten Normen und ein davon getrenntes Arbeitsleben, das seine Spielregeln selbst bestimmte. Die Dominanz der Kernfamilie endete jedoch rasch, und heute ist sie nur mehr eine von vielen möglichen Lebensstilen. Anders gesagt: Die Kernfamilie bleibt eine wichtige und lebbare Option, aber sie ist nicht die einzige. Schätzungen besagen, daß mit der normalen Kernfamilie, bestehend aus dem Mann als Ernährer, der Frau als Hausfrau und zwei Kindern, heute nur noch 7% aller amerikanischen Familien beschrieben sind. Auch wenn man den Begriff weiter definiert, so daß er andere Kinderzahlen und eine berufstätige Frau einschließt, gehören mehr als zwei Drittel der erwachsenen Amerikaner nicht einer solchen Familie an, und der Anteil steigt in schnellem Tempo weiter (TOFFLER 1980, S. 211 f.).

In den USA ist ein starker Trend zum Einpersonenhaushalt zu beobachten. Die Zahl der alleinlebenden jungen Erwachsenen verdreifachte sich im Laufe der siebziger Jahre und ist seither weiter gestiegen. Hinzu kommen ältere Erwachsene, die ein Leben als Single der Partnersuche vorziehen. Viele dieser Alleinstehenden ziehen Kinder auf. Schon jedes siebte Kind in den USA lebt heute mit nur einem Elternteil zusammen; in Großbritannien ist es jedes zehnte. Ein anderer kennzeichnender Trend ist der zur kinderlosen Familie. Das ganze Industriezeitalter hindurch war es ungewöhnlich, daß eine Frau kein Kind hatte; aber jetzt ist fast ein Drittel aller verheirateten Frauen kinderlos, und zwar meist gewollt kinderlos. In der Tat meinen verheiratete Paare oft, daß Kinder ihren Lebensstil zu sehr verändern würden, und entscheiden sich daher gegen Kinder.

Doch trotz ihrer Schwächung behauptet die Familie im Leben von Kindern und Jugendlichen eine zentrale Stellung. Dabei können andere Institutionen theoretisch einen Teil der jetzt von der Familie getragenen Verantwortung übernehmen. Eine wachsende Zahl von Familien schließt sich aus diesem oder jenem Grunde zu sogenannten Poly-Familien zusammen. Eltern können Wohngemeinschaften bilden, in denen eine Person, in der Regel eine Mutter, zu Hause bei den Kindern bleibt, während die anderen außer Hauses ihrem Beruf nachgehen (MAYLEAS 1978). In den USA wird sogar die Legalisierung der Polygamie diskutiert, weil einige Frauen eine verheiratete Frau als Erzieherin der Kinder wünschen und dabei selbst auch verheiratet und zugleich berufstätig sein wollen.

Zu den neuen Optionen des Zusammenlebens gehören auch homosexuelle Partnerschaften, für eine begrenzte Zeit geschlossene Vertragsehen, Heiraten in Serie, Kommunen, erweiterte Familien, Zweckgemeinschaften mit festgelegter Verteilung der Ausgaben und Aufgaben, etc. Wahrscheinlich läßt sich verallgemeinernd sagen, daß in Zukunft keine dieser Optionen dominieren wird. Mag sich auch die Mehrzahl noch immer für die traditionelle Familie entscheiden, das Leben wird durch die Wahlmöglichkeiten und ein breiteres Spektrum der Arrangements des Zusammenlebens gekennzeichnet sein.

Die Bindung der Familie an die Welt der Arbeit und Produktion lockert sich immer mehr. Vor allem in der Landwirtschaft werden immer weniger Arbeitskräfte benötigt. Gerade in ihr war ja der größte Teil der Arbeit an das Haus und seine nächste Umgebung gebunden, und die ganze Familie war am Produktionsprozeß beteiligt. Auch die Kinder arbeiteten schon auf dem Feld mit, waren für bestimmte Arbeiten verantwortlich und hatten klare Rollenmodelle. Im Zuge des Strukturwandels, mit der Verlagerung des Schwerpunktes der Wirtschaft zur Industrie und zu neuen Technologien, mußten die Arbeiter ihre Häuser verlassen, wollten sie eine einträgliche Beschäftigung finden. Fabrik- und Büroarbeitsplätze wurden dabei nicht nur räumlich und wirtschaftlich, sondern auch psychologisch, im Sinne einer *Corporate Identity*, von der Wohnung getrennt.

Die Wirtschaft des Industriezeitalters und die jetzt heraufziehende Informationswirtschaft schufen eine völlig neue Gesellschaft. Das eigene Haus als Produktionsstätte ist fast ganz verschwunden, und wo es noch existiert, hat es den Anstrich des Unmodernen, eines vom eigentlichen Wirtschaftsleben abgeschnittenen Winkels. Die Auswirkungen dieses Wandels interferieren mit denen der zunehmenden Besetzung außerhäuslicher Arbeitsplätze durch Frauen. In Norwegen z. B. waren 1992 46% aller in Voll- und Teilzeitstellen Beschäftigten Frauen (980 000 von ca. 2,4 Millionen). In diesem Land waren die sechziger und siebziger Jahre geprägt vom Ausbau des modernen Wohlfahrtsstaates, der aus den in einer expandierenden Wirtschaft anfallenden Steuergeldern finanziert wurde. Mit der Ablösung der Erwerbsarbeit von den Wohnungen ging eine ebenso wichtige Veränderung einher: Die Fürsorge für Alte, Kranke und Kinder wurde in zunehmendem Maße der Gesellschaft übertragen, einfach weil kein Erwachsener zu Hause war, der sich ihrer hätte annehmen können. Beruflicher Ehrgeiz und das Streben nach einem höheren Lebensstandard machten Wohlstand und Fürsorge für die Familie zu konfliktreichen Alternativen. Infolgedessen begannen soziale Institutionen die Lücke zu besetzen und einen Teil der Aufgaben zu übernehmen, die früher ganz selbstverständlich von der Familie wahrgenommen wurden.

In den achtziger Jahren wurden die Selbstheilungskräfte der Wirtschaft ernsthaft auf die Probe gestellt. Konkurse, Kursstürze an der Börse und eine erdrutschartig ansteigende Arbeitslosigkeit waren Ausdruck gestörter Rahmenbedingungen. Die Wohlfahrtsstaaten, z. B. die skandinavischen, vor allem Schweden, waren besonders betroffen, weil ihre Wirtschaft jetzt auf mehreren Gebieten der offenen europäischen Konkurrenz ausgesetzt wurde. Die wirtschaftlichen Störungen verstärkten den Druck auf die Familien; die Zahl der Ehescheidungen stieg, und damit stiegen die persönlichen Belastungen des einzelnen und die Folgekosten in den Sozialhaushalten.

Die Konsequenzen für die Kinder sind erheblich. Die Familien erscheinen ziemlich überfordert, da sie ihre herkömmliche Funktion nicht mehr erfüllen, und viele Forscher meinen, daß heutige Familien nicht mehr auf einem so sicheren Fundament ruhen wie die früherer Zeiten. Ferner besteht eine wachsende Zahl von Haushalten aus gebildeten, hochqualifizierten und finanziell abgesicherten kinderlosen Erwachsenen (COLEMAN 1987, S. 4 f.). All dies ist alarmierend, weil die Familie und die mit ihr gegebenen persönlichen Bindungen für die Mehrzahl der Kinder nach wie vor am wichtigsten sind (HURRELMANN 1989).

In größeren Städten sind Wohnung und Schule von den Arbeitsplätzen oftmals in einem Maße getrennt, daß man von zwei verschiedenen Welten sprechen muß. Der Vater und die Mutter finden durch ihren Beruf erwachsene Freunde. Diese Kontakte überschneiden sich möglicherweise nie mit der Familie. So bauen die Eltern allmählich ein Netzwerk außerhalb von Wohnung und Nachbarschaft auf. Manche (Alte und Junge!) haben sogar ihre *Freunde* in den elektronischen Netzwerken! So wird das für ein wirkliches Funktionieren der Familie so wichtige nahe Umfeld weiter geschwächt.

Die Eltern verbringen weniger Zeit mit ihren Kindern, und die Unzuverlässigkeit der Erwachsenen ist ein Nährboden für Jugendkulturen. Da ist es nur konsequent, daß die Jugendlichen immer mehr Macht in der Gesellschaft bekommen. Selbst in einem Wohlfahrtsstaat wie Norwegen hat heute über die Hälfte der Teenager, einschließlich der Schüler, einen Job (BJØRNDAL 1988). Der freie Markt nutzt das Know-how der Werbebranche und hat die Jugendlichen, die ihre eigenen Mittel haben und in den Geschäften und Warenhäusern wählen können, was sie wollen, als Zielgruppe entdeckt. Sie können in der Regel über die Mittel allein verfügen und setzen ihre eigenen

Konsumstandards. Jugendliche mit Geld und ohne Beaufsichtigung durch Erwachsene haben auch großen Einfluß in der Musikindustrie.

Die Familie und die Bedeutung des sozialen Kapitals: Es gibt einige Studien zum *Familienfaktor* beim Lernen. Sie gehen der Frage nach, welche Bedeutung Familiengeschichte und Milieu für den Schulerfolg haben und ob ein Einfluß des Milieus, in dem Kinder aufwachsen, unabhängig von ererbten Anlagen und Fähigkeiten nachweisbar ist. Eine wichtige einschlägige Untersuchung ist *Public and Private Schools: The Impact of Communities* (COLEMAN und HOFFER 1987).

Coleman und Hoffer argumentieren, mit dem sogenannten *Schulvertrag* zwischen Elternhaus und Gesellschaft sei der Schule ein bestimmter Teil der Verantwortung für die Kindererziehung übertragen worden. Diese Übertragung sei aus einer einvernehmlichen Absprache zwischen Elternhaus und Schule hervorgegangen und habe gute Ergebnisse erbracht. Der Schule habe man u. a. die folgenden Aufgaben zugewiesen:

- den Schülern Lernmöglichkeiten zu bieten – durch einen klar umrissenen Lehrplan, bestimmte Fächer, Bereitstellung von Materialien und qualifizierte Lehrer;
- Forderungen zu stellen – in Form von regelmäßigen Hausarbeiten, Tests und Prüfungen;
- die Schüler zu belohnen und zu bestrafen – durch tägliche Rückmeldungen, persönliche Zuwendung, Noten, Zeugnisse und Rücksprachen mit den Eltern.

Hierin sähen Eltern, Schüler und Lehrer gleichermaßen selbstverständliche Aufgaben der Schule. Diese könne ihre Aufgaben aber nur dann erfüllen, wenn auch die Elternhäuser ihren Teil des Vertrages einhielten. Sie müßten

- ein positives Lernumfeld schaffen, die Kinder bei ihren Schulaufgaben unterstützen und ermutigen und sie zur Erledigung der Hausaufgaben anhalten;
- positive Haltungen zur Schule bestärken, die Wichtigkeit der Schule betonen, so daß die Kinder fleißig sind, Schwierigkeiten nicht ausweichen und begonnene Arbeiten zu Ende führen;
- das Selbstgefühl der Kinder entwickeln, sie zu dem anregen, was sie gern und mit Erfolg tun.

Coleman und Hoffer wollten die Bedeutung des sogenannten sozialen Kapitals für das Lernen ermitteln. Im ersten Teil ihrer Untersuchung geht es um die Frage, ob es zwischen privaten und öffentlichen Schulen in den USA Unterschiede in den meßbaren Erfolgen gibt. Geringe Unterschiede in den durchschnittlichen Zensuren und in der Zahl vorzeitiger Abgänger wären Anzeichen einer erfolgreichen Sozialpolitik. In den USA gibt es eine große Zahl privater Schulen aller Art, vor allem Sekundar- und Hochschulen. Darunter sind solche, die sich von den öffentlichen in puncto Einkommensniveau und Sozialstatus der Eltern nicht wesentlich unterscheiden. Coleman und Hoffer ermittelten den Anteil der vorzeitigen Abgänger aus der *high school,* und zwar gesondert für öffentliche, private und private katholische Schulen.

Es gibt einen Unterschied zwischen öffentlichen Schulen (14,3%) und privaten (11,9%), aber er ist bei Schülern vergleichbarer sozialer Herkunft statistisch nicht signifikant. Ein ganz anderes Bild zeigen indes die katholischen Schulen, da nur 3,4% der Schüler sie vorzeitig verließen. Diese deutlich bessere Erfolgsquote zeigt sich auch in den Ergebnissen standardisierter Tests. Der Befund bekommt noch zusätzliches Gewicht, wenn man ihn zu der sozialen Schichtung der Schüler in Beziehung setzt. Schüler aus Elternhäusern mit deutlichen Problemen haben in den katholischen Schulen weniger Schwierigkeiten als in den anderen. Sie meistern die gerade an diesen Schulen nicht geringen Anforderungen mit mehr Erfolg und kommen zu relativ guten Leistungen.

Die Forscher stellten daraufhin entsprechende Untersuchungen an vergleichbaren Privatschulen an und fanden, daß manche andere konfessionelle Schulen, z. B. Baptisten- oder jüdische Schulen, ähnlich gute Erfolge vorweisen können. Das gleiche gilt für einige ethnisch relativ homogene Schulen, z. B. solche, in denen die Mehrheit der Schüler aus japanischen oder chinesischen Elternhäusern kommt.

Nach Meinung der Forscher gehen diese Unterschiede in erster Linie auf jeweils verschiedene Relationen von Schule, Elternhaus und Umfeld des Lernens zurück. Besonders bedeutsam ist die kompensatorische Kraft gewisser privater Schulen für Schüler aus Familien mit geringem Einkommen. Auch die Kirche scheint auf die Erfolgsquote der Kinder erheblichen Einfluß zu haben.

Coleman zeigt, daß in den USA in den letzten 20 Jahren eine allgemeine »Erosion des sozialen Kapitals« stattgefunden hat (COLEMAN 1987, S. 17). Er weist darauf hin, daß eine Zunahme ichbezogener Aktivitäten junger Leute und ein Mangel an Kontakt zu Erwachsenen den Einfluß der Erwachsenen reduzieren.

Die Schule hat Probleme, großenteils deshalb, weil der *Schulvertrag* praktisch nicht mehr besteht und das soziale Kapital geschrumpft ist. Als Konsequenz ergibt sich, daß die Verantwortung für die soziale Entwicklung der Kinder, die bisher den Eltern oblag, in immer stärkerem Maße der Gesellschaft übertragen werden muß. Nur so können die schwächsten Schüler vor einem noch tieferen Fall bewahrt werden.

2.3 Die gleichaltrigen Freunde

Wenn die Familie im Leben der Kinder und Jugendlichen keine beherrschende Rolle mehr spielt, finden sie ihre Rollenmodelle unter Gleichaltrigen, in der Musikindustrie, in Sportidolen etc. Dies führte nach und nach zu einer horizontal geschichteten Gesellschaft, in der die Sozialisierung in altershomogenen Gruppen erfolgt. In ihnen bilden sich Werte und Normen, hier entsteht Autorität. In den westlichen Gesellschaften hat in den letzten 20 Jahren die Akzeptanz durch die Freundesgruppe an Bedeutung gewonnen (ALLERBECK und HOAG 1985), während die Abhängigkeit von den Eltern entsprechend geringer wurde. Die Jugendlichen schaffen ihre eigene Kultur mit spezifischen Vorstellungen von dem, was wichtig und akzeptabel ist.

Freundschaften sind für die soziale Entwicklung junger Leute von besonderem Wert. Echte Freundschaften können ihnen durch Krisen helfen, zu innerem Gleichgewicht beitragen, eine Quelle des Glücks sein. Für viele stellen sie auch eine notwendige Sicherung im Prozeß der Loslösung von den Eltern dar (HURRELMANN und ENGEL 1989). Freundschaften brauchen Zeit, sollen sie reifen und verläßlich werden. In unserer rastlosen Zeit können sie leicht in Oberflächlichkeit steckenbleiben und dann zu Enttäuschungen führen und in Mißtrauen umschlagen. Wahre Freundschaft entwickelt sich erst, wenn jeder frei wählen kann und nicht in Abhängigkeiten gezwungen wird.

Die Vorstellungen von Freundschaft haben sich in jüngster Zeit in charakteristischer Weise gewandelt. Bellah und seine Kollegen (1985, S. 115) weisen darauf hin, daß Freundschaft traditionell aus drei Komponenten bestand. Zunächst finden Freunde ganz einfach Gefallen aneinander; es macht ihnen Freude, zusammen zu sein. Zweitens nehmen Freunde sich vor, einander in kleinen und großen Dingen zu helfen und zu nützen. Drittens teilen Freunde moralische Überzeugungen und richten ihr Streben auf die gleichen höheren Werte.

Heutige Jugendliche neigen zu einer engeren Sichtweise. Für sie ist in der Regel die erste Komponente die wichtigste; Freundschaft heißt dann, daß junge Leute gern zusammen sind. Reste der zweiten Komponente mag es auch noch geben – Freunde merken, daß sie einander auf die eine oder andere Weise nützen können. Diese Verengung kann sowohl ausbeuterisch und destruktiv als auch positiv und konstruktiv wirken. Selten jedenfalls ist in diesem Verständnis von Freundschaft die Vorstellung, Freunde hätten irgendwelche höheren Werte gemeinsam. Viele sehen hierin sogar etwas der Freundschaft Wesensfremdes. Sie finden, moralische Werte und Normen störten die *bedingungslose Akzeptanz* des anderen und müßten daher aus wahrer Freundschaft herausgehalten werden. In früheren Zeiten waren mit Freundschaft bestimmte Tugenden untrennbar verbunden, öffentliche wie private. Von Freunden erwartete man, daß sie einander durch harte Zeiten halfen und daß sie sich gegenseitig in puncto Verhalten und persönliche Entwicklung zu fördern versuchten. Heute gehören diese Tugenden in den meisten Fällen offenbar nicht mehr dazu.

Eine der problematischsten Entwicklungen auf dem Feld der Beeinflussung durch Gleichaltrige sind, vor allem in städtischer Umgebung, die Jugendbanden. Es hat sie schon immer gegeben, aber ihre Zahl ist in den letzten Jahren sprunghaft gestiegen, und sie werden in zunehmendem Maße kriminell. Viele sind straff organisiert und haben ihre Mitglieder fest im Griff. Eine ganze Anzahl verschiedener Typen läßt sich unterscheiden; das Spektrum reicht von kriminellen Banden, die sich auf Einbrüche, Diebstähle und Erpressungen spezialisiert haben, über gewalttätige Banden, die jungen Leuten Gelegenheit bieten, sich für erlittene Frustrationen und ihre Randposition in der Gesellschaft zu rächen, bis zu im Untergrund operierenden Wirtschaftskriminellen, die sich mit Drogenhandel, Wettbüros, dem Diebstahl von Hardware und Software etc. abgeben.

Ein besorgniserregender Aspekt des Bandenwesens ist seine Verflechtung mit Schulen. Diese dienen den Banden oft als Stätten der Kommunikation und der Rekrutierung von Mitgliedern. Die Angeworbenen sind oft als Schüler gescheitert und sehen in den Banden ein Mittel, dem Druck der Schule zu entkommen und es ihr und ihrem Umfeld heimzuzahlen. Nachgewiesen ist auch, daß Bandenmitglieder gewöhnlich aus problembeladenen Familien kommen, in denen die Eltern alkoholabhängig und arbeitslos sind und durch unangepaßtes Verhalten auffallen.

2.4 Die Kirche und die pluralistische Gesellschaft

Die Kirche gehörte einmal zu den Institutionen, die am meisten Einfluß auf Kinder und Jugendliche hatten. Vor der industriellen Revolution und dem Anbruch der Moderne war sie organischer Bestandteil eines dichten, alles umfassenden Netzes, in dem der Alltag der Menschen aufgehoben war. Sie kontrollierte fast monopolartig den Zugang zu Wissen und Bildung. Selbst im Industriezeitalter spielte sie noch eine wichtige Rolle, obwohl ihre politische Bedeutung und Macht in dem Maße abnahmen, wie weltliche Kräfte den kirchlichen Anspruch, Glauben und Moral zu diktieren, allmählich untergruben. Dies gilt in besonderer Weise für die Rolle der Kirche in der Erziehung, die alle Nationalstaaten bald als eine wichtige Aufgabe begriffen. In

Norwegen z. B. behauptete die in ihrem Ursprung religiöse Laienbewegung der 1850er Jahre, alle öffentlichen Einrichtungen seien leblos und allzu bürokratisch. Auch die Geistlichkeit sei ein Teil der öffentlichen Bürokratie, und daher müsse die Kirche vom Staat, einschließlich der Schulen, getrennt werden. Eine allmähliche Säkularisierung der Erziehung war die Folge (RUST 1989, S. 74). In den meisten europäischen Ländern erfolgte die Trennung der Kirche von den öffentlichen Schulen direkter und im Zuge staatlichen Strebens nach Säkularisation. Die Schulen sollten zu allererst dem Staat statt Gott und der Kirche verpflichtet sein.

Das ging so weit, daß in vielen westeuropäischen Ländern der Tod Gottes und der Kirche als so gut wie erwiesen galt. Jedenfalls spielt die Kirche im Leben der meisten Menschen heute nur noch eine ziemlich unbedeutende Rolle:

- Die meisten sind keine Gottesdienstbesucher.
- Die meisten Jugendlichen sind an der Kirche uninteressiert; gleichzeitig aber bekennt sich eine Minderheit ganz entschieden zu Christus, zu Buddha etc.
- In einer immer pluralistischer werdenden Gesellschaft hat die Kirche in der Konkurrenz mit alten und neuen Ideologien ihre Rolle als wichtigster Vermittler geltender Werte eingebüßt.
- Die Autorität der Kirche in Fragen der Moral ist sichtbar geschwächt.
- Sonntage und kirchliche Feiertage sind für die meisten einfach freie Tage.
- Die Hektik der modernen Gesellschaft läßt wenig Raum für Meditation und für Reflexion über den Sinn des Lebens und über Leben und Tod, also über die eigentlichen religiösen Fragen.

Gunleiksrud hat Entstehung und Wandlungen der postmodernen Gesellschaft beschrieben (GUNLEIKSRUD 1990). Sie legt dar, daß der moderne Alltag in erheblichem Maße von kirchlichen Einflüssen – Traditionen, Werten, Normen – geprägt war. Die damit gesetzten Grenzen stellten eine Herausforderung dar, sie provozierten Opposition. Heute haben Zwang und Selbstdisziplinierung einer permissiven Haltung Platz gemacht, einer *Entscheide-selbst-Erziehung,* für die alles gleichermaßen O. K. ist. So wächst die postmoderne Jugend in einer Welt des Normenchaos, der flexiblen und austauschbaren Werte auf. Die Moral ändert sich, wie die Ölpreise sich ändern.

Zur Zeit des Zusammenbruchs der Sowjetunion äußerte der sowjetische Minister für Erziehung und Bildung, Dr. Shadrikov, in einem Gespräch, sowjetische Schüler stünden, was mathematische und naturwissenschaftliche Kenntnisse angehe, den Schülern in westlichen Ländern in nichts nach. Er war stolz darauf, fügte aber hinzu:

»Unser Problem ist, daß wir nicht wissen, wozu wir unsere Kenntnisse gebrauchen sollen. Der Leim, der unsere Gesellschaft zusammenhielt, der Marxismus/Leninismus, ist eingetrocknet. Wir haben keinen Glauben und keine Ideologie mehr, nichts mehr, wofür wir uns einsetzen können. Wir wissen nicht mehr, welchen Kurs wir steuern sollen, weder in unserem persönlichen Leben noch in unserer Gesellschaft. Eine Gesellschaft kann aber ohne Werte nicht überleben. Eine Schule ohne Leitsterne ist sinnlos.«

Trotz dieser negativen Einschätzung zeichnet sich allmählich eine neue Perspektive ab, ein Wiedererwachen der Religiosität. Von den USA z. B. gingen in den späten sechziger Jahren zwei parallele Bewegungen aus. Zum einen leiteten fundamentalistische Christen einen Angriff auf die säkularisierte Gesellschaft ein und forderten, die sogenannte schweigende Mehrheit müsse endlich wieder gehört werden. Evangelikale Glaubensgemeinschaften boten dieser Bewegung eine organisatorische Basis. Alle fünf Jahre nimmt die Zahl ihrer Mitglieder um etwa 8% zu, während die großen Kirchen Rückgänge um 5% verzeichnen. Daher rechnen heute annähernd 20% der Bevölkerung der USA sich selbst zu der einen oder anderen evangelikalen Gemeinschaft. Nicht mitgezählt sind hierbei traditionell konservative Religionsgemeinschaften, wie z. B. die 4 Millionen Mormonen (NAISBITT und ABURDENE 1990, S. 200 f.).

In den größten Städten sind, meist in früheren Ladengeschäften, winzige Kirchen entstanden, die Drogen, Banden und dem Verfall den Krieg erklärt haben. Sie stehen in der Regel mit keiner größeren Kirche in Verbindung, und sie überleben, indem sie Prostituierten, Drogenabhängigen und Gelegenheitsarbeitern einen Rest Hoffnung und eine voraussetzungslose Gemeinschaft bieten. Allein im Zentrum von Los Angeles gibt es »mehrere hundert kleine heilige Stätten, die sich in Läden und billige Löcher gedrängt haben«, manchmal vier oder fünf in einem Block, meilenweit entlang heruntergekommener Straßen, mit Namen wie *Ich-bin-was-ich-bin-Kirche des Ewigen Heils, Gemeinschaftskirche Hosianna oder Apostolisches Gebetshaus Wunderglaube* (FERRELL 1993). Auch in anderen Ländern finden sich, wenn auch nicht überall von solcher Inbrunst getragen, ähnliche Entwicklungen. Ein Beispiel ist der Iran, wo der Fundamentalismus den Nationalstaat diktatorisch im Griff hat. Und in Zentral- und Osteuropa blüht seit der Implosion des Sozialismus eine religiöse Erneuerungsbewegung. Wir müssen zur Kenntnis nehmen, daß dort mehr Menschen von sich sagen, sie glaubten an Gott, als in vielen westeuropäischen Ländern. In Rußland etwa brachte eine kürzlich abgeschlossene Umfrage an den Tag, daß 40% der Menschen an ein Leben nach dem Tode und an Wunder glauben. Seit dem Zusammenbruch der Sowjetunion stieg der Bevölkerunganteil, der der Russischen Orthodoxen Kirche angehört, von 9 auf 29% (STAMMER 1993,

S. B6). Überall entstehen private konfessionelle Schulen, und es gibt schon Anwälte, die fordern, Religionsunterricht müsse zum Kernbereich schulischen Lernens gehören.

Auf der anderen Seite hat eine allgemeine spirituelle Erneuerung außerhalb der organisierten Kirchen stattgefunden. Während diese Mitglieder verlieren, ist ein neues Erwachen religiösen Glaubens zu beobachten. Bei einer Meinungsumfrage 1987 erklärten 94% der Amerikaner, sie glaubten an Gott, und 1993 behaupteten 69%, es gebe Engel. Die meisten schreiben den Engeln als Beschützern sterblicher Lebewesen auf der Erde besondere Kräfte zu (ALLIS 1993). Viele dieser spirituellen Äußerungen geben sich als Aktivitäten am Anbruch eines neuen Zeitalters. Sie basieren auf außereuropäischen mystischen und religiösen Überlieferungen, z. B. dem Glauben an Reinkarnation, bestimmten Praktiken der Meditation und des Gesangs, dem Vertrauen auf die Kraft von Kristallglas und aromatischen Ölen sowie dem Glauben an Gurus oder andere Leute, die Medien übernatürlicher Wesen zu sein behaupten.

Solche Entwicklungen stützen die These, Religion spiele im Leben der Jugendlichen noch immer eine bedeutende Rolle. Annähernd 50% der jungen Amerikaner sagen von sich, sie gehörten irgendeiner religiösen Jugendgruppe an. Fast 80% der Erwachsenen, die in religiösen Organisationen für Jugendliche mitarbeiten, sind Freiwillige, die damit eine Kontinuität von Pflichtgefühl und Altruismus demonstrieren (CARNEGIE 1992, S. 52). So ist Gott im Bewußtsein der Menschen offenbar doch nicht tot. Auch in Europa haben viele Umfragen gezeigt, daß über 85% der Menschen an Gott glauben.

2.5 Die Medien – Auslöser neuer Trends

Eine andere auffällige Entwicklung ist die wachsende Bedeutung der Medien als einer Institution. Natürlich haben die Medien immer eine Rolle gespielt, aber in wechselnden Formen. Schon in sozialwissenschaftlichen Studien zur Modernisierung aus den fünfziger und sechziger Jahren findet sich die Feststellung, eines der wichtigsten Modernitätskriterien sei der Zugang zu Zeitungen, Rundfunk, Kinos etc. (LERNER 1958). In der Tat hat man seither Modernität mit Zugang zu Medien nahezu gleichgesetzt (INKLES und SMITH 1974).

Die Massenmedien sind im Leben von Kindern und Jugendlichen zu einer Institution von kaum zu überschätzendem Einfluß geworden. Die die Schalthebel bedienen, kennen ihre Nutzer, erreichen sie überall und weiten ihren Kreis ständig weiter aus. In raffinierter Weise suchen sie mehr als jede andere Institution Einfluß auf ein möglichst breites Spektrum von Nutzern zu gewinnen.

Die postmoderne Gesellschaft ist also stark geprägt von den Medien – und von der Popmusik-Kultur. Eine solche Situation wird nicht ohne weiteres aus sich starke soziale Qualitäten entwickeln. Inzwischen erscheint sie so zugespitzt, daß die sogenannte Schulkrise hinter einer allgemeineren sozialen Krise nahezu verschwindet, jedenfalls in den entwickelten Ländern. Die Medien drängen sich allen Gruppen auf, indem sie jeweils grundlegende Interessen bedienen (POSTMAN 1987):

– Die Medien setzen neue Trends; ihre Mittler haben einen Einfluß, der dem der Priester in früheren Zeiten vergleichbar ist.
– Die in den Medien präsenten Idole und Idealbilder erscheinen oft glaubwürdiger und haben mehr Autorität als die Erwachsenen im Elternhaus und seinem Umfeld.
– Die Medien füllen einen erheblichen Teil der zu Hause verbrachten Freizeit, Zeit, die einst der Erholung an frischer Luft, dem Sport oder kulturellen Aktivitäten gewidmet war.
– Die Medien bieten Informationen und Kenntnisse auf so vielen Gebieten wie keine andere Institution, doch bisher herrscht ein Kommunikations-Wirrwarr; der Aktualität steht häufig Einseitigkeit gegenüber, und eine Flut von Informationen mag oft eher lähmend als aufklärend wirken.

Schon allein das Fernsehen ist ein verborgener Lehrer; es hat wenigstens ebensoviel Einfluß auf junge Leute wie die Schule. Im Alter von 18 Jahren hat ein durchschnittlicher westdeutscher Jugendlicher 13 000 Stunden ferngesehen und 12 000 Stunden Schulunterricht gehabt (OPASCHOWSKI 1983, S. 149). Am beliebtesten bei den Jugendlichen sind Fernsehkrimis und ins Fernsehen übernommene Kinofilme. In den USA verbringen die Neun- bis Vierzehnjährigen 31,7% der Zeit, in der sie wach sind, in der Schule und 20,7% vor dem Fernseher (CARNEGIE 1992, S. 29). In Schweden sehen Schüler im Laufe von neun Jahren durchschnittlich 6 300 Stunden fern; genau ebenso lange sind sie in der Schule. In Norwegen haben von IMTEC durchgeführte Untersuchungen ergeben, daß Schüler mit Fernsehen doppelt so lange beschäftigt sind wie mit der Erledigung von Hausaufgaben.

In den entwickelten Ländern ist unübersehbar, daß Kinder und Jugendliche einen wesentlichen Teil ihrer Freizeit vor dem Computer verbringen. Dabei können sie natürlich mit nützlichen Aktivitäten beschäftigt sein, z. B. mit Textverarbeitung oder der Erstellung von Graphiken. Wahrscheinlicher ist aber, daß Computerspiele, von denen viele mit Gewalt und Krieg zu tun haben, am meisten Zeit beanspruchen.

Die Medien stellen eine enorme Herausforderung dar. In einer konsumorientierten Gesellschaft suggeriert uns das Fernsehen alle möglichen Bedürfnisse. Die *Wegwerfgesellschaft* produziert immer mehr Angebote, die nach Käufern verlangen. Allerdings ist weder Standardisierung noch einseitige Kommunikation etwas Neues, nur für die Massenmedien Charakteristisches. Der Pfarrer, der eine Stunde auf der Kanzel stand und predigte, verhielt sich auch nicht besonders kommunikativ! Aber er war ziemlich leicht durchschaubar, war Teil eines vertrauten Umfeldes; man konnte ihm begegnen und einen Schwatz mit ihm halten. Die großen Fernseh- und Video-Idole dagegen üben ihren Einfluß im verborgenen aus; sie verstecken sich hinter allen möglichen manipulierenden Medientechniken und werden dabei von hochqualifizierten Marktanalytikern und Werbefachleuten unterstützt.

Die Kinder und Jugendlichen haben offenbar ein entspannteres Verhältnis zu den Medien als die Erwachsenen, und eben darin liegt eine Gefahr. Die meisten Vermarktungsstrategien zielen auf das Unterbewußte; Fernsehen und Video sind dafür hervorragend geeignet. Junge Leute haben noch keine kritische Einstellung zum Fernsehen, erliegen so den Suggestionen und Meinungen dieses *neuen Lehrers* und schaffen es nicht, ihre Freizeit produktiv zu nutzen (GOLDSCHMIDT 1961, S. 89). Das Problem liegt darin, daß die meisten Zuschauer keine Möglichkeit zur Stellungnahme und zum Widerspruch haben, bevor das Programm das Unterbewußte besetzt hat. So kommt es zu unbearbeiteten Informationen und Wissensfragmenten, die der Reflexion und der Entwicklung wirklichen *Verstehens* (siehe Kapitel 5) nur selten Raum lassen.

Die Schule steht vor einem Dilemma. Sie erkennt die Macht der Medien, aber kann sich nicht entscheiden, ob sie sich der Medienindustrie andienen oder die Medien als Herausforderung annehmen und versuchen soll, ein *Diener der Wahrheit* zu sein. Neil Postman hat dieses Dilemma wohl am klarsten benannt; er erkennt in ihm ein globales Problem, einen Kampf der Werte, und zwar zwischen *Bildersprache (imagery)* auf der einen und *sequentiellem Lernen* auf der anderen Seite (POSTMAN 1987).

Die Medien wirken im eigentlichen Sinne des Wortes international. Fernsehsender wie CNN oder BBC können jetzt überall in der Welt empfangen werden. Es gibt kaum ein indisches Dorf, in dem nicht ein Fernsehapparat an zentraler Stelle placiert wäre. Programme aus der westlichen Welt vermitteln auf diesen Bildschirmen westliche Wertvorstellungen, zeigen westliche Lebensstile und Produkte. Diese sind zweifellos in den Ländern der dritten Welt zu einer starken Triebkraft geworden, sie führen ein Bild der neuen Zeit vor, und vor allem formen sie die nächste Generation. In kaum zu überschätzendem Maße schaffen die Medien damit realitätsferne Vorstellungen, besonders was möglichen Wohlstand betrifft. Von der Industrie finanziert, suchen sie neue, vielversprechende Märkte zu erobern, z. B. in Vietnam und China. Diese ausschließliche Fixierung auf Marktanteile bedroht nicht nur traditionelle Werte und Kulturen, örtlich verwurzelte Lebensstile und Autoritäten, sondern fördert auch eine umweltfeindliche Konsumhaltung zum Leben, die unser Planet nicht wird ertragen können.

2.6 Der Arbeitsplatz

Der Arbeitsplatz spielt heute im Leben junger Menschen eine ganz andere Rolle als noch vor wenigen Jahrzehnten. Früher war es so gut wie selbstverständlich, daß ein erwachsener Mann weitgehend für seinen Arbeitsplatz lebte. Heute zeichnen sich radikale Veränderungen dieses Rollenbildes ab. Z. B. hat im Leben jüngerer Deutscher, die die für ihre Eltern prägenden harten Kriegs- und Nachkriegsjahre nicht miterlebt haben, die Freizeit einen höheren Stellenwert als die Arbeit. Bisher wurde Freizeit weitgehend mit Nicht-Arbeit gleichgesetzt. Heute jedoch sind viele junge Leute in ihrer Freizeit sehr aktiv, sie nutzen sie zu aufregenden und kreativen Betätigungen. Für manche sind diese wichtiger als die Schule oder die Berufsarbeit. Andere wieder sind geradezu fremdbestimmte Konsumsklaven (HURRELMANN und ENGEL 1989). Diese neue Haltung zur Freizeit hat sich allmählich herausgebildet. Noch 1960 waren, wie eine Umfrage unter jungen Leuten ergab, Fleiß, Bildung und Fertigkeiten die am höchsten geschätzten Werte; 1980 hingegen nahmen privates Denken und Fühlen, Lebensgenuß, Spaß, soziale Kontakte und Selbstverwirklichung diese Stelle ein (OPASCHOWSKI 1983, S.30). Der Anteil derjenigen, die volle Zufriedenheit mit ihrer Arbeit bekundeten, betrug 1967 64%; bis 1982 war er auf 39% gesunken (OPASCHOWSKI 1983, S. 31).

Im Gegensatz hierzu scheint jetzt der Arbeitsplatz für die Jugend der postmodernen Welt wieder wichtiger zu werden. Erste Anzeichen dafür gibt es in Japan und den USA, wo die großen Konzerne sich immer mehr zu fast autonomen Gesellschaften entwickeln:

– Die Konzerne werden sich zunehmend der Bedeutung eines Firmenimages bewußt, das den Beschäftigten (und Kunden) hilft, sich mit den im Konzern geltenden Grundwerten und Normen zu identifizieren. Personalentwicklung und vielseitige Karrierechancen innerhalb des Konzerns tragen dazu bei, daß die Beschäftigten sich die Konzernkultur gefühlsmäßig *zu eigen machen.*
– Moderne Konzerne sind ferner stark bemüht, alle Familienmitglieder der Beschäftigten in die Konzernkultur einzubinden. Betriebseigene Kinder-

gärten, spezielle Freizeitmöglichkeiten (z. B. in Sportstätten oder Ferienheimen), kostenfreie Kleidung mit dem Firmenlogo sind dafür Beispiele.
– Der rasche Anstieg des Lebensstandards in den Industrieländern ging mit einer Veränderung der Karrieremuster einher. Nicht alle wollen oder können die traditionelle Stufenleiter gehen. Brooke Derr hat gezeigt, wie sich auch hierin eine veränderte Haltung junger Leute zur Arbeit ausdrückt (DERR 1986).

Der Betrieb versucht die Leere zu füllen, die viele ganz allgemein in ihrem Leben empfinden. Die Menschen suchen nicht mehr einen Job, sondern eine Karriere. Indessen wird die Zahl der Jobs, die eine Gesellschaft braucht, wenn sie funktionieren will, weiter abnehmen. Die moderne Arbeitswelt kann sich mit immer weniger Erwerbstätigen begnügen. Von *Fortune 500* veröffentlichte Daten (1993, S. 174; 1992, S. 211) bestätigen, daß der seit einigen Jahrzehnten zu beobachtende Arbeitsplatzabbau durch US-Firmen in den neunziger Jahren weitergehen wird. Die Zahl der Beschäftigten in den 500 größten Betrieben ging 1992 um 3,4%, 1991 um 1,8% und 1990 um 1,2% zurück, und ein weiterer Rückgang in den kommenden Jahrzehnten wird erwartet, bei gleichzeitigem starken Anstieg der Produktion. Um das Jahr 2010 werden der primäre und sekundäre Sektor zusammen nur noch zwischen 5 und 10 Prozent aller Erwerbstätigen beschäftigen und dennoch viel mehr produzieren als heute. Die Rationalisierung wird also weitergehen in einem Ausmaß, das die Bezeichnung revolutionär verdient. Arbeitsbeschaffungsprogramme sind, vor diesem Hintergrund gesehen, bestenfalls eine Teillösung des Problems.

Die so entstehende Arbeitslosigkeit stellt nicht nur eine ernste Herausforderung unserer Demokratie dar, sie bedroht auch die Zukunftshoffnungen junger Menschen. Die postmoderne Wirtschaft wird nur noch wenige Industriearbeiter und Landwirte benötigen. Vor allem der Rückgang der Zahl der Industriearbeiter war dramatisch. In den USA z. B. war noch in den siebziger Jahren ein Drittel aller Erwerbstätigen in der Industrie beschäftigt. Heute sind es noch 20%, und bis etwa 2010 wird der Anteil auf unter 5% gesunken sein (DRUCKER 1992, S. 132). Wenn wir Arbeit nicht umdefinieren, entsteht eine nicht nur für junge Menschen, sondern für die Gesellschaft im ganzen katastrophale Situation. Dabei werden die Schwächsten am meisten betroffen sein. Das Streben nach Beschäftigung, wie sie derzeit definiert wird, ist ein Kampf, den alle kämpfen, und die mit den schlechtesten Qualifikationen werden unvermeidlich zu Verlierern.

Arbeitslosigkeit ist das Produkt komplizierter wirtschaftlicher, technologischer, politischer und internationaler Faktoren. Wahrscheinlich gehen wir einer Periode ernster Prüfungen, d. h. noch höherer Arbeitslosigkeit, schmerzhafter Umstellungen und menschlicher Tragödien, entgegen, ehe vielleicht wieder eine Besserung eintritt. Die Weltwirtschaft ist aus dem Gleichgewicht und bewältigt die Strukturanpassungen nicht, ohne daß sehr viele Menschen ihre Arbeit verlieren. In Europa, vor allem in Osteuropa, ist das wirtschaftliche Ungleichgewicht so ernst, daß es einen der entscheidenden Faktoren, vielleicht *den* entscheidenden Faktor im Kampf um den Aufbau eines neuen Europa darstellt (siehe Kapitel 3).

Für die betroffenen jungen Erwachsenen ist Arbeitslosigkeit eine Tragödie. Es ist nicht mehr selbstverständlich, daß sie nach dem Abschluß ihrer Ausbildung schnell eine Stelle finden. Statt dessen werden sie vielfach aufgefordert, die Ausbildung noch zu verlängern oder zu ergänzen, so daß sie nicht auf dem Arbeitsmarkt sind. Damit verbleiben sie länger in einem Zustand der Abhängigkeit; aber für die meisten ist dies die einzige Alternative, die für die Zukunft leidliche Sicherheit verspricht. Für die Schwächsten läuft das oft auf befristete oder Teilzeitbeschäftigungen hinaus, also auf häufige Jobwechsel ohne die Hoffnung auf eine feste Stelle.

Dabei sollten einige andere Optionen möglich sein. *Eine* Art und Weise des Umgangs mit Arbeitslosigkeit wäre die Reduktion der Arbeitszeit und die Verteilung der vorhandenen Arbeit auf mehr Personen. Die Arbeitszeit der Erwerbstätigen aller Altersgruppen in den USA ist seit 1920 stark gesunken. Damals arbeiteten 14- bis 19jährige männliche Beschäftigte durchschnittlich 46,1 Stunden pro Woche; dieser Durchschnitt sank bis 1977 auf 26,5 Stunden. Für die 20- bis 24jährigen Männer sind die entsprechenden Zahlen 51,7 und 39,5 Stunden (OWEN 1986, S. 13). Die wöchentliche Arbeitszeit wird weiter sinken, wenn auch nicht überall in gleichem Maße, jedoch wird diese Entwicklung den stark sinkenden Bedarf an notwendiger Arbeit nicht kompensieren können. Ein Beispiel für Umverteilung von Arbeit ist die Entscheidung des deutschen Volkswagenwerks, die Arbeitswoche für alle, Arbeiter wie Angestellte, von fünf auf vier Tage und die Löhne entsprechend um 20% zu reduzieren. Auf diese Weise konnten größere Entlassungen vermieden werden, und der Konzern hat seine Konkurrenzfähigkeit wiedergewonnen.

Trotz solcher anderen Optionen ist klar, daß die Schule teilweise als Aufbewahrungsort genutzt wird. Seit langem hat sie der Wirtschaft einfach dadurch gedient, daß sie eine große Zahl potentieller Arbeitskräfte aus dem Arbeitsmarkt herausnahm. Die Aussichten auf Vollbeschäftigung sind schlecht, und immer mehr setzt sich die Erkenntnis durch, daß viele Arbeiter gar keine besondere Ausbildung benötigen. Noch in der Mitte der siebziger Jahre behaupteten deutsche Spezialisten, die Wirtschaft brauche 20–25% ungelernter Abeiter, und eine wichtige Überlegung besagte daher, junge

Menschen müßten so lange wie möglich aus dem Arbeitsmarkt herausgehalten werden (SOLMON 1990). Nach dem Konzept der *verschulten Gesellschaft* können sie mit einem immer längeren Verbleiben in der Schule rechnen. Für viele mag das ein gangbarer Weg sein; aber die Vorstellung von der Schule als einer Aufbewahrungsstätte hat bei einem erheblichen Teil der Jugend auch schon zu dem Gefühl der Entfremdung und zur Entstehung von Gewalttätigkeit beigetragen.

In den kommenden drei Jahrzehnten wird die obligatorische Mindestdauer des Besuchs einer Vollzeitschule deutlich zurückgehen. Der Schulbesuch wird für die Jüngsten das Vernünftigste bleiben; aber für eine wachsende Zahl von Jugendlichen werden sich andere Regelungen als notwendig erweisen. Die Gesellschaft wird wohl durch entsprechende Gesetze auch künftig garantieren, daß jeder 12, 13 oder 14 Jahre zur Schule gehen kann. Doch eine wichtige Veränderung wird darin bestehen, daß diese Zeit nicht unbedingt auf einmal, in einer ununterbrochenen Abfolge von Jahren, absolviert wird. Nach einem Mindestschulbesuch von vielleicht nur acht Jahren würden den Jugendlichen Alternativen angeboten, zu denen Reisen, privat organisierte persönliche Förderung, Arbeit, soziale Dienste etc. gehören könnten. NAISBITT und ABURDENE (1990, S. 244) deuten sogar eine mögliche Lockerung des gesetzlichen Verbots der Kinderarbeit an. Dieses Verbot wurde einst erlassen, um die Ausbeutung von Kindern in der Industrie zu unterbinden. Die genannten Autoren meinen, es sollte revidiert werden mit dem Ziel, jungen Menschen zu gestatten, am postmodernen Wirtschaftsleben produktiv teilzunehmen und dabei gegen Ausbeutung abgesichert zu bleiben.

Junge Leute müssen Gelegenheit erhalten, früher, als die derzeitigen Gesetze erlauben, ins Arbeitsleben einzutreten. Es ist unwahrscheinlich, daß sich dies zum Nachteil der älteren Arbeitskräfte auswirken würde. Die meisten Tätigkeiten, die die Jungen nach dem Verlassen der Schule aufnähmen, hätten vermutlich zu den Dauerbeschäftigungen der Älteren keinen Bezug.

Eine Neudefinition des Begriffs *Arbeit* wird immer dringlicher. Vielleicht wird es unumgänglich, freiwillige Arbeit und häusliche Arbeit zu bezahlen. Aber damit würde nicht das Hauptproblem gelöst: Wie kann unsere Wirtschaft wieder ins Gleichgewicht kommen, wieviel sollte importiert und wieviel kann exportiert werden? Es muß potentielle Käufer unserer Dienstleistungen geben, im Inland wie im Ausland. Dies erfordert eine einschneidende Strukturanpassung der Wirtschaft, die nicht von heute auf morgen erfolgen kann. Daher kann die Arbeitslosigkeit nicht mit einem Patentrezept beseitigt werden.

Viele von uns, auch die Jungen, wissen dies. Diejenigen Jugendlichen, die zu Hause wenig Unterstützung erfahren und keinen Kontakt zu Industriebetrieben haben, werden in der Regel von der Sozialhilfe abhängig. Sie werden immer ängstlicher und finden keine Arbeit. Ihre Situation erscheint *hoffnungslos*. Dies hat Rückwirkungen auf die Lernmotivation der Schüler. Fehlt jedwede Hoffnung, so wird manch einer resignieren. Arbeitslosigkeit kann damit in einen Circulus vitiosus münden und viele menschliche Tragödien auslösen.

In Europa sieht es im ganzen ziemlich düster aus. Im Unterschied dazu sind die notwendigen Anpassungen in den USA seit den achtziger Jahren in recht raschem Tempo vollzogen worden, ohne daß die Arbeitslosigkeit damit schon beseitigt wäre. In Osteuropa kommt die Situation einer Katastrophe gleich. Daß viele Menschen mit guter Ausbildung ihre Fähigkeiten nicht einsetzen können, gibt zu ernster Sorge Anlaß. Damit stellt sich wieder einmal die Frage: Lohnt sich eine eine lange Ausbildung? Dieses Problem existiert sogar in einem Land wie Deutschland, wo Zehntausende von Akademikern ohne Beschäftigung sind. Man rechnet damit, daß ihre Zahl bis zum Jahre 2000 eine halbe Million erreicht (DER SPIEGEL 1993).

Die Entwicklungsländer sind differenziert zu sehen. In den meisten ist der produktive Sektor sehr klein, während der Großteil der bezahlten und unbezahlten Arbeit in der Landwirtschaft geleistet wird. Einige junge Industrieländer Südostasiens verzeichnen dagegen enorme Wachstumsraten. Bedeutende Industriestaaten wie Japan errichten hier große Produktionsstätten. Niedrige Löhne bringen denen, die zur rechten Zeit investieren, hohe Profite. Folglich gibt es Arbeit für die, die neu auf den Arbeitsmarkt drängen. Aber diese Länder eifern dem westlichen Konsum- und Wachstumsdenken nach.

Mit dem Problemkomplex Arbeitslosigkeit hängt ein anderer eng zusammen. Das ist die Frage, wie wichtige Anpassungen und Umstellungen schnell und wirksam durchgesetzt werden können. Die Veränderungen der Arbeitswelt erfordern kompetente Arbeitskräfte. Die Schwierigkeit hierbei ist, daß Veränderungen im Bildungssystem oft mehr Zeit brauchen als solche in der Industrie. Im Idealfall sollten die Bildungseinrichtungen den Entwicklungen an den Arbeitsplätzen nicht nur folgen, sondern ihnen voraus sein. Das ist bei den gegenwärtigen Praktiken der Planung und Entwicklung kaum möglich.

Es gibt Länder, die die Umstellungsprobleme bewältigt und die Arbeitslosigkeit auf ein niedriges Niveau (unter 5%) gesenkt haben. Bei einem Vergleich der großen Wirtschaftsregionen Südostasien, Nordamerika und Europa kann nicht zweifelhaft sein, daß Südostasien in dieser Hinsicht seit

20 Jahren am besten abschneidet. Nordamerika ist in eine Phase der Anpassung eingetreten und befindet sich jetzt in der Offensive, während die Probleme in Europa noch anstehen. Eine besondere Herausforderung stellt dabei Osteuropa dar.

Der einzelne Schüler steht vor einer schwierigen Wahl. Norwegen ist dafür ein gutes Beispiel. Die verstärkte Konkurrenz auf dem Weltmarkt erzwingt einschneidende Neuorientierungen der norwegischen Wirtschaft. Es kommt zu großen Entlassungen, während andererseits ganz neue Berufe entstehen. Viele müssen ihren Beruf wechseln, und *Personalentwicklung* wird zu einem wichtigen Stichwort. Es ist sehr schwer vorherzusagen, welche Berufe im Jahre 2020 gefragt sein werden. Der beste Rat, den man jungen Menschen geben kann, ist: Verschaff dir die bestmögliche Ausbildung auf dem Gebiet, das dich am meisten interessiert, und sei auf eventuelle Veränderungen vorbereitet!

In Ländern wie Norwegen führt dies zu einem Massenansturm auf die höheren Schulen und Hochschulen. Darin liegt eine ernste Herausforderung der Politiker; denn schon jetzt gibt es, gemessen an der Zahl der Studienplätze, zu viele Studenten. Die meisten stehen als junge Erwachsene vor einem Neubeginn; denn was sie als Schüler oder in einer ersten Ausbildungsphase danach gemacht haben, erweist sich im Hinblick auf eine Berufslaufbahn oft als eine zu dürftige Investition in die Zukunft. In Norwegen hat man diese Probleme jetzt durch die sogenannte *Reform 94* zu entschärfen versucht, die sich vielversprechend anläßt. Das Schulwesen ist auf die Unsicherheit und Turbulenz des Arbeitsmarktes nicht zugeschnitten; um so wichtiger ist eine sehr gute Grundausbildung.

In der Wirtschaft der OECD-Länder werden im Zuge einer Strategie der Veränderung Trainingsprogramme immer wichtiger, und die Haushaltsposten für *Entwicklung der personellen Ressourcen* wachsen rasch. Ferner wirken die Betriebe immer mehr auf die Entwicklung der Schulen ein, indem sie teilweise deren Aufgaben übernehmen. Das geschieht mehr im wohlverstandenen Eigeninteresse als aus Altruismus; es drückt starke Kritik an der »Produktion« der Schulen aus. Von den ungefähr 40 Milliarden Dollar, die in den USA alljährlich für betriebsinterne Fortbildung ausgegeben werden, entfallen 8 Milliarden auf elementares Lese- und Schreibtraining (SHANKER 1987).

Die heutigen Schüler werden den Zwang zu ständiger Fortbildung als einen selbstverständlichen Teil ihres Berufsalltags erleben. Für viele wird das eine Chance sein, für andere eine harte Zumutung. Das Berufsleben wird in viel stärkerem Maße als heute im Zeichen der Konkurrenz stehen. Wenn die Gesellschaft auch in Zukunft an einem Lebensstil festhalten will, der dem der westlichen Industrieländer von heute entspricht, muß sie die Konsequenzen stetiger Veränderung und Turbulenz bewältigen. Das bedeutet, daß Bildung, die Summe der erworbenen Qualifikationen, künftig noch ausschlaggebender sein wird und daß die schwächsten Schüler noch weniger Chancen haben als heute. Ihre Motivation wird damit noch geringer, die Schulmüdigkeit verstärkt.

Die vier Institutionen unserer Gesellschaft – die Familie und ihr Umfeld, die Kirche, die Medien und der Arbeitsplatz – haben auf Jugendliche den größten Einfluß. Alle vier sind derzeit Veränderungen unterworfen, deren Ergebnis noch keineswegs klar ist. Sicher ist dagegen, daß solcher Wandel eine Folge umfassender Veränderungen der Wirtschaft, Technologie und anderer gesellschaftlicher Kräfte ist. Der entwickelte Teil der Welt macht einen Paradigmawechsel durch. Manche Menschen haben die Mittel und Talente, aus raschen Veränderungen positive Lehren zu ziehen, während andere weniger Ressourcen besitzen und den wachsenden Problemen mit einer passiven und unschlüssigen Haltung begegnen.

Im nächsten Kapitel werden wir den Blick nach vorn richten. Eines ist sicher: Die heutigen Lehrer haben es mit anderen Schülern zu tun als ihre Kollegen vor 20 Jahren. Die Veränderungen kamen schnell, besonders in den europäischen Großstädten und in Nordamerika. Wir stehen erst am Anfang eines umfassenden globalen Veränderungsprozesses. Dieser Zukunft wenden wir uns jetzt zu.

3. Der Paradigmawechsel

Anfang der siebziger Jahre legte ein europäisches Institut für Bildungsfragen eine Studie zur Zukunft der Schule vor. Das war vor der Ölkrise, einem Ereignis mit so dramatischen Folgen, daß die Schrift wenige Jahre nach ihrem Erscheinen hoffnungslos veraltet war. Ebenso hätten die Autoren einer entsprechenden Studie im Jahre 1989 nach dem Fall der Berliner Mauer ganz von vorn anfangen können.

Versuche, in die Zukunft zu blicken, haben eine lange Tradition. Im Zusammenhang mit der Weltausstellung von Chicago im Jahre 1893 bat die American Press Association 74 anerkannte Kommentatoren, »100 Jahre in die Zukunft zu sehen.« Hier sind einige der daraufhin veröffentlichen Prognosen:

- Gefängnisse und Armenhäuser wird es nicht mehr geben, und Scheidungen wird man nicht für notwendig halten.
- Eine Frau wird einen Mann fragen können, ob er sie heiraten wolle, statt auf seine Werbung zu warten.
- Am Ende des 20. Jahrhunderts werden Steuern auf ein Minimum reduziert sein, und weltweit wird es keine Handelsschranken mehr geben.
- Ein stehendes Heer wird man nicht mehr benötigen.
- Die Menschen werden ein Alter von 150 Jahren erreichen können.
- 1993 wird sich der öffentliche Dienst zu einem kleinen, überschaubaren System entwickelt haben, weil wirkliche Größe zur Einfachheit tendiert (US News and World Report, 1993).

Wer sich noch immer mit prognostischen Studien befaßt, hat gelernt, daß es gefährlich ist, die Worte *niemals* und *immer* zu verwenden. Wer hätte 1945 gedacht, daß Europa nur eine Generation später auf eine Wirtschaftsunion hinarbeiten würde? Oder wer hätte geglaubt, daß das zerbombte Japan im Laufe von nur 40 Jahren zur Weltmacht aufsteigen könnte? Hätte jemand vor fünf Jahren vorauszusagen gewagt, daß der Kommunismus in Osteuropa im Laufe von zwei Jahren zusammenbrechen würde, mit nachfolgenden erbitterten Grenzstreitigkeiten zwischen einigen mittel- und osteuropäischen Nationen? Kann man sich heute für die nahe Zukunft eine funktionierende ökologisch orientierte Marktwirtschaft vorstellen?

Im Jahre 1798 sagte Thomas Robert Malthus in seiner berühmten Studie *Essy on the Principles of Population* voraus, in England werde sich bald eine langanhaltende Hungersnot bemerkbar machen; denn er rechnete mit eine Verdoppelung der Einwohnerzahl alle 25 Jahre. Dies führte zu einer heftigen Auseinandersetzung zwischen Optimisten, die eine Bewältigung der drohenden Ernährungskrise durch Wissenschaft und Technik für möglich hielten, und Pessimisten, die eine furchtbare Hungerkatastrophe voraussagten (MALTHUS 1798).

Aus drei Gründen behielten die Optimisten recht:

– Von 1815 bis 1914 wanderten 20 Millionen Briten nach Nordamerika aus.
– Zugleich stieg die Produktivität der britischen Landwirtschaft in ungeahntem Maße.
– In den gleichen Zeitraum fiel die erste industrielle Revolution, in der England den übrigen europäischen Ländern voraus war. Sie vervierzehnfachte das Nationalprodukt, während die Einwohnerzahl nur um das Vierfache wuchs.

Wurden die Pessimisten somit widerlegt, so können sie doch auf eine lange Folge von Krisen verweisen, die die Welt in den letzten 200 Jahren durchgemacht hat. Zwar haben wir seit Malthus hinzugelernt, und bisher hat der wissenschaftliche und technische Fortschritt die größten materiellen Probleme einigermaßen gelöst; aber die Zukunft ist so unsicher wie eh und je, und Prognosen sind nicht verläßlicher geworden. Das zeigt das folgende Beispiel sehr deutlich.

Im Jahre 1934 ließ der Automobilhersteller Mercedes eine auf fünfzig Jahre angelegte prognostische Studie erstellen. Dabei wurden Pläne für eine erhebliche Steigerung der Produktion ausgearbeitet, von unter 2 000 Autos pro Jahr auf 40 000 im Jahre 1984. Dies hielt man für technisch möglich, ohne daß die hohe Qualität der Wagen litte. Dennoch wurde der Plan von vielen Ökonomen verworfen, »weil sie bezweifelten, daß das Bildungswesen 40 000 qualifizierte Fahrer pro Jahr hervorbringen könne.« 1934 dachte man, selbst wenn ein Mercedes vom Besitzer selbst gefahren werde, sei ein Fahrer für die Pflege und eventuell die Reparatur der komplizierten Maschine unverzichtbar. Im Unterschied zu den Skeptikern hielten die Autoren der Studie die Schulen für fähig, in Bildung und Technik die Voraussetzungen des Wachstums zu schaffen.

Jeder von uns hat seine eigenen »mentalen Karten«, Vorstellungen von dem, was möglich und was wünschenswert ist. Das läßt sich am besten an einem simplen alltäglichen Beispiel klarmachen: Nehmen wir an, jemand hat beschlossen, sich ein neues Auto zu kaufen. Bevor er sich für eine bestimmte Marke entscheidet, hat er sich gründlich informiert und das Für und Wider lange erwogen. Schließlich fällt seine Wahl auf einen zwei Jahre alten Volvo 460. Dieser entspricht am ehesten seiner Vorstellung von einem sicheren, gutaussehenden und einigermaßen erschwinglichen Auto. Er kauft den Wagen, und in den nächsten Wochen sieht er viele Volvo 460 auf den Straßen, viel mehr als früher. Die Tatsache, daß so viele Leute dieses Modell besitzen, bestärkt ihn in der Überzeugung, daß der Volvo 460 ein gutes Auto ist. Er achtet auch mehr auf Volvo-Annoncen, in denen ihm vor allem die Sicherheits- und Umweltargumente auffallen. Seinen Nachbarn, der einen japanischen Wagen fährt, fragt er nach dessen Sicherheit und Zuverlässigkeit, doch die Antwort bleibt ohne Belang für seinen Glauben, eine gute Wahl getroffen zu haben. Bald ist er ein Experte für den Volvo 460; er kennt sämtliche Modell- und Farbvarianten, er zitiert die vom Hersteller betonten Vorzüge, kurzum: er ist ganz auf der Volvo-Welle. Zur gleichen Zeit gibt es viele Meldungen über Schwierigkeiten mit dem Volvo 460, aber weil diese mit seiner Vorstellung von seinem Auto nicht übereinstimmen, dringen sie nicht bis zu ihm vor. Er mißachtet ganz einfach alles, was seiner – wie er glaubt – durchdachten und wohlbegründeten persönlichen Meinung widerspricht.

Dies ist ein durchaus typisches Verhalten. Die Informationen und Eindrücke durchlaufen einen selektierenden Filter, und nur wenige erreichen das Bewußtsein. Bei Zukunftsplanern ist das in besonderem Maße der Fall. Sie bleiben ihren jeweiligen Deutungen der Gegenwart verhaftet und haben Mühe, sich Alternativen vorzustellen. Infolgedessen sind Projektionen in die Zukunft mit großer Vorsicht zu betrachten, obwohl die Beschäftigung mit ihnen immer wichtiger wird.

3.1 An der Schwelle einer neuen historischen Epoche

Wie nie zuvor in diesem Jahrhundert häufen sich derzeit in Europa und Nordamerika wichtige Veränderungen, so daß man von einem Paradigmawechsel sprechen muß. Der Zusammenbruch der Sowjetunion bedeutete auch den Zusammenbruch der sie tragenden Ideologien. Zugleich erstanden die ethnischen und nationalen Gegensätze aus vorsowjetischer Zeit von neuem; sie verwüsteten einen Kontinent, in dem man solche Konflikte schon endgültig überwunden geglaubt hatte. Wir leben in einer Zeit des Umbruchs. Täglich vor dem Fernsehschirm sitzend, können wir feststellen, wie sich in unserem Teil der Welt eine neue Ära mit ihren Umwälzungen buchstäblich vor unseren Augen formt.

Ganz Westeuropa ist in raschem Wandel begriffen. In erster Linie geht es um den angestrebten gemeinsamen Markt, später um seine Erweiterung, nach der wahrscheinlich fast alle westeuropäischen Länder und dazu einige assoziierte

Staaten Mittel- und Ostmitteleuropas ihm angehören werden. Ein klares Bild der Zukunft zeichnet sich aber nicht ab; denn die meisten Faktoren, die Europa bisher stabilisierten, sind von dem Wandel erfaßt. Westeuropa geht einem spannenden Jahrzehnt entgegen, in dem über die Grundstrukturen des Daseins mehrerer kommender Generationen entschieden wird.

Alle diese Veränderungen sind Ausdruck der Turbulenz, die mit einem epochalen Umbruch einhergeht, einem geschichtlichen Moment, in dem fundamentale ideologische, politische, wirtschaftliche, strukturelle und soziale Traditionen *gleichzeitig* sich wandeln. Ein neues Grundmuster bildet sich heraus, zu dessen Beschreibung und Erklärung wir neue Blaupausen benötigen.

Es gibt heute unbestreitbare Anzeichen sozialer Disintegration. Offenbar sind manche Institutionen nicht mehr in der Lage, ihre wichtigsten Aufgaben so wie früher zu erfüllen. Ihr Kampf ums Überleben steht, zumindest bei uns in der westlichen Welt, gleichrangig neben dem Willen zu führen. Die sozialen Kräfte gleichen einer aus dem Takt geratenen, gegen sich selbst arbeitenden Maschine, die trotz enormen Energieverbrauchs wenig bewirkt.

Es ist abzusehen, daß die gegenwärtige Orientierungslosigkeit andauern wird, bis das heraufziehende Zeitalter Gestalt annimmt. Erst dann werden wir von neuem ein Gefühl der Kontinuität und Stabilität haben können. George B. Leonard hat uns daran erinnert, daß produktive menschliche Handlungen immer von einer positiven Vision in Gestalt eines Mythos oder einer Geschichte begleitet sind. Die Mythen der Moderne sterben dahin, aber sie werden vielleicht von einer anderen »kühnen, positiven zeitgemäßen Zielvorstellung« abgelöst (LEONARD 1974, S. 15).

Wenn die Konturen des neuen Zeitalters klarer hervortreten, wird sich zeigen, daß das scheinbar Vertraute vielfach einen ganz anderen Sinn erhält als früher. Informationen, Begriffe und Institutionen mögen die gleichen sein wie früher, aber sie werden sich zu neuen Relationen organisieren. In einen neuen Rahmen gestellt, werden sie in der postmodernen Welt ganz andere Bedeutungen annehmen und in ganz veränderter Gestalt erscheinen. Zum Beispiel können wir wohl annehmen, daß das Wort Familie und die Familie als Institution fortbestehen werden, aber wir können genauso damit rechnen, daß das Wort in vielen Kulturen seine Bedeutung und die Institution ihre Funktion verändert.

Niemals in der Geschichte der Menschheit war es schwerer, die weitere Entwicklung vorherzusagen. Es gibt heute vermutlich niemanden, der dies mit Autorität tun könnte. Gleichwohl gibt es Versuche, einen Weg durch das

Chaos zu bahnen, z. B. den Club of Rome, der kürzlich seinen Fortsetzungsbericht zu den *Grenzen des Wachstums herausgab* (FORRESTER und MEADOWS 1992), das deutsche *Forum Zukunft* (HESSE und ZÖPEL 1987), die Studiengruppe des US-Präsidenten *(Global 2000: A Report to the President)* oder Paul Kennedys umfassende Studie *Vorbereitung des 21. Jahrhunderts (Preparing for the Twenty-first Century,* KENNEDY 1993). Einige große internationale Konzerne haben ihre eigenen Studiengruppen, die alternative Szenarios entwerfen. Dennoch fehlt es an zwingenden Hypothesen, eben weil wir in einer Zeit des Wandels leben. Der Wandel erfaßt auch die einfachsten Einrichtungen der Gesellschaft. Wir müssen daher Kreativität und die Fähigkeit der Anpassung an immer raschere Veränderungen entwickeln. Der Schule fällt dabei eine gesellschaftlich bedeutsame aktive Rolle zu. Die entscheidende Frage lautet: Wie können Lehrer und Erzieher überhaupt planen, wenn nicht sicher ist, welche Anpassungen gefordert sein werden?

3.2 Zur Planung der künftigen Schule

Bildungsplaner stehen vor dem Dilemma, daß die Auswirkungen ihres Tuns, vielleicht gerade die wichtigsten, erst nach längerer Zeit sichtbar werden. Und dennoch müssen sie planen. Wie können sie produktive Wege in die Zukunft finden und Ziele formulieren, obwohl sie nicht wissen, wie die Gesellschaft der Zukunft aussehen wird? Müssen sie sich nicht unvermeidlich auf veraltete Vorstellungen von Erziehung und Bildung stützen? Müssen nicht die Probleme von heute die Schule von morgen formen, so wie ja die Probleme von gestern die Grundlage der heutigen Schule bilden? Andererseits ist bei aller Unsicherheit unzweifelhaft, daß die Gesellschaft der Zukunft sich von der heutigen beträchtlich unterscheiden, daß sie also auch eine ganz andere Schule brauchen wird.

Bei dieser Sachlage haben wir nur eine Wahl: Als Erwachsene und als verantwortliche Bürger müssen wir im Blick auf die grundlegenden Herausforderungen, die nach heutigem Kenntnisstand auf die Menschheit zukommen, *die* Gesellschaft entwerfen, die wir uns für unsere Kinder *wünschen.*

Natürlich bedarf ein solcher Entwurf, soll er kein bloßes Luftschloß sein, einer empirischen Grundlage. Dazu gehören z. B. fundierte Daten zur wahrscheinlichen Bevölkerungsentwicklung in den nächsten 20 Jahren. Vor allem aber verlangt er eine normative Grundlage, klare Wertentscheidungen, eine Vision der künftigen Welt.

Dies führt zu der grundsätzlichen Frage, wieviel Wahlfreiheit wir als einzelne, als Gruppe, als Nation haben. Wenn wir als Nation z. B. unser derzeitiges Konsumniveau oder den materiellen Lebensstandard halten wollen – wie viele Wahlentscheidungen verbleiben dann überhaupt? Können wir noch bestimmte Technologien wählen? Haben wir noch eine Wahlfreiheit in den großen Umweltfragen?

Was wir wissen, ist: Die Wahlentscheidungen hängen zusammen. Wenn wir in einer großen Prinzipienfrage Stellung beziehen, müssen wir auch die Konsequenzen akzeptieren, die sich daraus für die nachrangigen Probleme ergeben. Eine »bessere« künftige Schule hängt davon ab, ob wir heute die richtigen Grundentscheidungen treffen. Und wir haben keine andere Alternative, als heute schon anzufangen.

Als Autoren haben wir uns während der langen Zeit der Vorbereitung dieses Buches oft gefragt, ob wir es wagen könnten, einen kurzen Abriß der Faktoren zu geben, die unser aller Zukunft bestimmen werden. Die Zukunft ist vielschichtig, und wir sind uns dessen bewußt, daß für viele der zu diskutierenden Sektoren Experten herangezogen werden müßten und jeder Aspekt im Grunde vertiefender Behandlung bedürfte. Wir hegen gleichwohl die Hoffnung, daß das empirische und normative Fundament des Buches *einige* Einblicke in die Zukunft ermöglicht. Es soll eine Vorstellung davon vermitteln, welche prinzipiellen Entscheidungen vor uns liegen.

Die Zukunft ist, anders gesagt, eine Wahl von Werten. Die Frage vor allen anderen Fragen ist, was wir als Individuen, als Gruppe und als Nation wollen. Natürlich sind durch die komplizierten politischen, wirtschaftlichen und strukturellen Zusammenhänge, die das Fundament unseres Alltags ausmachen, viele Prämissen vorgegeben. Dennoch sind es Wertentscheidungen, mit denen wir darüber befinden, welchen Kurs in die Zukunft wir nehmen. Niemand kann diese mit Gewißheit vorhersagen. Nichtsdestoweniger müssen wir von unserem persönlichen Recht und unserer Pflicht, eine bessere Zukunft zu gestalten, entschieden Gebrauch machen.

3.3 Die zehn Revolutionen

Der Begriff *Revolution* meint in diesem Buch eine *durchgreifende Veränderung* der Wahrnehmung, Reflexion und Erklärung der Wirklichkeit, ferner eine Veränderung von Haltungen, Machtverhältnissen und Strukturen, die für die Gesellschaft der Zukunft von entscheidender Bedeutung sind. In der heutigen Welt ereignen sich viele solche Revolutionen gleichzeitig. Einige

Einblicke in die Zukunft verspricht eine Untersuchung der Wandlungen, die Kulturen der Dritten Welt beim Übergang in die moderne industrielle Welt durchgemacht haben. Karl Deutsch hat, um diesen Wandlungsprozeß zu kennzeichnen, von einer Phase der *sozialen Mobilisierung* gesprochen (DEUTSCH 1961, S. 493–514). Er behauptet, bei der Hinwendung einer Kultur von traditioneller zu moderner Orientierung seien mehrere spezifische Prozesse verklammert. Und verschiedene Sozialwissenschaftler bestätigten diesen Sachverhalt, indem sie eine hohe Korrelation zwischen Sozialprodukt, Bevölkerungswachstum, (Rundfunk-)Hörgewohnheiten, Zeitungslektüre, Bildungsebenen, Beschäftigung im primären Sektor, Verstädterungsgrad, politischer Entwicklung etc. fanden.

Heute ist die Welt in einer Phase des Übergangs. Die moderne, industriell geprägte Ära geht zu Ende, eine neue, die postmoderne, zieht herauf. Die Welt befindet sich mitten in einer sozialen, politischen, wirtschaftlichen und intellektuellen Revolution. Auch Erziehung und Bildung werden sich wohl in naher Zukunft radikal verändern. Sie sind das zentrale Thema dieses Buches, weil alles darauf hindeutet, daß sie in der künftigen Welt eine entscheidende Rolle spielen werden. Welche Erziehungs- und Bildungsaufgabe wird der Schule in der Gesellschaft der Zukunft zufallen?

Ein großer Teil der im folgenden zusammengefaßten Informationen und Überlegungen wird dem Leser vertraut sein. Vielleicht wäre eine detailliertere Betrachtung der meisten angesprochenen Punkte ratsam gewesen. Wir wollten indes nur eine erste Orientierung geben, Basiswissen vermitteln. Wir sehen die postmoderne Gesellschaft sozusagen aus der Hubschrauberperspektive und bemühen uns, in der derzeitigen Phase des Übergangs primäre Veränderungen zu skizzieren und einige Aspekte des heraufziehenden Zeitalters auszumachen.

Der eine oder andere Leser wird diese Beschränkung unbefriedigend finden und sich durch weiterführende Lektüre mit manchen Zukunftsproblemen gründlicher beschäftigen wollen. Sollte das der Fall sein, hätte das Buch eines seiner Ziele erreicht. Das Literaturverzeichnis bietet genügend Anregungen.

Die zehn Revolutionen, von denen dieses Kapitel handelt, sind die folgenden:

1. *Die Wissens- und Informationsrevolution*
   Diese Revolution resultiert aus einem neuen Grundverständnis von Wissenschaft, aus einer breiten Wissensindustrie auf zahlreichen Gebieten und aus der Entwicklung einer globalen elektronischen Infrastruktur, die zu einer sich immer mehr beschleunigenden Wissensvermehrung führt.

2. *Die Bevölkerungsrevolution,*
   auch Bevölkerungsexplosion genannt. Das Bevölkerungswachstum
   überzieht den ganzen Planeten mit exponentieller Geschwindigkeit.

3. *Die globalisierende und regionalisierende Revolution*
   Es entsteht ein neues politisches Weltbild, mit neuen Allianzen, welt-
   weitem Handel und großen Bevölkerungswanderungen, die von ethnischen und politischen Krisen begleitet sind. Dadurch wird die Kultur
   mancher Regionen stark verändert.

4. *Die Revolution der gesellschaftlichen Verhältnisse*
   Minoritätsgruppen und Frauen besetzen neue Rollen, schaffen neue Lebensstile und neue Formen des Zusammenlebens in einer multikulturellen und pluralistischen Gesellschaft.

5. *Die wirtschaftliche Revolution*
   Wirtschaftliches Wachstum breitet sich schnell in immer mehr Länder
   aus und initiiert neuen Wettbewerb. Es entwickelt sich eine weltweit
   verflochtene Wirtschaft, die durch riesige multinationale Gesellschaften
   und neue Waren und Dienstleistungen gekennzeichnet ist.

6. *Die technologische Revolution*
   Neue Perspektiven und Möglichkeiten, neue Güter und Dienste versprechen eine Lösung mancher Problemkomplexe, aber schaffen auch
   unvorhergesehene Probleme.

7. *Die ökologische Revolution*
   Sie bewirkte ein ganz neues Verständnis des Lebens auf der Erde und
   machte auf die Grenzen aufmerksam, die die Umwelt künftigen Entwicklungen setzt.

8. *Die ästhetische Revolution*
   Ein komplexes neues Denken und Handeln in der Kunst belebt die Geschichte der Menschen und trägt wieder künstlerische und kreative Interessen in ihr Leben.

9. *Die politische Revolution*
   Grundsätzliche Fragen der Demokratie und der Rechte von Minoritäten
   werden gestellt.

10. *Die Revolution der Werte*
    Die pluralistische, angeblich wertneutrale Gesellschaft wird grundsätz-
    lich in Frage gestellt. Vielleicht führt die Diskussion zu einer Einigung
    auf bestimmte weltweit gültige Werte.

Diese Revolutionen sind Teil eines umfassenderen Wandlungsprozesses, in
dem noch andere Kräfte wirken. Aber diese zehn Revolutionen sind fundamental und für die Zukunft von Erziehung und Bildung von besonderer Bedeutung. Es ist wichtig zu begreifen, daß sie zusammenhängen, ein in-
tegriertes Phänomen bilden. Hier werden sie nur zum Zwecke des besseren

Verständnisses getrennt behandelt. Sie wirken aber in Kombination, und ihr »Synergieeffekt« wird für die Zukunft der Menschheit und die Gestaltung der künftigen westlichen Gesellschaften entscheidende, wenn auch nicht genau bestimmbare Konsequenzen haben.

3.4 Die Wissens- und Informationsrevolution

In den frühen siebziger Jahren erklärte Daniel Bell, das Industriezeitalter sei vorüber, und es entstehe eine neue soziale Ordnung, deren grundlegendes Organisationsprinzip nicht mehr die industrielle Güterproduktion, sondern Wissen und Informationen seien (BELL 1973). Er behauptete, die Gesellschaft werde gekennzeichnet durch Prozesse, in denen »Telekommunikation und Computer die Strategien der Informations- und Wissensübermittlung« seien. Wenn die moderne Gesellschaft sich auf die effektivere Nutzung mechanischer Arbeit konzentriert habe, so sei für die postmoderne die zunehmende Basierung auf technisches Know-how typisch.

Bells zwei Jahrzehnte zurückliegende Voraussagen sind nicht nur übertroffen worden, sondern haben zu dem geführt, was Charles Jencks als »Welt der Sofortinformation rund um die Uhr« bezeichnet. Schon 1962 hatte Fritz Machlup deutliche Beweise dafür geliefert, daß fast die Hälfte der Erwerbstätigen in den USA mit der Produktion und Verbreitung von Informationen beschäftigt war. Um 1980 war der Anteil auf 60% gestiegen (JENCKS 1987, S. 45), und um 1990 hatte er erstaunliche 75% erreicht (TOFFLER 1990, S. 71). Diese Entwicklung hat tiefreichende Auswirkungen auf die ganze Welt.

Auf allen Lebensgebieten expandiert das Wissen mit kaum vorstellbarer Intensität und Geschwindigkeit. Analysen des Arbeitsmarktes in Deutschland besagen, daß 50% des zur Bedienung neuer Maschinen erforderlichen Fachwissens innerhalb von fünf Jahren veralten. In einzelnen anderen Disziplinen verdoppelt sich die Gesamtheit des Wissens – wenn sie sich denn messen läßt – alle zwei Jahre (SCANS 1992). Mag es auch in unserem Zusammenhang nicht so wesentlich sein, das Tempo der Wissensvermehrung exakt zu bestimmen, wichtig ist die Erkenntnis ihrer Implikationen für Aus- und Fortbildung, Forschung und Arbeit.

Noch nie war die Produktion von Wissen so intensiv und vielfältig wie heute. Alle Staaten erkennen die Bedeutung von Forschung und Entwicklung, und immense Mittel, öffentliche wie private, werden investiert. Die Welt steht an einem Wendepunkt oder vor einem Paradigmawechsel in puncto Wissensproduktion. Dieser Wechsel ist die Entsprechung zur Ablösung der Newtonschen durch die Quantenphysik (CAPRA 1983; HERBERT 1987). Wichtige Entdeckungen in der Physik, Biologie, Chemie und anderen Wissenschaften wirken sich auf die sozialwissenschaftliche Forschung aus, z. B. die *Theorie der Selbstorganisation* (NONAKA 1988), die *Chaostheorie* (BRIGGS 1989) und die alternative Medizin. Auf fast jedem wichtigen Gebiet ist die Forschung einem Wandel unterworfen und im Begriff, zu einem neuen Grundverständnis der Natur und des Menschen beizutragen.

Wissen und Know-how werden in Zukunft in allen Gesellschaften zu den wichtigsten Konkurrenzfaktoren zählen. Je mehr wir von der physischen und sozialen Welt verstehen, desto stärker werden wir die Notwendigkeit der Veränderung empfinden. Es ist durchaus ungewiß, ob das Wissen, das die Menschheit anhäuft, Fortschritt bedeutet; fest steht aber, daß jeder Versuch, die Wissensexplosion aufzuhalten, scheitern müßte. Die meisten entwickelten modernen Nationen sind sich dessen bewußt und investieren entschlossen in die weitere Wissensproduktion. Japan und Deutschland beispielsweise sind Länder, die mit Nachdruck ihre wichtigsten Ressourcen, die menschlichen, mobilisieren. Ein leistungsfähiges Bildungssystem, bedeutende Forschungsstätten und ein beispielloses Wirtschaftswachstum sind die Ergebnisse.

Alwin Toffler, ein renommierter Zukunftsforscher, sagte in einem Interview folgendes über Wissen als Konkurrenzfaktor:

Wissen hatte immer viel mit Macht zu tun. Aber in dem, was ich als die *Gesellschaft der dritten Welle* bezeichne, ist Wissen in einer Weise, die wir niemals für möglich hielten, direkt an das wirtschaftliche System gekoppelt ... Für den, der zum richtigen Zeitpunkt am richtigen Ort das Richtige weiß oder die richtigen Informationen hat, werden andere Faktoren wie Länge des Arbeitstages, Landflächen, Energie, Rohstoff, Kapital und vor allem Zeit zweitrangig. Ganz entscheidend ist, daß körperliche Arbeit durch intellektuelle Arbeit ersetzt wird. Wir schreiten von der Muskelkraft zur Kraft des Gehirns fort (*Aftenposten, 1994).

In demselben Interview sagte der bekannte französische Soziologe Edgar Morin folgendes über Wissen:

... Das Wort Wissen hat mehrere Bedeutungen. Zum einen bedeutet es soviel wie Auskunft oder Aufklärung. Es leuchtet ein, daß die, die über die richtigen Auskünfte verfügen, denen überlegen sind, die diese Auskünfte nicht haben. Zweitens meint Wissen die Fähigkeit, die Auskünfte zu sortieren. Drittens hat Wissen mit Intelligenz, Bewußtheit, ja sogar mit Weisheit zu tun. Intelligenz ist die Kunst, Wissen so zu ordnen, daß es relevant und nützlich wird. Auch muß man die Teile kennen, will man das Ganze verstehen. Das Umgekehrte gilt aber auch: Ohne Kenntnis des Ganzen kein Verständnis der Teile. Wir leben in einer Zeit, in der alles Spezialwissen erst Sinn erhält, wenn es in einen globalen Zusammenhang eingeordnet wird . . . (*Aftenposten* 1994).

Natürlich ist Wissen nicht nur ein Konkurrenzfaktor. Es stärkt auf vielfache Weise die Fähigkeit zu wählen, zu entscheiden, dem Leben eine andere Richtung zu geben; es ermöglicht neue Einsichten, es kann zu einem guten und auch zu einem würdigeren Leben verhelfen. Aber es kann auch im Dienste der Brutalität und des Unrechts verwendet werden. Wissen an sich ist moralisch neutral. Der einzelne Mensch entscheidet darüber, wie er sein Wissen einsetzen, welche Zwecke er damit verfolgen will. Dabei nimmt er bestimmte Werte als Richtschnur, mag er sich dessen bewußt sein oder nicht. Das gleiche gilt für Gruppen und die politischen Organisationen in einer Gesellschaft.

Vor einem halben Jahrhundert waren Forscher noch Besitzer exklusiven Spezialwissens, und erst nach Jahrzehnten wurde dieses Wissen der interessierten Öffentlichkeit bekannt. Heute hat sich die Situation völlig verändert. Dank der modernen Kommunikationstechnologie sind neue Erkenntnisse – oft in popularisierter Form – sehr schnell verfügbar und über die ganze Welt verbreitet. Jedenfalls sind ihre *Auswirkungen,* oft durch das Fernsehen vermittelt, in dem entlegensten Dorf des ärmsten Entwicklungslandes sichtbar.

So erklärt es sich, daß Entdeckungen in weniger entwickelten Ländern leicht als Zauberformeln aufgefaßt werden, von denen sich viele Menschen eine schnelle Besserung ihrer elenden materiellen Situation versprechen. Die Konfrontation mit anderen Verhältnissen, mit dem »guten Leben«, die im Fernsehen täglich erfolgt, weckt Wünsche, die nach Befriedigung verlangen, und fördert den Glauben an schnelle Lösungen. Die Investitionen der Entwicklungsländer in den Bildungssektor sind durchaus beeindruckend, die Ergebnisse sind es weniger. Bildung und modernes Know-how sind nicht im Schnellverfahren erreichbar. Man muß in langen Zeiträumen denken und Umwege einkalkulieren, und die Auswirkungen der Investitionen auf den Lebensstandard eines Landes sind höchst unsicher (LOCKHEED und VERSPOOR 1991).

So erzeugt die ständige Informationsflut oftmals Minderwertigkeitsgefühle, Neid und Aggressionen. Nur zu oft ist das gute Leben den wenigen reserviert. Ähnliche Reaktionen gibt es auch in den Gesellschaften der Industrieländer, in denen einige Glückliche Zugang zum Reich des Wissens haben, während ein immer größerer Teil der erwachsenen Bevölkerung nicht mithalten kann und in ein funktionelles Analphabetentum zurückfällt (SHANKER 1987).

Der Wissens- und Informationsgesellschaft wohnt also eine Tendenz zur *Verschärfung der sozialen Gegensätze* inne. Wissen vergrößert den Abstand zwischen den Erfolgreichen und den anderen, mögen diese sich nun am unteren Ende der Nord-Süd-Achse oder auf der untersten Stufe der sozialen Leiter im Lande selbst befinden. Eben weil Wissen und Know-how so eng an die moderne Kommunikationstechnik mit ihren offenen Informationskanälen gebunden sind, können sich diese Gegensätze in den kommenden Jahren weiter vertiefen.

Weil unser Gehirn bei der Zurückdrängung körperlicher durch geistige Arbeit immer wichtiger wird, hat die Forschung sich ernstlich Methoden der Manipulation biologischer Prozesse zugewandt mit dem Ziel, Denkvorgänge effektiver zu machen. Es werden Medikamente entwickelt, die verschiedene Seiten der Gehirntätigkeit und damit die ganze Persönlichkeit beeinflussen. Es gibt schon Drogen zum Abbau von Angst und zur Stärkung des Konzentrations- und Erinnerungsvermögens oder der Lernfähigkeit. Eine der bekanntesten und am meisten verbreiteten ist Prozac. Die neuen verhaltenswirksamen Medikamente der neunziger Jahre sind im Begriff, die Behandlung diverser persönlicher Probleme, nicht zuletzt das mangelnder Lernfähigkeit, zu revolutionieren.

Der ethische Aspekt der Wissensexplosion wird ein wichtiges Anliegen all derer bleiben, die zu neuen Erkenntnissen beitragen. Ihm kommt daher in der Schule der Zukunft ein selbstverständlicher Platz zu (siehe Kapitel 7).

3.5 Die Bevölkerungsrevolution

Das Wachstum der Erdbevölkerung ist eines der ernstesten Probleme, mit denen unsere Kinder sich werden auseinandersetzen müssen. Wie Abb. 1 zeigt, lebte um das Jahr 1800 ungefähr eine Milliarde Menschen auf der Erde, und es hatte Tausende von Jahren gedauert, bis diese Zahl erreicht war. Im Laufe von nur hundert Jahren, von 1800 bis 1900, verdoppelte sich die Menschenzahl. Die dritte Milliarde kam in wenig mehr als einem halben Jahrhundert hinzu, und von 1960 bis heute, in nur 30 Jahren, hat die Erdbevölkerung um weitere zwei Milliarden zugenommen. Allein in den letzten zehn Jahren betrug die Zunahme 900 Millionen, und wahrscheinlich wird von heute bis zum Jahre 2025 eine Verdoppelung stattfinden. Das bedeutet, daß dann zwischen 8,4 und 9,4 Milliarden Menschen auf der Erde leben werden (World Population Prospects 1988).

Abb. 1: *Wachstum der Weltbevölkerung 1750–2100 in Milliarden*

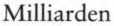

Milliarden

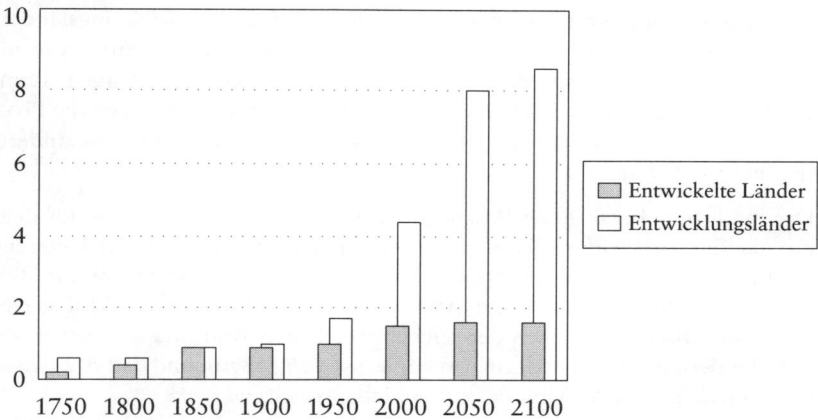

Quelle: *Kennedy 1993, S. 23*

Es wäre eine beispiellose Leistung, diese Entwicklung aufzuhalten; aber alle entsprechenden Bemühungen gleichen dem Versuch, einen Supertanker zu stoppen. Vom Augenblick des Kommandos *Volle Kraft rückwärts* bis zum tatsächlichen Stopp wird er noch einige Seemeilen zurücklegen. Nach einer Prognose der Weltbank wird sich die Erdbevölkerung um das Jahr 2100 bei 10 bis 11 Milliarden Menschen stabilisieren, während andere ein Anwachsen bis auf 14 oder 15 Milliarden für wahrscheinlich halten (KENNEDY 1993, S. 23).

Bei aller Divergenz der Prognosen steht fest, daß der bei weitem größte Teil des Bevölkerungswachstums – annähernd 95% der in den nächsten drei Jahrzehnten zu erwartenden Zunahme – auf die Entwicklungsländer entfallen wird, die dafür am wenigsten gerüstet sind. Das Beispiel Afrika verdeutlicht das sehr gut. 1950 hatte Afrika nur halb so viele Einwohner wie Europa. 1985 war die Einwohnerzahl beider Kontinente ungefähr gleich (480 Millionen), und 2025, in nur 30 Jahren, werden in Afrika wahrscheinlich dreimal so viele Menschen wohnen wie in Europa (1,58 Milliarden gegenüber 512 Millionen) (SONTHEIMER 1990). Hauptursache dieses raschen Wachstums sind die Fortschritte der Medizin und des Gesundheitswesens.

Gegen diese Prognose könnte man einwenden, das Bevölkerungswachstum werde sich schon allmählich von selbst regulieren, nicht zuletzt wegen des in

Afrika weitverbreiteten AIDS. In diesem Punkt gehen die Analysen weit auseinander. Die Weltgesundheitsorganisation hob kürzlich die um die Jahrtausendwende zu erwartende Zahl von AIDS-Opfern von 25 bis 30 auf 40 Millionen an. Von diesen entfallen 90% auf die Entwicklungsländer (ALTMAN 1991). Die Weltbank sagt ein Absinken der Geburtenrate in Afrika auf 2,75 im Laufe der nächsten 100 Jahre voraus. Aber auch wenn das Wachstum gemäß diesen Zahlen etwas gebremst wird, werden die Prognosen für die nächsten Jahrzehnte dadurch nur unwesentlich verändert (Economist 1989).

Der furchtbare Ernst dieser Prognosen liegt darin, daß die Situation für den großen Teil der Weltbevölkerung, der schon heute an Hunger oder Unterernährung leidet, so gut wie hoffnungslos wird. Das sind schätzungsweise 500 Millionen Menschen; in 20 Jahren werden es vermutlich 1 oder 2 Milliarden sein. Der Abstand zwischen der reichen westlichen Welt und den Entwicklungsländern wird sich in dramatischer Weise vergrößern, und damit werden die Spannungen in der Welt unvermeidlich anwachsen.

Dabei ist nicht die Nahrungsmittelproduktion das vordringlichste Problem. Die weit fortgeschrittene biotechnische Revolution wird für genügend Nahrung sorgen können. Die Schwierigkeiten liegen auf zwei anderen Ebenen. Das eine Problem ist die Verteilung, die andere Frage ist, wer bezahlen soll und wer bezahlen kann. Es liegt auf der Hand, daß ein großer Teil der Weltbevölkerung heute nicht am Überfluß teilhat. Die immer wichtiger werdende biotechnische Nahrungsmittelproduktion wird die Abhängigkeit der Entwicklungsländer von den reichen Industrieländern wahrscheinlich noch verstärken.

Das Bevölkerungswachstum wird im nächsten Jahrhundert nahezu alle Felder der Politik und Wirtschaft maßgeblich beeinflussen. Alle Menschen werden seine Wirkungen direkt und indirekt spüren. Die größten Pessimisten rechnen mit unkontrollierbaren Hungerkatastrophen, ethnischen und nationalen Konflikten und großen Bevölkerungswanderungen (z. B. von Afrika nach Europa). Solche Migrationen bereiten den USA schon jetzt Probleme. Prognosen besagen, daß die derzeitige Zahl von 255 Millionen Einwohnern um das Jahr 2050 durch Einwanderung auf 400 Millionen gestiegen sein wird (BOUVIER und GRANT 1994). Diese Bevölkerungsbewegungen zwingen die Bewohner der ersten Welt, ihren Lebensstil vor dem Hintergrund der Ressourcen der Erde insgesamt zu sehen. Das bedeutet unter anderem, daß ein ganz neuer Nord-Süd-Dialog geführt werden muß.

3.6 Die globalisierende und regionalisierende Revolution

Viele Veränderungen in dieser revolutionären Periode sind ihrem Wesen nach übernational, d. h. Staatsgrenzen sind für sie ohne Bedeutung, und sie sind weltweit wirksam. Es war eines der wichtigsten Kennzeichen der Modernität, daß sie den ziemlich autonomen, unabhängigen Nationalstaat als Bezugsrahmen hatte. Jetzt relativieren globalisierende Tendenzen – soziale, politische, wirtschaftliche und kulturelle Kräfte – die Bedeutung des Nationalstaats. Diese Kräfte wirken in zwei Richtungen. Zum einen handelt es sich um regional begrenzte Aktivitäten, die sich auf die ethnische und kulturelle Identität beziehen, zum andern um global wirksame, die den Nationalstaaten ihre Programme und ihre Politik vorschreiben. Die internationale Revolution ist in einer Fülle von Erscheinungen und Entwicklungen greifbar: im Drogenhandel, in den Menschenrechten, im Hunger, im Verkehr, in der Kontrolle internationaler Konzerne, in Krieg und Frieden. Wir wollen uns im folgenden auf eine wichtige Entwicklung konzentrieren, die die politische Tagesordnung der nächsten zehn Jahre in starkem Maße bestimmen wird: die Vermischung von Ethnien und Nationen.

Westeuropa und die USA sind auf dem Wege von homogenen zu heterogeneren Gesellschaften, von solchen, die von *einer* Ethnie und ihrer Kultur geprägt waren, zu solchen, in die Angehörige verschiedener Ethnien und Kulturen eingewandert sind. Als Ganzes gesehen, ist die Welt immer extrem vielfältig gewesen. In der Vergangenheit war diese Vielfalt kein großes Problem, weil die meisten Kulturen in ihren Regionen isoliert blieben und relativ wenige Menschen mit anderen Kulturen in Berührung kamen. Das hat sich in der zweiten Hälfte dieses Jahrhunderts rasch geändert, und alles spricht für die Annahme, daß die Gesellschaften der sogenannten entwickelten Welt immer heterogener werden, sowohl in der ansässigen Bevölkerung als auch in mehr oder weniger kurzen Begegnungen mit Besuchern. Im Jahre 1989 reisten 450 Millionen Menschen innerhalb der USA, mehr als eine Milliarde reiste mit dem Flugzeug in andere Länder. Schätzungen besagen, daß um das Jahr 2000 über 2 Milliarden Fluggäste befördert werden (NAISBITT und ABURDENE 1990, S. 119).

1987 vereinbarten die zwölf Mitglieder der Europäischen Gemeinschaft die Öffnung der innereuropäischen Grenzen vom 31. Dezember 1992 an. Die damit implizierten vier Grundfreiheiten sind solche der Bewegung, nämlich die freie Bewegung von Kapital, Waren und Dienstleistungen, Menschen und Arbeitsplätzen (SCHMIDT 1992). Diese Vereinbarung hat weittragende Bedeutung; denn es gibt starke Anzeichen dafür, daß sie zu mehr Arbeitsplätzen, einer schnelleren wirtschaftlichen Entwicklung, stabileren Preisen und einer Stärkung Europas als Handelsmacht gegenüber den Nicht-EG-

Staaten führen wird. Sie formalisiert einen doppelseitigen – globalisierenden und regionalisierenden – Prozeß, der seit Jahren zu beobachten ist. Sozioökonomische Kräfte, die in den europäischen Ländern wirksam sind, haben schon die meisten nationalen Grenzen aufgehoben. Immer mehr Menschen verlegen ihren Wohnsitz in ein anderes Land. Diese innereuropäischen Minoritäten machen jetzt ihre lange unterdrückte Stimme in öffentlichen Angelegenheiten geltend. Heute gehören schon über 15% der Einwohner der EG-Länder nicht dem in dem jeweiligen Nationalstaat dominierenden Bevölkerungsteil an. Zum Beispiel sind mehr als 25% der Einwohner Luxemburgs keine Luxemburger. In Deutschland leben 7,5% Nicht-Deutsche. In Belgien fühlt sich fast jeder seiner Ethnie (den Flamen oder Wallonen) enger verbunden als dem Staat Belgien. Ferner gibt es in belgischen Schulen Schüler mit über 90 verschiedenen Muttersprachen (VAN DAELE 1991). Die nationale Identität ist nicht mehr alleinbestimmend; sie hat auf vielfache Weise anderen Identitäten, darunter einer europäischen, Platz gemacht.

Die soziale Entwicklung in einer heterogenen, aber ausgewogenen, von keiner Ethnie beherrschten Gesellschaft findet neue Modelle. In einigen Erdregionen hat eine offene und spannende Entwicklung begonnen. Vor allem gilt das für Nordamerika, aber auch in den meisten Ländern Kontinentaleuropas ist ähnliches zu beobachten. Die Regionalisierung stellt das bedeutendste soziale Experiment unserer Tage dar, obwohl sie bald von einer Gegenbewegung überschattet werden mag. Denn immer stärker werden auch die Versuche einzelner Ethnien und Nationen, Enklaven der »Reinheit« zu errichten.

Durch die ganze moderne Zeit hat man die USA wegen ihres auf viele Einwanderergruppen zurückgehenden Erbes als das in Fragen kultureller Vielfalt führende Land angesehen. Bisher haben die Amerikaner über die Assimilation aller Gruppen in positiven Wendungen geredet, aber das hat sich in jüngster Zeit geändert: Assimilation wird jetzt in Frage gestellt oder sogar mißbilligt. Das mag zunächst verwundern; denn obwohl die Zahl legaler Einwanderer in den achtziger Jahren stark anstieg, wurde sie doch nie so hoch wie um die letzte Jahrhundertwende. Ein Grund der veränderten Einstellung war die unkontrollierte illegale Einwanderung, vor allem aus Mexico und Zentralamerika. Seit 1980, so schätzt man, sind alljährlich 5 Millionen Ausländer illegal ins Land gelangt. Und obwohl mehr als ein Drittel gefaßt wird, sind es doch jedes Jahr einige Millionen, die im Land verbleiben (CRANE 1990, S. 10).

Die Einstellungen verändern sich auch deswegen, weil die Vorstellung, daß die intensive und beispiellose Mischung ethnischer und religlöser Gruppen in Amerika bald in ein homogenes Endprodukt übergehen würde, ihre Nützlichkeit und und auch ihre Glaubwürdigkeit eingebüßt hat ... Der springende Punkt beim Schmelztiegel ... ist, daß er nicht passierte (SILLS und MERTON 1991).

Das Wachstum der US-Bevölkerung bis etwa zum Jahre 2010 wird auf ca. 42 Millionen veranschlagt. 47% der Zunahme werden auf Hispano-Amerikaner karibischer oder zentralamerikanischer Herkunft entfallen, 22% auf Schwarze, 18% auf Asiaten und sonstige Farbige und nur 13% auf Weiße (JOHNSTON und PACKARD 1991).

Der Fall der Berliner Mauer und der Zusammenbruch des Kommunismus und der osteuropäischen Volkswirtschaften leiteten eine Renaissance alter ethnischer und nationaler Gegensätze in Europa ein. In unglaublich kurzer Zeit kamen alte Spannungen und Konflikte wieder zum Vorschein. Eine der wichtigsten disintegrierenden Kräfte im heutigen Rußland ist das Streben verschiedener Bevölkerungsgruppen nach regionaler Autonomie. Obwohl die Sowjetunion formal föderativ organisiert war, erschien ihre Bevölkerung als ein zentralisierter einheitlicher Block, in dem die kommunistische Partei als einigende Macht und Trägerin von Entscheidungen wirkte. In den ersten Jahren nach der Revolution von 1917 hatten die einzelnen Nationalitäten noch einen gewissen Spielraum der Entfaltung, zumindest auf kulturellem Gebiet. Dazu gehörten die Errichtung eigener Schulen mit Unterricht in der jeweiligen Muttersprache, das Erscheinen literarischer Werke in diesen Sprachen etc. In der Stalin-Ära verloren die Republiken und Nationalitäten diese bescheidenen Möglichkeiten der Selbstbestimmung. Es ist ein kleines Wunder, daß sich im Zuge der *Perestroika* gleich wieder kräftige nationale Interessen geltend machten, indem örtliche Gruppen gegen die Russifizierung und die sogenannten normativen sozialistischen Ideale protestierten.

Ganz offensichtlich hat die Auflösung der Sowjetunion die ethnischen Probleme der Russischen Republik nicht gelöst. Auch mit der Unabhängigkeit bleibt die Frage des Umgangs mit annähernd 130 Ethnien, die innerhalb der Grenzen der Republik wohnen, ohne Antwort. Die vom Unterrichtsministerium der Russischen Republik vorgeschlagene Lösung gibt zwar, oberflächlich betrachtet, eine Antwort. Nach diesem Vorschlag soll jede Nationalität das Recht auf Selbstverwirklichung und eigenständige Entwicklung haben und dazu ihre schulischen Belange selbst definieren und regeln dürfen. Dies scheint in der Tat die einzig mögliche Lösung zu sein; aber ist es wirklich eine Lösung?

In seiner derzeitigen Formulierung kann das ethnische Konzept der Russischen Republik eine weitere Fragmentierung der Gruppen und ihre Isolierung voneinander verstärken. Vielleicht ist diese Befürchtung abwegig; denn anscheinend ist die ethnische Toleranz in Republiken wie der Ukraine exemplarisch und progressiv (KUPCHAN 1994, S. M2). Jedoch ähnelt die Nationalitätenpolitik der Russischen Republik der, die im früheren Jugoslawien viele Jahre lang praktiziert wurde. Jugoslawien versuchte seiner multiethnischen Situation durch ein Bildungswesen gerecht zu werden, das Vorschulen, Grundschulen und Sekundarschulen mit muttersprachlichem Unterricht für die einzelnen Nationalitäten vorsah, sofern genug Schüler vorhanden waren. 1977/78 z. B. gab es eine weiterführende Schule in Bulgarisch mit 12 Schülern und drei Schulen in Ruthenisch mit zusammen 16 Schülern (HOLMES 1983). Und das Land verpflichtete sich, für diese Schüler ein vollständiges Set an Textbüchern und Materialien in Ruthenisch bereitzustellen. Das war nationalitätenorientierte Erziehung in Reinkultur. Sie hat, wie die jüngsten Ereignisse in Jugoslawien belegen, nicht zum Frieden unter den einzelnen Gruppen geführt. Im Gegenteil, Machtblöcke in einigen Gebieten Jugoslawiens stellen derart überzogene Ansprüche an Harmonie, daß die gewaltsame Herstellung ethnischer Homogenität in weiten Teilen des Landes zur Losung des Tages wurde (HYSENI 1993). Trotzdem lassen sich, selbst inmitten militärischer Konflikte, hier und da Versuche beobachten, die Politik einer Gleichbehandlung von Minoritäten fortzusetzen (MOYNIHAN 1993).

In Nordamerika versucht eine wachsende politische Bewegung, den Strom der ins Land drängenden ethnischen und nationalen Minoritäten aufzuhalten. Wahrscheinlich werden die Amerikaner mit fortwährenden ethnischen, religiösen und nationalen Spannungen zu tun bekommen, die sich aus den enormen Migrationen ergeben. Diese stellen schon heute eine der größten Bevölkerungsbewegungen in der Geschichte Europas und Nordamerikas dar.

Ethnische Konflikte treten jetzt an die Stelle des Ost-West-Gegensatzes, der für Europa seit dem Zweiten Weltkrieg bestimmend war und zu einer innereuropäischen Identitätskrise geführt hat. Diese bildet den Hintergrund des in Mitteleuropa sich ausbreitenden Fremdenhasses. Die großen europäischen Städte sind schon multikulturell und -konfessionell. Nach einer Prognose deutscher Fachleute werden in den nächsten zehn Jahren allein nach Deutschland 20 Millionen Osteuropäer kommen. Dies könnte die Aversionen der Deutschen gegen Ausländer – auch gegen die sogenannten Spätaussiedler – weiter anheizen. Die Migrationen werden derart als Bedrohung empfunden, daß die westeuropäischen Länder womöglich versuchen werden, eine Art neuer Mauer gegen die Osteuropäer zu errichten.

Kein einziges Land bleibt von den Migrationen unberührt. Selbst Länder an der Peripherie Europas, wie z. B. Norwegen, werden gezwungen, ihre Einwanderungspolitik zu liberalisieren. Diese Länder sind noch nicht vorbereitet auf den Umgang mit so vielen Individuen und Gruppen, deren kulturelle Normen von ihren eigenen abweichen. Dies geschieht zu einer Zeit, da die einheimische Bevölkerung abnimmt. Eine Schätzung besagt, daß die Zahl der Einheimischen in Westeuropa im nächsten Jahrhundert um 30 Millionen sinken wird (JOUVENEL 1988). Diese Entwicklung wird in mehreren Berufen zu einem Mangel an qualifizierten Fachkräften führen und damit zu der Notwendigkeit, in verstärktem Maße Ausländer einzustellen. Schon knüpft sich erhebliche Spannung an die Idee einer *Festung Europa,* d. h. den Versuch der Schaffung eines Europas, das an einem freien inneren Markt festhält, aber sich gegen außereuropäische Nationen durch Schutzzölle abschirmt. Manche Beobachter fragen sich schon, ob Europa Offenheit gegenüber der Welt mit einem Klima der Protektion vereinbaren kann, das nur seine eigene innere Entwicklung fördern soll.

Dies alles geschieht, während zugleich die großen übernationalen Kräfte ihre Rolle ausgespielt haben. In früheren Zeiten war – zumindest in Europa – durch die römisch-katholische Kirche, durch dynastische Allianzen und durch Wirtschaftsbündnisse (wie z. B. die Hanse) ein gewisser Zusammenhalt gewährleistet. In unserem Jahrhundert existierte als letztes großes Imperium die Sowjetunion, und auch ihre Zeit ist jetzt abgelaufen. Es gibt keine neue Bewegung, die die Unterdrückung nationaler und ethnischer Interessen zugunsten übernationaler Mächte in Erwägung zöge. Die Gefahr heute liegt darin, daß Konflikte um Ressourcen, Bevölkerungen, Territorien und wiederbelebte fundamentalistische Traditionen eskalieren, weil es das Gegengewicht einer übergeordneten politischen Ideologie nicht mehr gibt.

Minderheitenrechte werden heute ernst genommen, besonders in kleineren Ländern wie Norwegen oder der Tschechischen Republik. Aber die Probleme, mit denen die Welt im ganzen konfrontiert ist – von unkontrollierbarer internationaler Wirtschaft über anhaltende Arbeitslosigkeit und Überbevölkerung bis zur Umweltkrise und einer ungehemmten Entwicklung der Technologie – können nur in verpflichtender internationaler Zusammenarbeit gelöst werden. Das wird nicht möglich sein ohne einen gewissen Verzicht auf ethnische und nationale Souveränität. Gerade deshalb besteht die Aufgabe darin, den ethnischen und konfessionellen Minderheiten die Tolerierung ihrer Kultur, Sprache und religiösen Unabhängigkeit im Rahmen bindender internationaler und regionaler Absprachen zu gewährleisten.

Alle europäischen Nationen beharren offensichtlich mit kräftigen Argumenten auf ihrer Souveränität: Die Norweger wollen ihre bedrohten Fischereirechte behalten, die Franzosen ihre landwirtschaftlichen Traditionen, die Deutschen ihre harte D-Mark. Der Weg zu einer gesamteuropäischen

Vision ist immer noch schwierig, ihre Realisierung liegt sicher noch in fernerer Zukunft; aber daß am Ende ein politisch und wirtschaftlich geeintes Europa entstehen wird, ist dennoch wahrscheinlich.

Infolgedessen werden die Europäer die Herausforderung annehmen müssen, mit Menschen aus anderen Kulturen zusammenzuleben und -zuarbeiten. Da die Wirtschaft in hohem Maße integriert sein wird, werden in ganz Europa Fremdsprachen in manchen Betrieben zur Arbeitssprache werden. Die Kenntnis anderer Kulturen und Sprachen wird noch wichtiger als bisher. Vor allem wird das Tempo der Veränderung sich beschleunigen, Anpassungen kommen in kürzeren Abständen, und die simple Fähigkeit, offener zu denken, wird immer öfter gefordert sein.

3.7 Die Revolution der gesellschaftlichen Verhältnisse

Es gibt heute viele verschiedenartige physische und psychische Lebensformen, und es werden immer mehr. Begriffe wie Familie und Zuhause werden nicht mehr eng definiert. Die Rolle der Jugendlichen, besonders ihr Verhältnis zur Generation der Erwachsenen, verändert sich; gleiches gilt für die Rolle der Älteren. Seit zwei Jahrzehnten werden – wie kaum jemals in der Zeit davor – grundsätzliche Fragen menschlicher Beziehungen gestellt und diskutiert.

Unsere Haltungen zu sozialen Fragen sind in hohem Maße von Grundüberzeugungen und tradierten Bedürfnissen abhängig. Unter dem ständigen Einfluß der Internationalisierung, der Medienindustrie und der sich abzeichnenden multikulturellen Gesellschaft entwickelt sich eine Grundsatzdiskussion über die in den westlichen Gesellschaften wünschenswerten sozialen Verhältnisse. Es ist durchaus nicht gewiß, daß dadurch angemessene Veränderungen bewirkt werden. Manche Gesellschaften könnten sich abkapseln und reaktionäre soziale Zustände bewahren. Sicher ist nur, daß Kulturen und soziale Gegebenheiten sich überall einer Herausforderung stellen müssen.

Wandel der Geschlechterrollen: Kaum etwas ändert sich so langsam wie soziale Gegebenheiten. Überkommene Normen, Reaktionsmuster und Gefühle wirken oft als Barrieren gegen einen Wandel. Dennoch wird *eine* soziale Beziehung, das Verhältnis der Geschlechter, derzeit einer gründlichen Revision unterzogen, und auf diesen Wandel der Geschlechterrollen wollen wir uns in diesem Abschnitt konzentrieren. Welche Frauentätigkeiten jeweils gesellschaftlich akzeptiert waren, hing oft von einfachen pragmatischen Gründen ab. So wurde z. B. die »Frauenreserve« auf dem Arbeitsmarkt in der Zeit des Wiederaufbaus nach dem Kriege ganz einfach gebraucht. Heute steht die

Frauenbewegung an einem Wendepunkt. Nach Jahrzehnten langsamen und z. T. frustrierenden Fortschritts hat sie eine kritische Masse erreicht, die nach einer Neudefinition des Verhältnisses von Frauen und Männern verlangt.

Der Trend geht von einer männerdominierten Gesellschaft zu einer solchen, in der neue Rollen der Frauen und neue Beziehungen zwischen den Geschlechtern akzeptiert werden. Auch in den politischen Prozeß haben sich die Frauen unwiderruflich eingeschaltet. 1991 bekam Frankreich zum ersten Mal einen weiblichen Regierungschef, Edith Cresson. Gro Harlem Brundtland war drei Legislaturperioden lang Ministerpräsidentin von Norwegen, und acht ihrer achtzehn Kabinettsmitglieder sind Frauen. 1991 gab es im finnischen Reichstag 40 % und im schwedischen 38% weibliche Parlamentarier (ABURDENE und NAISBITT 1992). 1994 waren die beiden Senatoren des größten US-Bundesstaates, Kalifornien, Frauen, und Kathleen Brown war Kandidatin der Demokratischen Partei für das Amt des Gouverneurs. Zwar sind die Spitzenpositionen der großen Industriekonzerne der USA weiterhin in der Hand von Männern, aber schon die Hälfte der Stellungen auf der zweiten Ebene des Managements ist von Frauen besetzt. Am Ende dieses Jahrhunderts werden viele von ihnen in die Topetage aufsteigen. Schon mehr als 6,5 Millionen Amerikanerinnen leiten kleine und mittelgroße Geschäfte, von denen viele sich in naher Zukunft zu großen Unternehmungen entwickeln werden.

Selbst so traditionelle Bastionen der Männerherrschaft wie Religionsgemeinschaften sehen sich durch Frauen herausgefordert, beispielsweise durch die sogenannte feministische Theologie. Seit 1992 ordiniert die Church of England Frauen zu Pfarrerinnen. Frauen dienen in jüdischen Synagogen als Rabbis und Kantorinnen, und nach Rabbi Ellen Dreyfus werden »Ritual, Theologie, Sprache und Image« des Judentums im Zeichen eines Nachdenkens über weibliche Perspektiven transformiert (zitiert nach NAISBITT und ABURDENE 1992, S. 120).

Immer mehr Frauen fragen auch nach »den Ursprüngen, Problemen, gesellschaftlichen Implikationen, Inhalten und Theorien wissenschaftlicher Forschung« (HARDING 1991, S. VII). Und in zunehmendem Maße nehmen Frauen die Welt des Sports in Besitz, die einst als Domäne der Männlichkeit galt, nicht nur als Ausübende, sondern auch als Trainer, Manager, Nachwuchswerber und Besitzer von Profiteams.

Die Front der Frauenemanzipation ist gespalten. Am weitesten ist die Gleichberechtigung wohl in Skandinavien fortgeschritten, und sicher haben die Schulen daran ein Verdienst, indem sie dazu beitrugen, den Sinn für Gleichberechtigung der Geschlechter zu wecken. Für die entwickelten Länder gilt heute schon, daß mehr Mädchen als Jungen einen weiterführenden Schulabschluß erreichen. In Norwegen wurden von 1936 bis 1940 an Mädchen 924 und an Jungen 1 812 Abiturzeugnisse ausgegeben. Bezogen auf den Geburtsjahrgang, erreichten damit etwa 5 % der Mädchen und 10% der Jungen diesen Abschluß (SSB 1978). Nach dem Zweiten Weltkrieg fand in Norwegen eine förmliche Bildungsexplosion statt. 1992 legten praktisch alle 200 000 Schüler der Sek.-II-Schulen irgendeine Abschlußprüfung ab, darunter 92 000 Mädchen. Von den 24 000 Schülern der Abschlußklasse des allgemeinen Zweiges, den Abiturienten im traditionellen Sinne, waren 13 000 (54 %) Mädchen. Dies ist *ein* Beispiel für raschen gesellschaftlichen Wandel, der niemals richtig »geplant« war. Es zeigt, daß eine *natürliche* Veränderung bedeutender sein kann als jede gewollte. Neue Erkenntnisse und neue Lebensformen sprengen immer wieder den Rahmen des gesellschaftlich Akzeptierten. Im Laufe der letzten 10 bis 15 Jahre sind neue gesellschaftliche Bedingungen und Lebensformen zu einer der wichtigsten Triebkräfte der Weiterentwicklung der Gesellschaft geworden.

3.8 Die wirtschaftliche Revolution

Zwei Aspekte der Wirtschaft wollen wir in diesem Kapitel erörtern: den Strukturwandel von der Landwirtschaft zur Industrie und den Dienstleistungen und den Übergang von nationalem zu globalem Wirtschaften.

Abb. 2: Beschäftigungsstruktur in den OECD-Ländern 1900, 1940 und 1990

	1900 (OECD)	1940 (OECD)	1990 (Norwegen)
Landwirtschaft	70 %	30 %	5 %
Industrie	20 %	50 %	25 %
Dienstleistungen	10 %	20 %	70 %

Auf dem Weg zu einer Dienstleistungswirtschaft: Abb. 2 zeigt den Strukturwandel. Das Schockierende daran ist die rapide Abnahme der Beschäftigung in der Landwirtschaft und – mit zeitlicher Verzögerung – die ebenso rapide Abnahme in der Industrie. Nach Peter Drucker (1990, S. 132) ist der Rückgang der Zahl der Industriearbeiter, die in den beiden letzten Jahrzehnten halbiert wurde, in der Geschichte ohne Parallele. Um das Jahr 2010 wird es in der Industrie nur noch etwa so viele Beschäftigte geben wie heute in der Landwirtschaft. Die Folgen dieses Wandels für die Arbeitswelt sind kaum zu überschätzen. Die technische Entwicklung hat uns an einen

Punkt geführt, an dem Landwirtschaft und Industrie zusammen bald nur noch 10% der Erwerbstätigen Arbeit bieten.

Hat somit die durch technische Innovationen bewirkte Produktivitätssteigerung den Bedarf an Landwirtschafts- und Industriebeschäftigten stark vermindert, so gilt für den Dienstleistungssektor das Umgekehrte. Er hat als einziger enorm expandiert, vor allem im Bildungswesen, in der Forschung, den Medien, dem Gesundheitswesen und der Hotelbranche. Hier haben Innovationen und neue Technologien also nicht zum Abbau von Arbeitsplätzen geführt, sondern im Gegenteil viele neue Arbeitsplätze geschaffen (DRUCKER 1993).

Am Beispiel moderner Krankenhäuser läßt sich gut verdeutlichen, wie gerade das Streben nach Produktivität zu mehr Beschäftigung führt. In neue, effizientere Geräte wurden große Summen investiert. Die Bedienung und Wartung dieser Geräte erzwang die Einstellung teurer Fachleute und zahlreicher Hilfskräfte. Ein anderes Beispiel sind moderne Büros. Im Unterschied zu der Annahme, die heute in jedem Büro selbstverständlichen Computer und die ganze moderne Bürotechnik machten viele Arbeitskräfte entbehrlich, mußte gerade wegen der EDV neues Personal eingestellt werden. Wie Drucker hervorhebt, hat sich erwiesen, daß »Kapital die menschliche Arbeitskraft in der Wissensproduktion und -verwaltung und in den Dienstleistungen nicht überflüssig macht« (1993, S. 95 f.).

Auch andere Bereiche des tertiären Sektors werden zweifellos wachsen. Dazu gehören die *persönlichen Dienstleistungen,* alles, was mit Fürsorge zu tun hat. In den USA bietet dieser Bereich vielen eine Teilzeit- oder Vollzeitbeschäftigung; aber die *öffentlichen* Arbeitgeber sind sichtlich immer weniger in der Lage, den gewünschten Service zu gewährleisten. Institutionen schaffen es oft nicht, Schecks pünktlich auszustellen, Kommunen zeigen sich außerstande, die Straßen zu kehren, und die Polizei, die die Einhaltung der Gesetze überwachen soll, kann den Bürgern keine Sicherheit mehr garantieren. Entsprechend stark ist die Nachfrage nach Personen, die diese Dienstleistungen erbringen können. Bisher war der öffentliche Dienstleistungsbereich für viele Arbeitslose (ganz zu schweigen von Jugendlichen) eine Art Tür zur Arbeitswelt. Zum Teil werden diese Dienstleister von der öffentlichen Hand bezahlt, oft durch Arbeitsbeschaffungsprogramme, zum Teil aber auch von der Industrie oder von Nutznießern der Dienste.

Trotz der einzigartigen Rolle, die der Dienstleistungssektor in der Arbeitswelt spielen wird, kann er nicht alle Arbeitsuchenden aufnehmen. Es bedarf besonderer Instrumente, soll die Arbeitslosigkeit wirksam bekämpft werden. Eine Möglichkeit wäre die Verminderung der wöchentlichen Arbeitszeit, also die Weiterführung eines Prozesses, der in den zwanziger Jahren begann.

In den USA dauerte eine Arbeitswoche für 20- bis 24jährige im Jahre 1920 im Durchschnitt 51,7 Stunden (OWEN 1986), 1977 nur noch 39,5 Stunden. Viele große Firmen erwägen jetzt eine Viertage-Arbeitswoche, wie sie für VW-Beschäftigte bereits eingeführt ist.

Ein anderer Weg zur Schaffung von mehr Arbeitsplätzen wäre die Erschließung ganz neuer Bereiche der Arbeit. Ein Beispiel sind Künstler, die Industrieerzeugnissen eine persönliche Note geben. Mit Hilfe der Informationstechnologie kann ein Produkt den Wünschen des Kunden genau angepaßt werden. Und nicht nur das: Obwohl eine Automobilfabrik 25 Millionen verschiedene Varianten eines Wagens produzieren kann, wünscht der Kunde auch noch persönliche Zuwendung und ist mit mechanischen, technischen Antworten auf seine persönlichen Bedürfnisse nicht zufrieden.

Arbeitslosigkeit unter Akademikern: Noch nie gab es in den OECD-Ländern so viele Studenten wie heute, und noch nie waren ihre Zukunftsaussichten so ungewiß. In Deutschland müssen sich 1,8 Millionen Studenten 900 000 Studienplätze teilen! Die vielen Tausende, die heute ein langes Hochschulstudium abschließen und deswegen z. T. hohe Darlehen aufgenommen haben, erwartet eine verzweifelte Situation. Es ist nicht ungewöhnlich, daß sich deutsche Hochschulabsolventen um 200 bis 800 Stellen bewerben, ehe sie auch nur zu einem Interview gebeten werden. Im Jahre 2000 wird es in Deutschland wahrscheinlich 600 000 bis 800 000 arbeitslose Akademiker geben, und diese Zahl wird im nächsten Jahrhundert weiter anwachsen.

In den letzten Jahren haben große Firmen nur wenige oder gar keine jungen Hochschulabsolventen eingestellt und statt dessen Facharbeiter bevorzugt, und obwohl die Arbeitslosigkeit unter Akademikern noch immer geringer ist als die anderer Gruppen, wird die Situation allmählich kritisch. Daimler-Benz hat 1994 44 000 Arbeitsplätze abgebaut. Siemens pflegte pro Jahr 8 500 Ingenieure und Wissenschaftler einzustellen; 1994 waren es nur noch 1 500. In der chemischen Industrie suchen viele Tausende hochqualifizierter Chemiker eine Arbeitsstelle.

Diese Situation hat ernste Auswirkungen auf das übrige Europa, weil Deutschland die »Lokomotive« des europäischen Marktes ist. Die Einschränkungen fielen zusammen mit dem deutschen Vereinigungsprozeß, dessen Folge sie zum Teil waren, hat er doch zum Abbau zahlreicher Arbeitsplätze geführt. Auch Ärzte, Naturwissenschaftler, Maschinenbauer, Elektroingenieure und Lehrer waren in starkem Maße betroffen. Voraussichtlich wird die Hälfte der heutigen Medizinstudenten in Deutschland keinen Arbeitsplatz finden. Hier wie in anderen Industrieländern führt der

Produktionsrückgang zu sinkenden Steuereinnahmen, und diese wiederum haben drastische Kürzungen der öffentlichen Ausgaben zur Folge.

In Europas führendem Industriestaat besteht ein krasses Mißverhältnis zwischen dem Angebot an qualifizierten Arbeitskräften und der Nachfrage. *Eine* Erklärung dafür könnte sein, daß Universitäten und Hochschulen in einer Welt für sich dahinlebten und Spezialisten heranbildeten, für die es keinen Markt gibt. Führende Vertreter der deutschen Wirtschaft haben sich wiederholt über die nach ihrer Ansicht zu einseitig theoretische Ausbildung an den Hochschulen beklagt. 84% von denen, die junge Akademiker einstellen, bemängeln deren zu theoretische Orientierung, die fehlende Praxis und die zu hochgeschraubten Erwartungen. Andere kritisieren, die Berufsanfänger dächten zu sehr an die eigene Karriere, zu wenig an die Firma, bei der sie sich bewerben, und noch weniger an Kooperation mit anderen. Offenbar bringt das System Menschen hervor, deren Einstellungen und Qualifikationen die Wirtschaft weder wünscht noch benötigt. Der bekannte Wissenschaftstheoretiker Jürgen Mittelstraß sagt, Vorlesungen und Seminare an den Universitäten entstünden »zu einem erheblichen Teil in den Köpfen der Professoren, ohne nennenswerten Kontakt zur Welt außerhalb der Universitäten« (DER SPIEGEL 1993) – Eine andere Erklärung läge in der raschen Veränderung des Arbeitsmarktes, durch die alle Aussagen zum künftigen Markt derart unsicher werden, daß ein Mißverhältnis zwischen Ausbildung und den Wünschen der Wirtschaft immer unvermeidlich ist.

Ein bekannter Verfechter eines alternativen Arbeitsmarktes, der Ökologe Ernst-Ulrich von Weizsäcker am Wuppertaler Institut für Klimaforschung, sieht das Ende der industriellen Gesellschaft schneller kommen, als alle Prognosen wahrhaben wollen. Aus zwei Gründen müsse Deutschland sein Produktionssystem verändern:

1. Die Erde könne eine Fortsetzung industriellen Wachstums nicht mehr verkraften. Die Bewohner der Industrieländer müßten ihren Konsum senken, weil Milliarden Menschen das gute Leben, das die Deutschen hätten, mit gleichem Recht fordern könnten.
2. Hochqualifizierte Arbeitskräfte aus Osteuropa und den Entwicklungsländern könnten teure deutsche Arbeitskräfte schnell ersetzen.

Von Weizsäcker fordert ein grundsätzliches Umdenken in der Steuerpolitik: Nicht mehr Arbeit, sondern Energieverbrauch solle besteuert werden. Dadurch werde Arbeit billiger, und das Tempo der De-Industrialisierung werde verlangsamt. Zugleich würden höhere Energiesteuern die Entwicklung neuer Technologien fördern. Ferner meint er, immer mehr hochqualifizierte Personen würden keine feste Arbeitsstelle finden, sondern sich selbständig machen oder zwischen bezahlter, selbständiger und freiwilliger (unbezahlter) Arbeit

– im nahen Umfeld oder in großen gesellschaftlichen Institutionen – hin und her wechseln. Von Weizsäcker sieht hierin eine echte Alternative zum gängigen Karriereideal.

Unsicherheit hinsichtlich des künftigen Arbeitsmarktes hat oft zu dem folgenden Rat geführt: »Bleib in der Ausbildung so lange wie möglich; dann sind deine Chancen, eine Stelle zu bekommen, am größten.« Aber dieser Rat ist nicht immer angebracht. In Deutschland herrscht großer Mangel an qualifizierten Handwerkern und anderen Facharbeitern, und er wird sich in den nächsten 15 Jahren noch verstärken. Manche Akademiker hätten also auf handwerklichem oder technischem Gebiet bessere Chancen gehabt. Dennoch gilt weiterhin, daß eine jede mit Motivation, Initiative, Bereitschaft zur Kooperation und Nähe zur Praxis absolvierte Ausbildung beim Wettbewerb um Arbeitsplätze entscheidende Vorteile bringt.

Die globale Wirtschaft: Die meisten Menschen merken die Internationalisierung in ihrem Alltag ganz einfach an den Waren, die sie konsumieren, und den Diensten, die sie in Anspruch nehmen. In den beiden letzten Jahrzehnten hat das Aussehen der Geschäfte sich verändert, die Auswahl an Restaurants ist größer, die Kaufgewohnheiten sind internationaler geworden. Tacos gibt es nicht mehr nur in Mexico, Sushi-Bars nicht nur in Japan. Kanadische Krabben werden überall angeboten, und norwegischer Räucherlachs wird in Japan als Delikatesse geschätzt. In 50 Ländern der Welt gibt es McDonalds-Restaurants, im ganzen mehr als 10 500. Die Automarke Ford Escort ist in 15 Ländern erhältlich. Über 40 % der japanischen Kassettenrecorderproduktion wurden im Laufe von nur zwei Jahren (1985–87) in die jungen Industriestaaaten Südostasiens verlagert. Markennamen wie Coca Cola, Sony, IBM, Volkswagen, Volvo und Nestle sind in allen Ländern den Einwohnern, die über Kaufkraft verfügen, bekannt.

Die Wirtschaft ist global geworden. Die schon bestehende wechselseitige Abhängigkeit wird sich immer stärker ausprägen. Vor nur zehn Jahren beschränkten sich die Kontakte der meisten Geschäftsleute auf das eigene Land; heute werden viele Geschäfte, zumindest teilweise, auf der internationalen Ebene abgewickelt. Während des ganzen Industriezeitalters waren die wirtschaftlichen Strukturen um Nationalstaaten zentriert, die sich als autonome, sich selbst genügende Einheiten verstanden. In jüngster Zeit hat sich das geändert. Infolge der Entwicklung der multinationalen Konzerne, des freien Flusses von Informationen und der Aufhebung von Handelsschranken ist die Welt auf dem Wege zu einem interdependenten, freien Handelssystem.

Die Weltwirtschaft wird heute angetrieben von etwa 600 Mega-Konzernen, auf die über 20% der globalen Agrar- und Industrieproduktion entfallen.

Diese Entwicklung ist so markant, daß Toffler die Bezeichnung *multinational* schon für veraltet hält, da diese Gesellschaften eher nicht-national oder übernational seien. Sogar für japanische Firmen gilt der Trend. Ford besitzt 25 % von Mazda; Autos der Marke Honda werden in steigendem Maße in den USA hergestellt und nach Japan verschifft; General Motors ist der Hauptaktionär von Isuzu (TOFFLER 1990, S. 460 f.).

Die größten multinationalen Konzerne haben zum Wirtschaftswachstum auf der ganzen Welt und zu einem beträchtlichen weltweiten Transfer von Technologie und Know-how beigetragen.

Parallel zur Entwicklung der großen multinationalen Betriebe entstand ein enormer internationaler elektronischer Finanzmarkt, der rund um die Uhr funktioniert und fast 2 Billionen DM pro Tag umsetzt. Dieser Betrag ist viel höher als der, der für die Abwicklung des täglichen Imports/Exports erforderlich wäre. Manche Beobachter nehmen an, daß 90 % dieses Umsatzes in keinem direkten Zusammenhang mit dem internationalen Handel stehen, sondern bloße Spekulation in fremden Währungen und Wertpapieren sind (BERGSTEN 1988). Wir bewegen uns, anders gesagt, auf eine Weltwirtschaft zu, die in hohem Maße von privaten wirtschaftlichen Interessen gelenkt wird. Vor allem haben die großen multinationalen Gesellschaften so starke Ressourcen, daß sie im Bedarfsfalle stets die jeweils modernste Technologie einsetzen können. Daher sind sie den kleineren und rein »nationalen« Gesellschaften in jeder Hinsicht überlegen. Wahrscheinlich wird die globale Verflechtung der kommerziellen und industriellen Strukturen so weit fortschreiten, daß die noch bestehenden größeren nationalen Firmen bald von internationalen Unternehmen »geschluckt« werden.

Es ist wichtig zu betonen, daß internationale Konzerne bemüht sind, ihre Werte dem Umfeld des jeweiligen Marktes aufzuprägen. Ein Vorstandsmitglied von Coca Cola sagte einmal: »We don't sell a drink, we sell a way of life.« Andererseits ist es eine immer häufiger angewandte Strategie dieser Firmen, kleine lokale Tochtergesellschaften zu gründen, die engen Kontakt zu den Kunden halten, sich der jeweiligen Kultur anpassen und den Wettbewerb genauer verfolgen können. Aus diesen Vorteilen beziehen die Tochtergesellschaften beträchtliche Macht gegenüber der Zentrale. Ein großer multinationaler Konzern ist davon abhängig, daß die einzelnen nationalen Gesellschaften zusammenarbeiten. Es wird immer schwieriger, ihnen einfach etwas zu diktieren.

Die Welt wird immer schneller zu einem offenen Markt. Die derzeit noch bestehenden regionalen und nationalen Allianzen sind offenbar nur Interimslösungen auf dem Wege zu einer Welt der Interdependenz und des freien Marktes. Die EG und der Europäische Wirtschaftsrat (EWR) sind in der Welt nicht mehr ohne Parallele. Ein Charakteristikum des EWR sind die vier grundlegenden Freiheiten:

1. freie Bewegung von Kapital;
2. freier Austausch von Waren und Dienstleistungen;
3. freie Wahl des Wohnsitzes für jedermann;
4. freie Wahl des Arbeitsplatzes.

Lebhaft diskutiert werden in Europa die Qualität der Ausbildung und die Kompetenz der Beschäftigten in den einzelnen Ländern, das Bedürfnis einer Vereinheitlichung der Anerkennung erworbener Qualifikationen, die Notwendigkeit der Definition von Mindeststandards der Ausbildung, vor allem bei denjenigen, die von einem Land in ein anderes umziehen. Lehrpläne und Lehrbücher werden einander angepaßt. Auch wächst die Einsicht, daß die Verwirklichung der Idee der *Vereinigten Staaten von Europa* mehr integrierende Kräfte erfordert. Dazu gehören ein Mindestmaß an Konsens hinsichtlich des Zwecks, ein gewisser Europa-Patriotismus, eine emotionale und mentale Identifikation mit Europa (BUDD und JONES 1990).

Ähnliche Entwicklungen gibt es auch in anderen Weltgegenden. Beispiele sind die Handelsabkommen zwischen Australien und Neuseeland (1988) und zwischen Brasilien und Argentinien. Eines der großen Themen, die am pazifischen Rand Amerikas auf der Tagesordnung stehen, ist der freie Handel, und zur Zeit ist eine lebhafte Diskussion um das sogenannte North American Free Trade Agreement im Gange, das 1993 vom amerikanischen Repräsentantenhaus gebilligt wurde. Zu ihm gehören Kanada, die USA und Mexico. Schon wird die Diskussion auf Handelsabkommen mit Ländern der ganzen pazifischen Region ausgeweitet (BROWN 1992).

In diesem Prozeß kulminiert das geradezu dramatische Wachstum von Wirtschaft und Lebensstandard, das nach dem Zweiten Weltkrieg begann und das in der ganzen bisherigen Weltgeschichte ohne Beispiel ist. Von 1950 bis 1980 vervierfachte sich das Bruttosozialprodukt der Welt von 2 auf 9 Billionen Dollar! Stabilität und stetiges Wirtschaftswachstum waren jahrzehntelang so selbstverständlich und evident, daß nur wenige Zweifler fragten, ob die Entwicklung je wieder auf Hindernisse stoßen werde.

Das globale Wirtschaftswachstum hat aber zu Erschütterungen beigetragen, wie sie früher – in der Wirtschaft der einzelnen Nationalstaaten – kaum je vorkamen. Die erste Ölkrise von 1973, als der Rohölpreis sich im Laufe weniger Tage vervierfachte, rückte ein neues Phänomen ins Bewußtsein. Einige hochentwickelte Länder wie etwa Norwegen gerieten in Turbulenzen und mußten ihre Fähigkeit, die eigene Situation selbst zu bestimmen, neu definieren. Sie wurden zur Einführung sogenannter autofreier Tage gezwungen, an denen die Straßen einen Tag oder eine ganze Woche lang leer waren. Für die Norweger und überhaupt für die ganze entwickelte Welt begann eine neue, bewegte Epoche. Die öl- und gasexportierenden Staaten machten einen enormen Entwicklungssprung, doch ihr Aufschwung ging einher mit einer wirtschaftlichen Stagnation in vielen entwickelten Ländern.

Die Ölkrise war aber nicht der einzige Verursacher von Erschütterungen. Im September 1992 geriet die Finnische Mark im europäischen Währungsverbund plötzlich dramatisch unter Druck, hauptsächlich weil annähernd 20 % des finnischen Exports in die Sowjetunion gegangen waren. Als diese sich auflöste und der Handel mit ihr zusammenbrach, war auch die finnische Wirtschaft dem Zusammenbruch nahe, und die Mark wurde um 13 % abgewertet. Zur gleichen Zeit geriet auch die Schwedische Krone in Schwierigkeiten, so daß es massiver Stützungsmaßnahmen bedurfte. Die Kreditzinsen stiegen von 16 auf 24 %. Die Norwegische Krone hielt sich währenddessen, hauptsächlich aufgrund der dank des Öl- und Gasimports positiven Handelsbilanz, relativ stabil, aber doch mit leicht sinkender Tendenz. – Das Beispiel zeigt, in wie hohem Maße die europäischen Märkte bereits voneinander abhängig sind. Veränderungen in einem Land wirken sich unmittelbar auf die Wirtschaft der anderen Länder aus (UDGAARD 1992).

In dieser Zeit hob die Bundesbank in Deutschland den Leitzins auf die Rekordhöhe von 9,75% an. Sie tat dies vor allem, um einen Anstieg der Inflationsrate auf über 4% zu vermeiden, der sich wegen der kolossalen Belastung durch die Wiedervereinigung und den Aufbau in Ostdeutschland abzeichnete.

Die Macht internationaler Spekulanten über die Weltwirtschaft ist real und wird zu den Grundgegebenheiten auch der postmodernen Ära gehören. Einige Spezialisten sagen voraus, daß die Geschäftswelt allmählich aufhören wird, über positive oder negative nationale Handelsbilanzen zu sprechen. Diese Begriffe gehören einer Periode der national organisierten Wirtschaft an. Naisbitt und Aburdene (1990, S. 4) betonen, daß niemand die interne Handelsbilanz zwischen Frankfurt und Düsseldorf oder zwischen Denver und Dallas kennt. In absehbarer Zeit werden sich die Experten auch nicht mehr für das Ungleichgewicht im Handel zwischen den USA und Japan interessieren. In einer durch Mega-Konzerne und freien Handel gekennzeichneten Weltwirtschaft ist das so gut wie irrelevant. Wichtiger wird die Frage sein, inwieweit die Kulturen in der Lage sind, sich den in schneller Veränderung begriffenen wirtschaftlichen Erfordernissen anzupassen.

Toffler (1990) nimmt an, daß die entstehende Wirtschaftsordnung gängige Kategorien wie arm und reich, Norden und Süden außer Kraft setzen wird und die Welt in eine neue Zweiteilung stößt. Er spricht von den Schnellen und den Langsamen. In den schnellen Gesellschaften beschleunigt moderne Technologie, besonders Elektronik, die Produktion und verkürzt die Verteilzeiten. Das geht so weit, daß Tempo zum wichtigsten Faktor unserer postmodernen Befindlichkeit geworden ist. Sehr langsam bewegen sich im Unterschied dazu die Gesellschaften, die der »schweren« Produktion und einer traditionellen Entwicklungsphase verhaftet bleiben. Der Gegensatz kommt klar zum Ausdruck in der ungleichen Verteilung des Wohlstandes auf der Welt. In den reichsten Ländern liegt das Bruttonationalprodukt pro Einwohner und Jahr zwischen 30 000 und 40 000 Dollar, in den armen Ländern Afrikas hingegen nur bei 200 Dollar und in Indien bei 350 Dollar (KENNEDY 1993).

Während die entwickelten Länder vor einer wirtschaftlichen Umstrukturierung gigantischen Ausmaßes stehen, müssen sie zur Kenntnis nehmen, daß sie Teil einer weltweiten Gemeinschaft sind. Heute leben in den OECD-Ländern 17 % der Weltbevölkerung, und auf sie entfallen 70 % der Industrieproduktion. Im Jahre 2030 werden sich voraussichtlich 50 % der Weltproduktion nach Asien verlagert haben. Asien wird immer mehr zum Gravitationszentrum der Weltwirtschaft, ein Umstand, der Europa und Nordamerika erhebliche Anstrengungen abverlangen wird. Es gibt schon mehrere Ansätze, die Herausforderung anzunehmen. Dazu gehören die Versuche, den Handel zu deregulieren, niedrigere Löhne zu zahlen, mehr Flexibilität durchzusetzen, den öffentlichen Sektor zu verkleinern und die sozialen Leistungen zu reduzieren. Die asiatische und osteuropäische Konkurrenz macht es zu einem dringenden Erfordernis, die entscheidenden Positionen mit schnell reagierenden und entschlußfreudigen Personen zu besetzen. Der norwegische Minister Thorbjørn Berntsen betont die sich immer mehr zuspitzende Problematik:

1960 erhielten die reichsten 20 Prozent der Weltbevölkerung 70 % des globalen Einkommens. Bis 1989 war dieser Anteil auf 83 % gestiegen. Die ärmsten 20 Prozent der Bevölkerung mußten im gleichen Zeitraum einen Rückgang ihres Anteils von kümmerlichen 2,3 % auf unglaubliche 1,4 % hinnehmen. Das Einkommen des reichsten Fünftels verhielt sich zu dem des ärmsten 1960 wie 30:1, 1989 wie 59:1 (BERNTSEN 1994).

Die Organisation der Arbeit: Die Arbeitsplätze der Zukunft werden aller Wahrscheinlichkeit nach ganz anders organisiert sein als die der Vergangenheit. Sie werden in ihrer physischen Ausgestaltung auf individuelle Wünsche und Bedürfnisse zugeschnitten sein. Netzwerke flexibler, einfacher Organisationen werden eine große Rolle spielen. Die Arbeit wird den Wohnstätten der Arbeitenden wieder näher kommen, und auch der Abstand zu den Kunden wird sich verringern. Die hierarchischen Strukturen werden sich möglicherweise radikal verändern. Routinearbeiten werden in zunehmendem Maße von Automaten und Robotern übernommen, und Verständnis und Hilfsbereitschaft, Beziehungen, Personalentwicklung und andere sogenannte wertsteigernde Dienste könnten zu entscheidenden Konkurrenzfaktoren werden (DRUCKER 1989).

Viele Industrien, z. B. die Stahl- und Automobilindustrie, haben den radikalen Umstellungsprozeß schon begonnen. Die neueren Arbeitsplätze erfordern mehr Qualifikationen. Mehr als die Hälfte der Arbeitsplätze in den USA setzt schon eine College- oder Universitätsausbildung voraus (JOHNSTON und PACKARD 1987, S. 98).

Vieles wird getan, um Arbeitsplätze zu sichern. Seit den siebziger Jahren wurden in der Industrie relativ unabhängige Positionen geschaffen, die nach dem Prinzip der Selbstregulierung funktionieren: Die Leute wählen ihre Arbeitszeit und ihren Arbeitsrhythmus selbst (CHRISTENSEN 1989; PERELMAN 1990). Von dieser Möglichkeit machen die am besten Ausgebildeten immer mehr Gebrauch, zumal sie im elektronischen Zeitalter oft zu Hause arbeiten können. Im Gegensatz dazu ist eine Unterklasse ungelernter Arbeiter gezwungen, jeden möglichen Job anzunehmen.

Die Unterschiede in der Qualität der Arbeit, die den einzelnen Arbeitsuchenden zugänglich ist, treten also stärker hervor. Am greifbarsten wird das heute an dem krassen Unterschied im Lebensstandard zwischen Nord und Süd, Ost und West. Dieser Unterschied erklärt sich vor allem aus dem Vorsprung des Westens in neuer Technologie und aus der integrierten westlichen Wirtschaft.

Indes gibt es auch innerhalb der hochentwickelten Länder große Unterschiede. Norwegen ist dafür ein gutes Beispiel. Das Land muß mit den Niedriglohnländern in der früheren Sowjetunion und Osteuropa konkurrieren. Wegen dieser wachsenden Konkurrenz plädieren viele Norweger für eine protektionistische Politik. Sie könnte wohl eine Zeitlang funktionieren, weil derzeit Öl und Gas die Wirtschaft kräftig in Schwung halten; aber vielleicht wird das Land dennoch eine Strukturveränderung, eine Reorganisation der ganzen Wirtschaft, nicht umgehen können. Wegen seiner Öl- und Gasreserven hat Norwegen zur Zeit in der westlichen Welt eine Ausnahmestellung. 1992 brachte die Ölausfuhr dem Land 102 Milliarden Kronen (etwa 25 Milliarden DM) ein; das waren über 30 % des Gesamtexports. Aber die norwegische Ölförderung nähert sich ihrem Gipfel. Man erwartet, daß dieses Maximum etwa zehn Jahre gehalten wird und daß danach die Fördermenge zu sinken beginnt. Bald wird Gas und nicht mehr Öl die wichtigste Ressource sein. Voraussichtlich wird die Gasförderung etwa 80 Jahre andauern, aber es ist unwahrscheinlich, daß sie den Rückgang der

Ölförderung aufwiegen kann. Die Öl- und Gasvorräte werden den Norwegern für viele Jahre die Aufrechterhaltung eines hohen Lebensstandards sichern. Gegenwärtig haben sie einen der höchsten auf der Welt. Dies dürfte in den nächsten 20 Jahren so bleiben (ZANKER 1993). Wenn der Ölboom um das Jahr 2020 endet, werden die Norweger sich zu fragen haben, ob sie den temporären Überfluß gut genutzt haben. Haben sie ihrer Wirtschaft eine Richtung gegeben, mit der sie ihren Platz in der Welt halten können? Sie müssen ernsthaft anfangen, an ein *Norwegen ohne Öl* zu denken. Es gilt die jetzt verfügbaren Mittel zu nutzen und mit ihnen das Fundament einer ganz anderen Wirtschaft zu legen.

Viele Länder sind in einer ähnlichen Lage. Natürlich werden Öl und Gas bis weit ins nächste Jahrhundert bedeutende Machtfaktoren bleiben. Möglicherweise werden die Ingenieure mit neuer Technologie noch weitere Öl- und Gasreserven erschließen. Die aserbeidschanischen Vorkommen werden endlich voll genutzt werden, und die Entdeckung irgendwelcher anderer Vorkommen ist ebenso denkbar. Dabei werden die Nutzung und der Preis von Öl und Gas in zunehmendem Maße von ökologischen Faktoren und vom Wachstum der Wirtschaft und des Konsums in den jungen asiatischen Industrieländern abhängen. Die weitere wirtschaftliche Entwicklung Chinas mit seinen 1,2 Milliarden Einwohnern wird auf die ganze Welt immer stärker einwirken.

3.9 Die technologische Revolution

Das 20. Jahrhundert brachte in der Technologie viele umwälzende Erfindungen, Durchbrüche in eine neue Qualität. Zuletzt geschah das in der Gentechnik und der Telekommunikation. Diese Entwicklung ist nicht zu Ende; vielmehr ist zu erwarten, daß sie sich noch verstärkt. Aber nur zu oft hat man die Technologie als *Antwort* auf gegenwärtige oder künftige Probleme aufgefaßt und darüber *die eigentliche Frage* vergessen. Wir wollen einige Aspekte der Technologieentwicklung betrachten, die wahrscheinlich die kommenden Jahre prägen werden.

Die wirtschaftliche Entwicklung steht in engem Zusammenhang mit Fortschritten in der Technologie, diese wiederum ergeben sich aus der Forschung und Wissensvermehrung. Doch führt wahrscheinlich – entgegen einer verbreiteten Auffassung – kein geradliniger Weg vom Lernen über das Experimentieren und die Technologie zum wirtschaftlichen Wachstum. Zahlreich sind die Länder, die fremde Forschungsergebnisse zum eigenen Vorteil nutzten und damit den Lebensstandard ihrer Bewohner beträchtlich erhöhten (SCANS 1992, NCEE 1990). Gegenbeispiele sind Länder wie etwa die frühere Sowjetunion, die über ein enormes Forschungspotential verfügen, dieses aber nicht in der übrigen Welt vermarkten können oder wollen.

Technologie und Umwelt: Die Geschichte der Technik ist einerseits ein aufregendes, alle Menschen und ihre Aktivitäten umfassendes Dokument der Kreativität, von großer Bedeutung in den verschiedenen Epochen der Menschheitsgeschichte. Andererseits hat Technik die Wirkungen von Krieg und Zerstörung in einem Maße erhöht, das ohne sie undenkbar gewesen wäre. Und es kommt hinzu, daß die wirtschaftliche und technische Entwicklung die Fähigkeit der Welt, sich selbst zu erneuern, immer mehr bedroht. An einem normalen Tag zerstören die Menschen 298 qkm tropischen Regenwald, machen 206 qkm zur Wüste, rotten an die hundert Arten aus, geben 71 Millionen Tonnen Mutterboden der Erosion anheim und erhöhen die Weltbevölkerungszahl um 263 000 (ORR 1992, S. 3). McCune u. a. im Mid-continent Regional Educational Laboratory im US-Staat Colorado (1987, S. 8) behaupten, die »Entwaldung unseres Planeten, der Treibhauseffekt, der Verlust des für die Agrarwirtschaft benötigten Mutterbodens, die Luftverschmutzung und andere von Menschen verursachte Umweltschäden haben begonnen, die Bewohnbarkeit der Erde schlechthin zu bedrohen.« Sie fordern, in allen Nationen müßten die Politiker und die öffentliche Meinung dringend den Ernst der Umweltveränderungen begreifen lernen.

Im Jahre 1990 hielt die oberste bundesstaatliche Schulaufsicht in Kalifornien die Umweltschäden für so alarmierend, daß sie brieflich an alle Schulen und Schulbezirke appellierte, sie sollten sich verpflichten, umfassende und kontinuierliche Programme zur Umwelterziehung zu entwickeln (Kopie des Briefes bei CLENDON 1993). Der Vizepräsident der USA, Al Gore, argumentiert, das Ökosystem der Erde habe einen so kritischen Zustand erreicht, daß die menschliche Zivilisation einen globalen Marshallplan brauche. Die strategischen Ziele dieses Plans müßten sein

1. die Stabilisierung der Weltbevölkerung;
2. die schnelle Entwicklung umweltfreundlicher Technologien;
3. eine Veränderung der wirtschaftlichen Maßstäbe, mit denen wir die Auswirkungen unserer Entscheidungen auf die Umwelt messen;
4. den Abschluß einer neuen Generation internationaler Verträge zur Sicherung der Teilnahme aller Länder an Maßnahmen zum Schutz der Umwelt;
5. die Aufstellung eines länderübergreifenden Planes zur Aufklärung der Erdbewohner über die ganze Erde als Umwelt (GORE 1993, S. 305 – 360).

Für alle, die mit Erziehung und Bildung zu tun haben, wäre das letzte Ziel das heikelste. Ein solcher Plan wäre natürlich nur dann realistisch und nützlich, wenn die vier anderen Ziele jedenfalls teilweise erreicht wären.

Landnutzung und Gentechnik: An der Entwicklung der Gentechnik wollen wir die wirtschaftlichen, politischen und sozialen Implikationen und die Beschäftigungseffekte moderner Technologie, sowohl in der nördlichen wie in der südlichen Hemisphäre, beispielhaft darlegen. Von 1950 bis 1984 wuchs die Nahrungsmittelproduktion weltweit schneller, nämlich um den Faktor 2,6, als der Bedarf der Weltbevölkerung an Nahrungsmitteln. Eine enge Zusammenarbeit von nationalen und internationalen Forschungszentren, von Landwirtschaftsbehörden und Bauern führte zu der sogenannten *grünen Revolution*. Die Reisproduktion stieg in nur zwei Jahrzehnten von 257 auf 468 Millionen Tonnen pro Jahr. In vielen Ländern ist dies wahrscheinlich die wichtigste Präventivmaßnahme gegen Hungersnot. Durch die grüne Revolution wurden viele Entwicklungsländer von den reichen Ländern unabhängiger und in die Lage versetzt, allmählich mehr politische Stabilität zu entwickeln (JOHNSTONE 1988).

Aber die grüne Revolution scheint jetzt an ihre Grenze zu stoßen. Im letzten Jahrzehnt blieb das Wachstum der Nahrungsmittelproduktion hinter dem der Bevölkerung deutlich zurück (World Resources 1990–91). Jedes Jahr werden ungefähr 28 Millionen Tonnen Weizen mehr benötigt, aber der tatsächliche Produktionszuwachs beträgt nur 15 Millionen Tonnen. Hinzu kommt der bedrohliche Verlust an Kulturland. Nach einer Schätzung der Ernährungs- und Landwirtschaftsorganisation der Vereinten Nationen (FAO) kann im Laufe von 20 Jahren ein Gebiet von der dreifachen Größe Frankreichs als agrarisches Nutzland verlorengehen. In den letzten 100 Jahren hat eine Fläche von der Größe ganz Europas den Großteil seiner Produktivität durch Kahlschlag oder Überweidung eingebüßt. Zusätzlich ist ein Gebiet von der Größe Australiens verkommen. Die Erdoberfläche besteht zu nur 11% aus kulturfähigem Land. Die Erosion zehrt alljährlich daran, durch Ausdehnung der Städte geht Ackerland verloren, Grundwasser wird für nicht-landwirtschaftliche Zwecke abgezweigt. Alle diese Prozesse haben den Kulturlandverlust um mehr als den Faktor zwei beschleunigt. Die Weltreserven an Reis sind heute stark vermindert und wären, wenn sie nicht aufgefüllt werden, in sechs bis sieben Wochen aufgebraucht.

Noch immer gibt es Möglichkeiten des Wachstums, z. B. durch Nutzung kulturfähigen Landes in Lateinamerika oder durch Hebung der Produktivität. Ein afrikanischer Bauer produziert nur 600 Kilogramm Getreide im Jahr, ein amerikanischer 80 Tonnen, d. h. die 130fache Menge! Ferner könnten weitere Fortschritte der Gentechnik das Problem entschärfen. Durch Manipulationen am DNA-Molekül können Forscher annähernd jedes gewünschte Merkmal einer Pflanze oder eines Tieres herbeizüchten, und die nützlichsten Eigenschaften können in der Reproduktion verstärkt werden.

Wir können hier nicht im einzelnen auf die Möglichkeiten und Grenzen der Gentechnik eingehen. Offenkundig ist indessen, daß sie sehr interessante Perspektiven eröffnet. Das gilt im Hinblick sowohl auf das Weltbevölkerungsproblem als auch auf die wirtschaftlichen Aspekte der großen multinationalen Konzerne und die von ihnen aufgebaute Infrastruktur. Die möglichen negativen Auswirkungen auf Gesundheit und Umwelt und die ethischen Probleme dürfen dabei natürlich nicht aus dem Blick geraten (WALD 1992). Ein noch ernsteres Problem ist das starke Mißverhältnis von Produktion und Bedarf. Die EG-Landwirtschaft ist aus dem Gleichgewicht geraten. Die Überproduktion und die durch sie bedingten Prämien für die Stillegung von Kulturland sind deutliche Indizien. Zu den Anomalien der Situation gehören auch die in fast allen OECD-Ländern gezahlten Subsidien für Landwirte, die sich jährlich auf etwa 400 Milliarden DM belaufen. Ohne diese Zahlungen ginge die Zahl der Bauern noch weiter zurück. Schon jetzt machen sie nur noch zwischen 3 % (USA) und 9,1 % (Italien) der Erwerbstätigen aus. Der Eindruck des Ungleichgewichts wird verstärkt durch die Tatsache, daß den Nahrungsmittelüberschüssen im reichen Teil der Welt ein großer Mangel in den meisten Entwicklungsländern gegenübersteht.

Die Entwicklung der Gentechnik bewirkt, daß die Grenzen zwischen den Bauern, den Züchtern neuer Sorten, den Forschungs- und Entwicklungslabors, den Kunstdüngerproduzenten, der Lebensmittelindustrie und den Vermarktungsorganisationen verwischt werden. Die sogenannte vertikale Integration geht ständig weiter und bringt uns der gentechnischen Nahrungsmittelproduktion Schritt für Schritt näher. Im nächsten Jahrhundert werden wir vermutlich die Folgen dieses Prozesses noch mehr zu spüren bekommen. Er wird den Weg für neue Produkte freimachen, neue Arbeitsplätze schaffen, neue Organisationsformen hervorbringen und wahrscheinlich Lebensmittel stark verbilligen. Aber noch einschneidender werden die Konsequenzen für die traditionelle Landwirtschaft sein. Die Gentechnik wird sicher eine ganz neue Epoche der wirtschaftlichen Entwicklung einleiten (KENNEDY 1993).

Jahrtausendelang hat man in Grund und Boden, natürlichen Ressourcen und qualifizierten Arbeitskräften die bestimmenden Faktoren wirtschaftlicher Entwicklung gesehen. Ihre Bedeutung wird in dem Maße abnehmen, wie automatisierte Fabriken, Labors und Service-Industrien sich durchsetzen, wenngleich die Agrarlobby alles Erdenkliche tun wird, um diese Entwicklung aufzuhalten oder abzuwandeln.

Der technische Fortschritt in Verbindung mit der Anpassungsfähigkeit der multinationalen Konzerne hat indes seine eigene Dynamik. Jungen Forschern bieten die Konzerne interessante Aufgaben. Diese Entwicklungsarbeit wird am ehesten in die Länder mit den liberalsten Gesetzen verlegt. Damit droht die Gefahr verstärkten Ungleichgewichts und einer neuen Abhängigkeit der Entwicklungsländer von den Industrieländern. Es ist z. B. heute schon möglich, synthetisches Gummi herzustellen, das billiger ist als Naturkautschuk. Wenn dies in großem Stil gemacht würde, verlören 16 Millionen Malayen und Indonesier ihre Lebensgrundlage. Solche Perspektiven werfen ernste Fragen zur Rolle der Gentechnik im nächsten Jahrhundert auf (KENNEDY 1993).

Internationale Auswirkungen der Technologie: Länder, die in den neuen Technologien und ihrer Organisation führend sind, können offenbar ihren Vorsprung vor anderen immer weiter ausbauen. So vergrößert sich der Abstand zu den Habenichtsen. Viele internationale Organisationen, z. B. die Weltbank, und große Betriebszusammenschlüsse, z. B. die deutsche »International Partnership Initiative« (IPI), suchen nach neuen Strategien, die die Kluft zwischen Süd und Nord und zwischen Ost und West verkleinern können.

Der neue Arbeitsmarkt ist hochdynamisch. Er ist auch kein Nullsummenspiel in dem Sinne, daß neue Arbeitsplätze nur entstehen, wenn zugleich andere abgebaut werden. So können die fortschreitende Industrialisierung Asiens und Osteuropas und die damit wachsenden Märkte auch für Westeuropa neue Türen öffnen.

Die Abschwächung des Ungleichgewichts in der Weltwirtschaft bleibt eine ernste Aufgabe. Die 100 größten Betriebe der Welt produzierten 1985 mehr, als das Bruttonationalprodukt der 50 ärmsten Länder wert war, in denen über 67% der Weltbevölkerung leben (GOEUDEVERT 1992). Diese 100 Betriebe haben alle in den Industrieländern ihren Hauptsitz und sind in der Entwicklung und Anwendung neuer Verfahren führend.

Die Probleme des Verhältnisses der Industrieländer zu den Entwicklungsländern sind vielfältig und komplex. Es besteht die große Gefahr, daß die Entwicklungsländer auf eine veraltete Technik setzen, die oft energieintensiv und umweltfeindlich ist. Die Aussichten, daß sie einen eigenen Weg finden, bei dem angepaßte Technologie die Norm ist, sind auf Jahrzehnte hinaus gleich null. Die ärmsten Länder haben ganz einfach ein großes wirtschaftliches Starthandicap, und die Kluft zwischen ihnen und den Industrieländern wird breiter statt schmaler. Im Laufe des Jahrzehnts von 1981 bis 1991 stieg die Gesamtschuldenlast der Entwicklungsländer von 751 auf 1 351 Milliarden Dollar, d. h. um 80 %. So sind moderne technische Verfahren allein aus finanziellen Gründen für viele Länder unerreichbar.

Technologie und Lebenswerte: Technologie ist nicht wertneutral; sie verändert unsere Kultur. Neil Postman beschreibt, wie die meisten Amerikaner die Technik erleben:

»Wir haben unsere Kultur unseren Ingenieuren überlassen, die uns eingeredet haben, daß technische Innovation gleichbedeutend ist mit menschlichem Fortschritt. Oder vielleicht haben auch wir unseren Ingenieuren eingeredet, daß dies so ist. Wie auch immer: Wir Amerikaner lieben unsere Technik mehr als unsere Geschichte, unsere Traditionen, unsere Kinder oder unser politisches System. Und da bekanntlich ein Verliebter an seiner Geliebten keinerlei Fehler bemerkt, . . .weiß er normalerweise sehr wenig über sie . . .« (POSTMAN 1987).

Das Tempo, in dem die Industrieländer neue Technologien einführen, läßt wenig Zeit zu kritischen Fragen nach den Folgen. Aber wir wissen, daß eine Kultur für neue Technologien immer einen Preis zahlt.

Die sechs bisher behandelten Revolutionen (die Wissens- und Informationsrevolution, die Bevölkerungsexpiosion, die globalisierende, die soziale, die wirtschaftliche und die technologische Revolution) wirken zusammen. Sie vergrößern nicht nur die Unterschiede zwischen Individuen, Gruppen, Ländern und Kontinenten, sondern schaffen auch wachsende Unzufriedenheit bei denen, die nicht die Speerspitze des technischen Fortschritts sind. In dem Glauben, das *gute Leben* sei gleich um die Ecke zu finden, werden sie regelmäßig enttäuscht. Technologie bereitet den Nährboden für sozial motivierte Aufstände sowie große Migrationen und Flüchtlingsströme.

3.10 Die ökologische Revolution

Eine Erörterung der ökologischen Revolution muß von drei Tatsachen ausgehen: Die Weltbevölkerung hat in diesem Jahrhundert um mehr als 3 Milliarden zugenommen; die Industrieproduktion hat sich seit 1950 mehr als vervierfacht; der westliche Lebensstil gilt in einer stetig wachsenden Zahl von Ländern als Ideal. Wenn man sich die Folgen dieses Lebensstils und der Industrialisierung auf die ganze Welt und ihre Bevölkerung übertragen denkt, erscheinen sie ebenso negativ wie positiv. Negative Folgen zeigen sich fast überall.

Während die sogenannte grüne Revolution den Nahrungsmangel auf der Welt vorübergehend linderte, kann die Nahrungsmittelerzeugung heute mit dem Bevölkerungswachstum nicht mehr Schritt halten. Luftverschmutzung, Erosion, Verunreinigung des Grundwassers, Vernichtung von Arten, Klimaveränderung, Abbau der schützenden Ozonschicht, Monokulturen: alle diese Faktoren fordern ihren Tribut, indem sie die Produktionsfähigkeit des Kulturlandes weltweit beeinträchtigen. Die Menschen sind im Begriff, die Grundlagen ihres Lebens auf der Erde zu zerstören. Die Tierwelt wird in immer schnellerem Tempo kleiner. Mehr als 100 Tierarten werden jedes Jahr ausgerottet. In der Landwirtschaft konzentriert sich der Pflanzenbau heute auf etwa 20 Arten, obwohl es über 80 000 eßbare Arten gibt. Diese 20 dekken 90% der pflanzlichen Ernährung, wobei vier (Weizen, Mais, Reis, Sojabohnen) die eigentliche Grundlage bilden. Die übertriebene Spezialisierung ist eine Bedrohung des Reichtums der Welt-Speisetafel (MATHISMOEN 1993).

So hat die Zivilisation das ökologische Gleichgewicht in einem Maße gestört, das unseren Nachkommen zahlreiche Übel bescheren wird. Der sogenannte Treibhauseffekt ist nur eine der vielen ernsten Bedrohungen unserer Umwelt. Er resultiert aus zunehmenden CO_2-Konzentrationen in der Atmosphäre und wird wahrscheinlich zu einem weltweiten Anstieg der Durchschnittstemperatur um 1,5° bis 4,5° Celsius führen. Dies könnte ein Abschmelzen von Gletschern und Polareis zur Folge haben, ein Ansteigen des Meeresspiegels um zwei bis drei Meter, eine Verschiebung der Klimazonen und dadurch veränderte Anbaubedingungen. Die Lebensumstände großer Teile der Weltbevölkerung wären betroffen. – Wenngleich die meisten Forscher dieser Analyse zustimmen, gibt es noch Skeptiker, auch hochqualifizierte, die die Variationen für natürlich und von menschlichen Tätigkeiten unabhängig halten; sie seien schon aufgetreten zu einer Zeit, da Luftverunreinigung als Erklärungsfaktor nicht in Frage kam.

Hier ist nicht der Ort, die vielen großen ökologischen Probleme, mit denen sich die Menschheit heute konfrontiert sieht, zu beschreiben und zu analysieren. Adäquate Darstellungen der Situation geben der norwegische Brundtland-Report (BERNTSEN 1994) und Vizepräsident Al Gores Studie (GORE 1993). Uns genügt die Feststellung, daß die natürliche Umwelt jetzt bei allen längerfristigen Planungen sozusagen als betroffener Partner akzeptiert wird. Die Welt kann sich nicht nach dem Muster der USA und Westeuropas weiterentwickeln. Weil die Natur Grenzen setzt und weil die Zivilisation mit so enormen wirtschaftlichen und sozialen Ungleichheiten nicht überleben kann, muß ein neuer Kurs gefunden werden, auf den alle Länder sich einigen können. Wir stehen an der Schwelle einer neuen, ökologisch sensiblen Weltordnung.

Die ökologische Diskussion drehte sich bisher weitgehend um die Beschreibung und Analyse des Zustandes der Erde, der zu immer mehr Sorgen Anlaß gibt. Es ist heute unbestritten, daß die entwickelten Länder ziemlich egoistisch handeln und daß es keine einfachen Alternativen gibt. Der deutsche

Ökologe Ernst-Ulrich von Weizsäcker fordert, die Industrieländer müßten den ersten Schritt zu einer Neuorientierung tun (WEIZSÄCKER 1992). Er zeigt, daß die Forderungen nach weiterer Industrialisierung der Welt einen so hohen Energieverbrauch bedingen, daß die CO_2-Emissionen sich bis zum Jahre 2030 mehr als verdoppeln würden. Das wäre eine ökologische Katastrophe. Er weist ferner nach, daß die Arbeitsproduktivität in den OECD-Ländern heute 20mal so hoch ist wie vor 150 Jahren. Die technische Produktivität hat sich ungefähr im gleichen Maße entwickelt. Dagegen hat sich die Energieproduktivität nur wenig verbessert – ein bisher wenig beachteter Umstand, der u. a. dazu geführt hat, daß manche Wirtschaftswissenschaftler den Energieverbrauch als Wohlstandsindikator verwendet haben. Wir zahlen keine reellen Preise für Ressourcen wie Energie, Wasser, Bodenschätze etc. Von Weizsäcker zeigt, daß die Länder, die Energie und Wasser am stärksten subventioniert haben, vor allem die sozialistischen Staaten, die wirtschaftlich schwächsten und zugleich die mit der schlechtesten ökologischen Bilanz sind.

Umgekehrt gilt, daß diejenigen Länder, die die Preise der natürlichen Ressourcen einigermaßen realistisch den Kosten angepaßt haben, wirtschaftlich am besten dastehen und daß ökologisch durchdachte strukturelle und wirtschaftliche Reformen sowohl zur ökonomischen Gesundung beitragen als auch dem ökologischen Gleichgewicht dienen.

Das Problem heute besteht darin, Regeln festzulegen, auf die alle Länder sich einigen können. Das ist so schwierig, weil der Lauf der Natur sich nicht vorhersagen läßt. Hinzu kommt, daß manche Länder bloß ihre *Ressourcen* genutzt haben und sich jetzt mit dem Zwang zur Selbstbeschränkung schwertun, da zugleich die reichen Länder weiter im Überfluß leben.

Die Zukunft kennt eigentlich nur zwei Szenarien: Entweder beschließen wir eine Kursänderung und passen unser Leben den Grenzen an, die die Natur menschlichen Aktivitäten setzt, oder wir tun das nicht. Im ersten Falle werden wir vielleicht die Konturen einer Welt sehen, in der die Menschen in Harmonie mit der Natur und sich selbst leben können. Im zweiten Falle werden unsere Kinder und Kindeskinder einen furchtbaren Preis zahlen müssen.

Es kann nicht zweifelhaft sein, daß die Schule für die erste Alternative, eine Welt im Gleichgewicht, eintreten muß.

3.11 Die ästhetische Revolution

In mancher Hinsicht könnte man das 20. Jahrhundert, das von Kriegen, Technik, totalitären Regimen und Massenproduktion geprägt war, als das dunkle Zeitalter der Kunst bezeichnen; aber das scheint sich jetzt zu ändern. Die ganze westliche Welt erlebt eine Renaissance der visuellen Künste, der Dichtung, des Tanzes, des Theaters und der Musik. Zum Teil mag das darauf zurückgehen, daß die meisten Menschen ungleich mehr Freizeit haben als vor einigen Jahrzehnten. Bezeichnender ist aber, *was* die Leute in ihrer Freizeit tun. Die Amerikaner gaben bisher den Löwenanteil des Geldes, über das sie in ihrer Freizeit verfügen, für Sportveranstaltungen aus. Jetzt holen die Künste allmählich auf. In den USA beliefen sich die für sie gespendeten Gelder im Jahre 1988 auf insgesamt 1 Milliarde Dollar. Seit 1965 ist die Zahl der Museumsbesucher von jährlich 200 Millionen auf 500 Millionen angestiegen. Das Shakespeare-Festival in Alabama hatte 1972 3 000 Besucher, 1989 waren es 300 000. Der Besuch von Opernvorstellungen hat sich seit 1970 verdreifacht. Während es damals nur eine Handvoll Opernensembles gab, sind es jetzt 654, und sie sind über das ganze Land verteilt. Die Zahl der Kammermusikgruppen stieg in dem kurzen Zeitraum von 1985 bis 1989 von 393 auf 578. Über 25 Millionen Menschen besuchen jährlich die Konzerte der 280 Symphonieorchester. Es gibt heute siebenmal so viele professionelle Tänzer wie 1972. Und die in diesen Zahlen deutlich werdende Entwicklung ist nicht auf die USA beschränkt. In den letzten zehn Jahren wurden in Deutschland 300 neue Museen gebaut. In Großbritannien wird alle 18 Tage ein neues Museum eröffnet.

Es findet eine ästhetische Revolution statt, eine Reaktion auf die standardisierte, industrialisierte Massen-Konsumgesellschaft. Protagonisten dieser Revolution sind Leute wie Charles Jencks, der eine Welt in Bewegung konstatiert:

... von der Massenproduktion zu einer Vielzahl verschiedener Geschmackskulturen; von zentraler Lenkung in Regierung und Geschäftsleben zu dezentralisierten Entscheidungen; von der Produktion identischer Fabrikate in beliebiger Anzahl zur schnell veränderbaren Herstellung variierender Objekte; von wenigen Stilen zu vielen Genres; vom nationalen zum globalen Denken und zugleich zu lokaler Identifikation (JENCKS 1987, S. 43).

Frederic Jameson erkennt gewisse negative Begleitumstände der Moderne: Indem die ästhetische Produktion in die Gebrauchsgüterproduktion allgemein integriert worden sei und sich zu einem Teil der die Welt beherrschenden multinationalen Wirtschaft entwickelt habe, drohe eine Verflachung und Verwässerung des künstlerischen Ausdrucks (JAMESON 1984, S. 55).

Im Gegensatz zu radikalen Exponenten der Anti-Moderne stehen Verfechter einer weniger einseitigen Perspektive. Sie stellen eine Verschmelzung des Kulturellen mit dem Sozialen fest und behaupten zugleich, der Anti-Modernismus habe sich verändert und könne nun seine eigene positive Identität proklamieren (HUYSSEN 1986, S. 219). Sein Genius erscheine als die Fähigkeit, Zeit und Raum zu transzendieren. Er sei gekennzeichnet durch die Synthese verschiedener Traditionen, durch Simultanität, die Vergangenheit mit der Gegenwart, das Entfernte mit dem Nahen vereinige. Die Architektur sei hierfür ein wichtiges Beispiel. Sie habe sich aus der Zwangsjacke des Modernismus befreit und sei in einem Eklektizismus verschiedener Stile und Geschmäcker zu neuer Blüte gelangt. Veränderungen des Stils geschähen kaleidoskopisch und simultan. Huyssen erkennt eine Loslösung von festen Kategorien und etablierten Heimstätten der Kunst, wie Akademien, Museen, Kunstgalerien, Konzerthäusern. Dieser Aufbruch ermögliche »eine neue Freiheit, eine kulturelle Befreiung« (HUYSSEN 1986, S. 219).

Nordamerika und Europa erleben derzeit eine erneute Hinwendung zur Kunst in allen ihren Ausdrucksformen. Nicht nur Spenden, sondern auch die öffentlichen Haushalte zeigen, daß die Menschen auf dem Weg in eine Gesellschaft sind, in der ästhetische Werte ernst genommen werden. Es gibt deutliche Anzeichen dafür, daß eine ästhetische Revolution zu mehr gegenseitigem Verständnis in der heterogenen Gesellschaft der Zukunft beitragen kann. Künstlerische Ausdrucksformen haben ihre eigenen Kommunikationskanäle und können Brücken zwischen Menschen und Nationen bauen. Die ökologisch und sozial bedrohliche Konsumorientierung der westlichen Gesellschaften könnte allmählich abgelöst werden von künstlerischer Sensibilität und von Artikulationen, die frei sind von ökologischen oder ökonomischen Nebenwirkungen und so das Leben aller Menschen bereichern können.

3.12 Die politische Revolution

Die moderne Zeit war gekennzeichnet durch die Entstehung des Nationalstaats, der innerhalb seiner Grenzen mit Nachdruck eine rationelle politische Zentralmacht errichtete. Eine Besonderheit moderner Demokratien liegt darin, daß sie Massenbewegungen geworden sind. Alvin Toffler nennt unsere Form der Demokratie *Massendemokratie* (TOFFLER 1990).

In den letzten Jahren war die Massengesellschaft einer Gegenbewegung ausgesetzt; sie beginnt sich zu entflechten. Im wirtschaftlichen Bereich gab es mehr Dezentralisierung als Konzentration. In der politischen Sphäre etablierte sich, jedenfalls in Europa und Nordamerika, eine Vielzahl von Befreiungs- und Autonomiebewegungen, und zwar mit einer Macht, die bisweilen in physische Gewalt mündete. Zu diesen Bewegungen zählen ethnische Gruppen, Minoritäten, lokale Gruppen, Anhänger eines alternativen Lebensstils, Feministinnen, Lesbierinnen, Atomgegner, Lebensschützer, religiöse Erweckungsbewegungen etc. (OWENS 1983; MOI 1988; NICHOLSON 1989). Der Bildungssektor bildet keine Ausnahme. Eltern- und Schülerorganisationen fordern das etablierte System heraus und wollen an den Entscheidungsprozessen beteiligt werden.

Natürlich sind soziale Bewegungen nichts Neues. Durch die ganze Neuzeit gab es in Europa und Amerika Bewegungen, die den heutigen ähneln. Klaus Eder trennt sie nach romantischen und populistischen (EDER 1982). Die romantischen Bewegungen sind ein nicht abreißender Protest gegen das Zeitalter der Vernunft und gegen den Versuch, das Leben zu rationalisieren. Sie setzen dagegen ein *natürlicheres Leben* und eine auf Kooperation und gerechte Teilung gegründete Gesellschaft.

Populistische Bewegungen wenden sich gegen das etablierte Wirtschaftssystem und die träge Bürokratie des Staatsapparats. Sie fordern Beteiligung an allen für sie jeweils wichtigen Entscheidungsgremien in Politik und Gesellschaft, wie etwa in Schulen, in Betrieben, in den Gemeinde- und Stadträten. Der springende Punkt ist die Forderung, auch die Stimme der Minderheit müsse zählen und das politische System sei so umzuorganisieren, daß auch Minderheitsinteressen berücksichtigt werden können. Das deutlichste politische Zeichen der neuen Zeit ist das Veralten der Idee von der Herrschaft der Mehrheit, weil diese Mannigfaltigkeit und Offenheit behindere. Ohne eine Garantie von Minderheitsrechten laufe die Herrschaft der Mehrheit auf eine Diktatur der Massen hinaus. Auch die sogenannte repräsentative Demokratie sei aus der Sicht der Minderheiten selten repräsentativ gewesen. Autorität im herkömmlichen Sinne, als typische Staatsautorität verstanden, sei nicht mehr zeitgemäß.

Dazu gehört auch, daß die Supermächte ihre Rolle ausgespielt haben. Die Welt ist auf dem Wege von einer bipolaren zu einer mutipolaren Mächtekonstellation, und innerhalb dieses Rahmens ist Macht so sehr verteilt, daß selbst die Großmächte ihren Willen anderen nicht mehr aufzwingen können (LA Times 1990, S. H2).

So stehen wir an einem Scheideweg. Einerseits besteht mehr als früher die Chance, daß die Einbeziehung von Randgruppen in die Vielfalt des gesellschaftlichen Lebens der Solidarität dient. Es könnte eine Art der direkten Demokratie entstehen, in der ein Sinn für die Verbundenheit aller Ereignisse und Entscheidungen wächst, für einen globalen Kontext. Zu ihm könnten gehören das Niederreißen der nationalen Grenzen, die Schaffung von Weltmärkten, die Entstehung eines Weltbezugs im lokalen Engagement. – Andererseits droht die Aufgabe aller Bemühungen, mit Vernunft Politik zu machen, und ihre Ersetzung durch relativierende, geschmacksbedingte Neigungen der Mächtigen, ein Entscheiden aufgrund von Gruppeninteressen statt unter einer allgemeineren, globalen Perspektive.

3.13 Die Revolution der Werte

Das Ende dieses Jahrhunderts war vor allem gekennzeichnet durch Pluralismus, bis hin zu sozialer Fragmentierung. Ältere Gesellschaften waren in viel stärkerem Maße von eindeutigen, oft religiös gegründeten Werten und Normen durchdrungen. So war und ist die westliche Welt von humanistischen und von jüdisch-christlichen Werten geprägt, zu denen eine klare puritanische Ethik gehört.

Mit der Wissens- und Informationsrevolution und der Zunahme des Welthandels und des internationalen Kontakts erreichten alternative Ideologien, Werte und Normen die westliche Welt. Die etablierten Werte, vor allem etablierte Autoritäten, wurden kritisch in Frage gestellt. Dieser Impetus des Fragens trug zur Zersetzung der die Gesellschaft tragenden Werte und Normen bei. Gegenwärtig ist nicht nur bei Kindern und Jugendlichen, sondern auch bei denen, die als Erzieher und Ausbilder für sie Verantwortung tragen, in puncto Werte und Normen eine große Verwirrung festzustellen. Es bleibt den Jugendlichen weitgehend selbst überlassen, zu Werten und Normen zu finden; ihre Erfahrungen mit Erwachsenen sind oft vage und widersprüchlich. Das ist eine unhaltbare Situation, weil Menschen ein Wertsystem brauchen, mit dem sie sich identifizieren können. Ohne klare Maßstäbe leiden das Wohlbefinden in der Gesellschaft und die seelische Gesundheit.

In jüngster Zeit ist eine Tendenz zum Fundamentalismus offenkundig. Viele junge Leute suchen Halt in Sekten, in diversen mystischen und spiritistischen Gruppen oder in der links- oder rechtsradikalen politischen Szene. Zu diesem Suchen nach einem sichereren Fundament gehört auch die Annäherung an nicht-westliche religiöse Traditionen wie die islamischen und asiatischen. Der Fundamentalismus lädt zur Identifikation ein, weil er eine klare Orientierung verspricht, obwohl oder gerade weil zu dieser auch Priestermacht und soziale Kontrolle gehören. Er stellt ferner eine Reaktion auf den technisierten und konsumfixierten Westen dar. Viele Menschen reagieren z. B. negativ auf die ungerechte Verteilung der Güter in einer hochtechnisierten Gesellschaft.

Beim Übergang ins postmoderne Zeitalter sind die Gesellschaften herausgefordert, Bedingungen zu definieren, die zur Grundlage neuer Werte und Normen werden können. Dabei ist klar, daß nicht mehr allein die Religion diese Grundlage sein kann; das wäre für alle nicht religiös Gebundenen extern verfügter Zwang. Natürlich müssen die zu definierenden Werte religiöse Impulse aufnehmen, aber sie müssen auch Atheisten und Agnostikern sinnvoll erscheinen. Ebensowenig wie die Kirchen wird der Staat der Gesellschaft Werte und Normen aufoktroyieren können. Wenn er legitime Autorität beansprucht, darf er die Bürger nicht bevormunden. Er kann nur eine breitgefächerte Debatte ermöglichen sowie Kompromisse, moralische Praktiken und die von den Bürgern gemeinschaftlich angestrebten Ziele fördern. Wenn ein solcher Dialog, sowohl auf der grundsätzlichen wie auf der praktischen Ebene, nicht zustande kommt, wird die soziale Desintegration weitergehen und noch mehr Konfrontationen auslösen.

In Zukunft wird es wahrscheinlich nie mehr einen Zustand homogener Werte und Normen geben. Die in der Gesellschaft sich spiegelnden Werte werden vielmehr ständiger Gegenstand des Dialogs und der Diskussion sein.

4. Visionen für das nächste Jahrhundert

In den vorausgehenden Kapiteln haben wir einige der Kräfte betrachtet, die die Gesellschaft transformieren. Dabei haben wir Voraussagen vermieden. Einige Merkmale der künftigen Gesellschaft sind ziemlich klar (z. B. die Bevölkerungszunahme), andere dagegen könnten sich ganz anders entwickeln, als wir heute annehmen, und vor allem wissen wir nicht, wie sie sich wechselseitig beeinflussen. Die Zukunft ist unsicher. Sie birgt viele Möglichkeiten; aber es wäre dumm, was kommen soll, einfach geschehen zu lassen, ohne einzugreifen, wo und wann immer das möglich ist. Wenn wir aber dies tun, also die Zukunft soweit wie möglich auch *formen* wollen, brauchen wir eine *Vision* von dem, was wir uns wünschen und was wir tun können, damit das Gewünschte Realität wird. Eine Vision ist mehr als eine Idee oder ein Phantasieprodukt. Sie ist etwas, das Menschen in den Tiefen ihrer Persönlichkeit ergreift, etwas, woran sie glauben und wofür sie kämpfen können. Eine Vision ist die Antwort auf die Frage »Was wollen wir schaffen?«

Dabei liegt der Ton auf *wir*. Eine Vision, die *eine* Person entworfen hat – in irgendeiner leitenden Position, z. B. ein Politiker oder Forscher – hat nur begrenzten Wert. Erst wenn mehrere sich dem gleichen Ziel verschreiben und damit auch einander verpflichten, können sie vielleicht eine Vision verwirklichen. Wenn eine solche Gemeinschaft nicht entsteht, war die Vision wertlos.

Kritische Masse nennen wir das Phänomen, das eintritt, wenn mehrere Kräfte in die gleiche Richtung wirken und so einen Entwicklungsschritt ermöglichen. Vielleicht ist die komplexe Welt zu einer einheitlichen Bewegung in eine neue Zukunft unfähig, so daß es in manchen Weltteilen zu Katastrophen und chaotischen Zuständen kommt. Hierin liegt eine große Gefahr. Denn die Welt braucht eine gemeinsame Vision und gewisse gemeinsame ethische Normen; sonst sind grundlegende Veränderungen kaum möglich. Das erfordert sicher mehr Einsicht, als ein einzelner oder eine ganze Fachdisziplin besitzen kann. Zwar hat jede akademische Disziplin einen partiellen Zugriff zur Veränderung der Realität, aber sie ist, auf sich allein gestellt, außerstande, ein überzeugendes Zukunftskonzept zu liefern. Peter M. Senge regt eine *fünfte Disziplin* an, die die Einzeldisziplinen zur gegenseitigen Abhängigkeit und zu einer ganzheitlichen Sicht bewegen soll (SENGE 1990). Natürlich muß ein solches Konzept den einzelnen Gruppen gestatten, sich zu profilieren, und es müßte zieloffene Systeme stärken, in denen die Suche nach dem Ziel Norm ist.

Eine weltumspannende Vision darf sich nicht auf das unmittelbar Erforderliche beschränken und muß den Hang zur Verantwortungsscheu vor Entscheidungen überwinden. Schon wächst die Erkenntnis, daß die finanziellen Schulden in der ganzen Welt der kommenden Generation aufgebürdet werden. Und auch weniger offenkundige Schulden, soziale und politische, häufen sich und müssen eines Tages bezahlt werden. Doch wird eine Kursänderung nicht ohne Konflikte möglich sein. Der größte Feind, den es dabei zu bekämpfen gilt, sind wir selbst. Die Bewohner der entwickelten Länder müssen die Verantwortung dafür übernehmen, daß jeder einzelne fünfzigmal so viele Schadstoffe in die Luft entläßt wie ein Bewohner eines typischen Entwicklungslandes. Jeder verbraucht tausendmal soviel Energie und andere Ressourcen (WEIZSÄCKER 1992). Die Bewohner der ersten Welt müssen denen der dritten Welt durch Selbstdisziplin und Verzicht auf Überfluß zu einem besseren Lebensstandard verhelfen.

Bewohner großer Staaten wie der USA mögen den Eindruck haben, daß sie alle Kräfte für die Bewältigung der eigenen enormen Probleme benötigen. In Ländern mit geringer Einwohnerzahl sieht man das oft ganz anders. In diesem Buch gilt die besondere Aufmerksamkeit Norwegen, einem kleinen Land mit einer relativ stabilen homogenen Bevölkerung und mit demokratischen Traditionen, denen zufolge Individuen, Gruppen, Firmen, Institutionen und Organisationen an den sie betreffenden Entscheidungen beteiligt werden. Die Norweger haben relativ geringe Probleme, und sie besitzen ein ungewöhnlich schönes, mit Naturreichtümern ausgestattetes Land, dessen wirtschaftliche Situation günstig ist. In Norwegen müßte es möglich sein, einen alternativen, vom meistbegangenen Weg abweichenden Kurs in die Zukunft zu bahnen. Indes müssen alle Menschen, ob sie nun in großen oder kleinen Staatsgemeinschaften leben, erkennen, daß *jeder* einer Weltgemeinschaft angehört und von ihr nicht getrennt werden kann. Alle müssen am Entwurf einer überzeugenden Weltvision mitwirken.

Zu dieser Vision sollte die Erkenntnis gehören, daß Persönlichkeitswerte und innerer Reichtum nicht weniger wichtig sind als materielle Besitztümer. Mögen auch starke Kräfte dieser Einsicht entgegenarbeiten, so müssen wir uns doch stets klarmachen, wie aufregend es sein kann, Profit mit sozialer Gerechtigkeit zu vereinen oder zu erfahren, was soziale und kulturelle Entwicklung einer Gesellschaft bedeuten kann. Die wichtigste pädagogische Pflicht von Erziehern ist es, beizutragen zur Schaffung neuer und produktiver Ideale, die dem Leben der Menschen festen Grund geben und sie motivieren, individuell und mit anderen für eine bessere Zukunft zu arbeiten.

Gibt es eine Gruppe oder ein Land, die wirklich schon auf das einundzwanzigste Jahrhundert vorbereitet sind? Wahrscheinlich nicht. Die Dimensionen und Schwierigkeiten sind überwältigend, und die Reaktionen laufen nur zu oft auf ein *business as usual* hinaus. Alle, die mit Erziehung und Bildung zu tun haben, müssen in der Vorbereitung auf das nächste Jahrhundert eine entscheidende Rolle spielen. Sie arbeiten an der Zukunft. »Die Zukunft ist in unseren Händen«, sagte Erik Dammen. Sie müssen nach bestem Vermögen der nächsten Generation die Werkzeuge an die Hand geben, mit denen diese eine ganz neue Lebenssituation meistern kann. Von Erziehung und Bildung hängt die Verwirklichung einer lebensfähigen Vision ganz wesentlich ab. Die Schule ist die einzige Institution, die die ganze Bevölkerung einem systematischen Lernprozeß unterwirft.

Erforderlich sind Veränderungen sowohl der Haltungen als auch des Verhaltens. Die Schule ist am meisten aufgerufen, diese Veränderungen zu bewirken. Unglücklicherweise hat sie das zu oft einseitig mit Worten versucht. Worte haben große vermittelnde Macht; aber Haltungen und Verhaltensweisen lassen sich mit ihnen nur begrenzt beeinflussen. Das haben die Forscher Conrad und Hedin von der Universität von Minnesota gezeigt, die untersuchten, wie die Einstellungen amerikanischer Teenager zu Alten und Kranken sich wandeln. Praktische Arbeit mit Älteren und Kranken förderte viel besser als herkömmlicher Ethikunterricht die Entwicklung positiver Haltungen. Diese entstanden nicht *vor* dem praktischen Handeln. Praxis ist die effektivste Methode zur Aneignung angemessener Haltungen. Freilich sollte sie von Reflexion und von Ermunterung durch Mitschüler und Lehrer begleitet sein (CONRAD UND HEDIN 1981).

Eine sinnvolle, taugliche Zukunftsvision darf nicht eindimensional sein; sie müßte verschiedene Elemente enthalten. Davon wollen wir zehn im folgenden erörtern:

1 Eine ökologische Vision: Leben in Harmonie mit der Natur
2 Die Vision einer fairen, demokratischen Gesellschaft
3 Von der Dominanz zur Partnerschaft in sozialen Beziehungen
4 Von einer Kriegswirtschaft zur Friedenswirtschaft
5 Ein lebenswertes Leben für die Armen der Welt
6 Von der monokulturellen zur multikulturellen Gesellschaft
7 Eine Vision von der Arbeit der Zukunft
8 Technologie im Dienste menschlichen Zugewinns
9 Lebenserfahrung im Dienste der Gesundheit
10 Von der Standardisierung zur Kreativität

4.1 Eine ökologische Vision: Leben in Harmonie mit der Natur

Ein ganz wichtiges Ziel ist eine Weltgemeinschaft, die ihr Leben in Übereinstimmung mit den naturgegebenen Möglichkeiten und Grenzen einrichtet und die die ökologischen Probleme nicht den nachfolgenden Generationen aufbürdet. Wir müssen zu einer Harmonie zwischen dem Menschen und allem übrigen Leben finden, wegkommen von der Rolle des Beherrschers der Natur und von einer Form des Individualismus, die die Natur mißbraucht und zerstört.

Diese ökologische Vision wird tief in unsere Haltungen und Lebensstile eingreifen müssen. Sie wird Konsequenzen für unseren Alltag haben. Sie muß uns helfen, neu zu begreifen, was wertvoll ist und wie wir mit den Gütern der Natur richtig umgehen. Sicher wird unsere hergebrachte Konsumentenhaltung durch sie in Frage gestellt.

Das Dilemma besteht darin, daß wir unseren Lebensstil verändern müssen, noch ehe die Notwendigkeit der Veränderung vollends erwiesen ist. Es gibt durchaus seriöse Forscher, die die Thesen der Ökologen kritisch in Frage stellen. Gleichwohl müssen wir dem Prinzip des Vorbeugens folgen, weil die Alternative zu bedrohlich wäre. Viele Europäer und US-Amerikaner finden es vielleicht ganz in Ordnung, daß sie auf der Sonnenseite der Welt leben und ihre Schattenseite nicht weiter beachten. Weil sie ungleich besser gestellt sind als die übrige Welt, mögen sie glauben, daß sie dieses Privileg auch künftig behalten können. Wer weniger kurzsichtig blickt, erkennt indes, daß gerade die Privilegierten sich ökologisch vorbildlich verhalten müssen, nicht nur aus Rücksicht auf die dritte Welt, sondern auch aus Rücksicht auf die Natur. Sie müssen Angewohnheiten erlernen und praktizieren, die mit der Natur harmonieren. Der Satz »Was General Motors nützt, ist auch gut für Amerika« gilt nicht mehr. Wohlstand darf nicht mehr allein quantitativ nach wirtschaftlichem Wachstum, sondern muß auch qualititativ nach der *Richtung* des Wachstums bestimmt werden.

Schon seit einigen Jahrzehnten arbeiten viele Umweltgruppen und -organisationen am Entwurf einer ökologisch orientierten Gesellschaft. Die größte von ihnen, mit mehreren Millionen Mitgliedern, ist Greenpeace. Eine starke politische Gruppe, die dem Ziel einer ökologisch sicheren Welt verpflichtet ist, bildet in vielen europäischen Ländern die sogenannte Grüne Partei. Allein in den USA gibt es über 200 Organisationen mit ökologischen Zielen. Es kann nicht zweifelhaft sein, daß der einzelne Bürger heute ein ganz anderes ökologisches Bewußtsein hat als vor 20 Jahren. Die Frage ist nur, ob sich dies auf seinen Lebensstil erkennbar ausgewirkt hat. Das ist derzeit sicher noch zu wenig der Fall. Eine der ökologisch bewußtesten Nationen, die norwegische, ist auch im Energieverbrauch pro Kopf auf der Welt führend. Das Land hat Energie im Überfluß, so daß diese als eine schier unbegrenzte Ressource genutzt wird. Auch die Norweger müssen zu einer neuen Vision finden und diese praktisch umsetzen.

Der Schule fällt hierbei eine wichtige Erziehungsaufgabe zu. Es wird nicht reichen, daß die Lehrer über die Umwelt reden oder daß Ökologie als neues Fach etabliert wird. Wichtiger ist es, die jungen Menschen für ökologisch verantwortliches Handeln zu engagieren und in ihnen eine kritische Einstellung zu Konsum und Lebensstandard zu wecken.

4.2 Die Vision einer fairen, demokratischen Gesellschaft

Zur Vision der künftigen Gesellschaft gehört die Vorstellung, daß faire, demokratische Verfahren des politische Leben regeln. Demokratie ist nie erschöpfend definiert worden, aber John Deweys Ansatz ist hilfreich. Er behauptet, Demokratie sei »mehr als eine Regierungsform, sie ist eine Art und Weise des Zusammenlebens, die gemeinsame Erfahrung der Verbundenheit« (DEWEY 1916, S. 101). Eine demokratische Gesellschaft widersetzt sich ausgeprägten Hierarchien zugunsten einer horizontaleren Verteilung der Macht. Alle Bürger können an der Formulierung und Interpretation einer Gesellschaftsnorm mitwirken.

Es ist behauptet worden, Demokratie sei eine Verirrung; autoritär oder diktatorisch regiert zu werden sei der Gesellschaft eher angemessen. Sollte diese Auffassung fortbestehen, müssen die Bewohner demokratischer Länder sich noch mehr dafür einsetzen sicherzustellen, daß die Welt der Zukunft nach demokratischen Regeln gelenkt wird. Eines der wichtigsten Ergebnisse des Zusammenbruchs der Sowjetunion war die Erklärung aller mittel- und osteuropäischen Staaten, sie wollten eine demokratische Regierungsform anstreben. Diese neuen Demokratien sind noch zerbrechlich und brauchen, wenn sie allmählich zu Wohlstand und Stabilität kommen wollen, für längere Zeit die Unterstützung eines vereinigten Europas.

Die politische Demokratie hat auch eine Schattenseite. Einige Länder betonen den Individualismus so sehr, daß er auf Kosten allgemein anerkannter Werte und des Gemeinwohls geht. Die Gefahr der Normauflösung und der immer pluralistischer werdenden Gesellschaft ist der drohende Verlust eines Mindestkonsenses, eines gemeinsamen Fundaments, und das heißt letzten Endes der Legitimität des Staates. Die westlichen Demokratien brauchen eine neue Vision, eine neue Herausforderung der demokratischen Teilhabe. Etwas liegt im argen, wenn in manchen westlichen Ländern 50 % der

Stimmberechtigten nicht zur Wahl gehen. Etwas liegt im argen, wenn Minoritäten sich so ausgegrenzt fühlen, daß sie sich an den demokratischen politischen Prozessen nicht beteiligen.

Wenn künftige Gesellschaften demokratisch sein sollen, muß durch geeignete Maßnahmen sichergestellt sein, daß den Heranwachsenden demokratische Werte und Haltungen vermittelt werden. Ferner müssen die jungen Leute Gelegenheit haben, praktische Verhaltensweisen zu erproben, die demokratisch (im weitesten Sinne) sind. Traditionsbedingt sind viele Institutionen, die der Jugend dienen, durchaus nicht immer demokratisch. Viele Familien und Glaubensgemeinschaften sind offensichtlich hierarchisch strukturiert und werden autoritär und patriarchalisch geführt; sie zeigen also antidemokratische Ausdrucksformen (LEVIN 1993, S. 2). Amy Gutmann betont, daß es auch an vielen Arbeitsplätzen keine Demokratie gibt. Oft fordern Arbeitgeber von den Beschäftigten bedingungslosen Gehorsam, selbst gegenüber ganz willkürlichen Regeln. Die in der Hierarchie einer Firma höher Angesiedelten erwarten von den Arbeitern oft nur die Ausführung einer begrenzten Zahl von Operationen und die kritiklose Annahme von Aufträgen, also das Gegenteil erfinderischen Verhaltens (GUTMANN 1987, S. 282 f.).

Wenngleich solche Muster sich allmählich verändern, wäre es gefährlich, in den Familien, Kirchen und Betrieben Vermittler demokratischer Werte und Übungsfelder demokratischen Verhaltens zu sehen. Ähnliches gilt leider wohl auch für die Schule. Sie hat sich den Schülern nicht immer als eine Schule der Demokratie gezeigt. Die meisten Schulen sind hierarchisch und autoritär organisiert. Wichtige Entscheidungen werden bezeichnenderweise auf den oberen Stufen dieser Hierarchie getroffen und von dort nach unten weitergegeben, bis zu den Schülern als dem untersten Rang. Dennoch müßte die Menschheit, wenn sie sich der Zukunft stellt, ihre größte Hoffnung auf Stärkung der Demokratie unter der Jugend auf die Schulen setzen.

Die in parlamentarischen Demokratien getroffenen Maßnahmen zur Sicherung der Vermittlung demokratischer Werte, Einstellungen und Verhaltensweisen durch die Schulen haben bisher enttäuscht (JENNINGS und NIEMI 1974).Typisch waren formale Unterrichtseinheiten über Kampf für die Demokratie, demokratische Verfahren der Regierungsbildung, Gesetzgebung, Regierungspraxis und die Rolle des gewöhnlichen Bürgers in einer Demokratie. Es überrascht nicht, daß diese politische und staatsbürgerliche Belehrung keine große Durchschlagskraft hatte. Die Mittel- und Osteuropäer, die die Demokratisierung ihrer Länder als Erziehungsaufgabe sehen, sind sich voll darüber im klaren, daß Vorbereitung auf die Demokratie sich nicht in Unterricht über Demokratie erschöpfen darf. Natürlich gehören Kenntnisse der Rechte und Pflichten eines Bürgers dazu; aber ebenso wichtig ist

Kompetenz in zwischenmenschlichen Beziehungen und in Verhaltensnormen. Die beste Erziehung zur Demokratie ist demokratische Praxis (LORÁND 1993, S. 2).

Demokratische Erziehung gelingt am besten in einer Schule, die selbst demokratisch funktioniert, die sowohl Schüler als auch Lehrer ernst nimmt. Schulen können ihren Schülern eine aktive Rolle im Unterricht und bei der Schulentwicklung zugestehen. Haltungen bilden sich zu allererst durch Aktionen und persönliche Erfahrungen. Unsere Vision ist eine aktive demokratische Gesellschaft, in der der Staat Legitimität besitzt. Der Staat lenkt; aber alle Bürger, Minderheiten wie Mehrheiten, haben an allen Phasen des politischen Prozesses teil und fühlen sich in einem offenen und fairen System gerecht behandelt.

4.3 Von der Dominanz zur Partnerschaft in sozialen Beziehungen

Eine andere Zukunftsvision ist die Zuversicht, daß die von Männern beherrschte Gesellschaft einer anderen Platz macht, in der Männer und Frauen in ihren persönlichen Leben und in den meisten Sektoren des gesellschaftlichen Lebens gleichberechtigt sind. Die Bewohner der Industrieländer müssen die Schranken beseitigen, die in ihren eigenen Gesellschaften noch bestehen, und sie müssen die Menschen der dritten Welt als gleichwertige Partner behandeln lernen, ihnen das Recht auf eine eigene Entwicklung zugestehen und ihnen entsprechende Chancen geben.

Riane Eisler hat sehr deutlich gezeigt, in welchem Maße die westlichen Industriegesellschaften auf eine Ideologie der Dominanz gegründet sind (EISLER 1987; SCHIERBECK 1994). Sie stellt fest, daß die europäische Gesellschaft in prähellenistischen Zeiten (etwa von 7000 bis 3500 v. Chr.) von einem Partnerschaftsmodell der sozialen Interaktion geprägt war. Die Geschlechter waren gleichberechtigt, Gewalt und Krieg nahezu unbekannt. Eisler behauptet, Archäologen hätten keine Waffen, wohl aber Zeugnisse einer reichen Ackerbaukultur aus jener Zeit gefunden.

Sie zeigt dann, wie die europäische Kultur sich seit etwa 4000 bis 2000 v. Chr. allmählich wandelte zu einer Kultur der Dominanz des Mannes. Gewalt und Krieg wurden zu Mitteln der Konfliktregelung. Vor allem aber verdeutlicht Eisler die Möglichkeiten, die ein Partnerschaftsmodell bei der Lösung der grundlegenden Probleme böte, mit denen die Welt am Anfang des 21. Jahrhunderts konfrontiert ist.

Wenn 50 % der Erdbevölkerung in den Gremien, die über wesentliche Fragen der gesellschaftlichen Entwicklung zu befinden haben, deutlich unterrepräsentiert oder überhaupt nicht vertreten sind, so ist etwas von Grund auf verkehrt. Die Welt braucht die Energien und Ressourcen *aller* Menschen. Die Hauptprobleme können nur in gemeinsamer, partnerschaftlicher Kraftanstrengung bearbeitet und gelöst werden. Niemand darf abseits stehen. Frauen und Männer müssen ihre Sichtweisen und Fähigkeiten gleichberechtigt einbringen.

Aburdene und Naisbitt sind der Auffassung, ein breitangelegter, auf Kooperation gegründeter sozialer Prozeß müsse mit der Kooperation von Ehepartnern beginnen. Obwohl über die Rolle, die Hillary Clinton im Weißen Haus spielt, heftig gestritten worden ist, führen die Clintons das zukunftweisende Beispiel einer Ehepartnerschaft vor, in der Mann und Frau mehr gemeinsam als in getrennten Sphären arbeiten. Und sie sind kein Einzelfall: Die Zahl der Paare wächst, die immer größere Bereiche ihres Lebens miteinander teilen und nicht, wie es oft im Industriezeitalter der Fall war, gegeneinander abgrenzen. Aburdene und Naisbitt nennen mehrere mögliche Ursachen dieses Wandels: die Computer und die Telekommunikation, die die Effektivität und das Veränderungspotential kleiner Gruppen erhöhen; neue Rollenbilder, die es Frauen gestatten, zu Hause und am Arbeitsplatz mit Männern gleichberechtigt tätig zu sein, und die allen Menschen die Möglichkeit geben, wann immer und wo immer sie wollen, sofort miteinander zu kommunizieren.

Soll die Gesellschaft allmählich einem Partnerschaftsideal näher kommen, fällt der Schule eine wichtige Aufgabe zu. Es ist zur Genüge dokumentiert, daß Jungen und Mädchen in ihr leider immer noch ungleich behandelt werden. Die Unterrichtsräume müssen so gestaltet werden, daß kein junger Mensch sich wegen seines Geschlechts oder seiner ethnischen Zugehörigkeit diskriminiert oder ausgeschlossen fühlt.

4.4 Von einer Kriegswirtschaft zur Friedenswirtschaft

Eine friedensorientierte Weltwirtschaft ist eine weitere Vision. Die Menschheit muß einen Weg finden, der zum Frieden führt, Gewalt ächtet und Solidarität ermöglicht. Das Ende des kalten Krieges veränderte die wirtschaftlichen Voraussetzungen der Lösung der großen Weltprobleme. Ein großer Teil der menschlichen und materiellen Ressourcen, die jahrzehntelang im Dienste der Rüstung standen, kann allmählich umgelenkt werden. Das ist eine große Herausforderung. Am deutlichsten zeigt sich das in der früheren Sowjetunion, wo -zig Millionen Menschen in der Rüstung arbeiteten. In den achtziger Jahren entfiel ungefähr die Hälfte der Industrieproduktion auf die Rüstung. Der Übergang zu einer Friedenswirtschaft ist schwierig und schmerzlich. Das gilt nicht nur für Rußland. In Kalifornien, wo ein unverhältnismäßig großer Teil der US-Rüstungsproduktion lokalisiert war, führte die Wendung zur Friedenswirtschaft zu erheblicher Arbeitslosigkeit.

Ein großer Teil der Forschungs- und Entwicklungsmittel wurde bisher in die Verteidigung gesteckt. So diente auch die Raumfahrt zu einem erheblichen Teil militärischen Zwecken. Beim Übergang zur Friedenswirtschaft wird die alte Zweckbindung der Mittel plötzlich obsolet, und das Innovationspotential der Branche, von dem zum Teil auch die nichtmilitärische Produktion profitierte, droht zusammen mit den Arbeitsplätzen verlorenzugehen.

Krieg ist keine produktive Art der Konfliktlösung. Die Friedenswilligen müssen an die Schalthebel der Macht zu kommen versuchen und die Rüstungsausgaben begrenzen. Sie müssen sich für einen politischen Friedensprozeß und eine ihn unterstützende Friedenswirtschaft einsetzen, damit die Nationen so an den Frieden gebunden werden, wie sie früher an den Krieg gebunden waren. Denn die Alternative wären über kurz oder lang neue Kriege.

Die Schule muß in der Erziehung zum Frieden eine führende Rolle spielen. Die Grundhaltung zu Aggressionen wird in frühen Lebensjahren geformt. In vielen Großstädten stellt die Gewalt, die Kinder und Jugendliche umgibt, ein ernstes Problem dar. Die Schulen müssen Strategien der Konfliktlösung entwickeln und große Anstrengungen unternehmen, damit die Aggressionen in fruchtbare Bahnen gelenkt werden.

4.5 Ein lebenswertes Leben für die Armen der Welt

Prognosen besagen, daß die Zahl der Hungernden auf der Welt sich im Laufe der nächsten 30 Jahre verdreifacht oder vervierfacht, wenn der bisherige Kurs beibehalten wird. Die Armen werden noch ärmer und die Reichen reicher. Die Armen werden noch mehr ausgebeutet, als es heute schon der Fall ist.

Es gibt praktische Lösungen des Problems. Zum Beispiel ist die Produktion von genügend Nahrungsmitteln kein so ernstes Problem wie die Verteilung. Wenn nicht auch sie befriedigend geregelt wird, droht eine ökologische Katastrophe. Darum sind positive Zukunftsbilder für die Armen der Welt eine notwendige Vision. Es müssen Wege gefunden werden, die Zahl der Armen zu vermindern. Die bisherigen Versuche sind fehlgeschlagen. Die Schuldenlast der ärmsten Länder ist inzwischen so erdrückend, daß fast die ganze Entwicklungshilfe von Zinszahlungen aufgezehrt wird. Der Welthandel wird immer noch durch Zollschranken behindert, die sich zum Nachteil der ärmsten Länder auswirken. Wenn die, die jetzt politische Verantwortung tragen, resignieren und der Ruf nach einer neuen Weltordnung verstummt, werden die Probleme der nachfolgenden Generation zugeschoben, und diese wird dann noch viel ernstere Krisen zu bewältigen haben.

Ein Duchbruch zur Verbesserung der wirtschaftlichen Situation der Entwicklungsländer war vielleicht die sogenannte *Uruguay-Runde* im Rahmen der GATT-Verhandlungen. Es ist noch ungewiß, welche Konsequenzen diese Absprache für die verschiedenen Volkswirtschaften haben wird – auch innerhalb der Entwicklungsländer gibt es ja erhebliche Unterschiede –, aber der Schritt weist in die richtige Richtung und wird im ganzen den kleinen Ländern und besonders den Entwicklungsländern zugute kommen.

Die Welt muß den immensen Gegensatz zwischen den Mächtigen und den Machtlosen drastisch vermindern. Die Kräfte und Strukturen, die Armut verursachen, müssen analysiert werden mit dem Ziel, ihnen entgegenzuwirken. In Demokratien ist Freiheit garantiert; aber manche Freiheiten gehen zu Lasten anderer. Heute steht praktisch geübte Solidarität mit den Armen der Erde als wichtigster Punkt auf der Tagesordnung. Entgegenstehende Gesetze, Verordnungen und Gewohnheiten müssen revidiert werden.

Die Schule hat eine einzigartige Aufgabe, nämlich Solidarität praktisch vorzuführen. In einigen Ländern haben Lehrer und Schüler schon einen Weg dazu gefunden: Manche Schulen in Industrieländern adoptieren Schulen in Entwicklungsländern und suchen mit ihnen partnerschaftlich zusammenzuarbeiten. Entscheidend wichtig ist auch, daß die Industrieländer genügend Studienplätze für Studenten aus den Entwicklungsländern bereithalten, ohne die im Lande etwa üblichen Studiengebühren zu fordern.

4.6 Von der monokulturellen zur multikulturellen Gesellschaft

In Zukunft müssen Kinder lernen, in einer Vielfalt der Kulturen zu leben. Sie müssen lernen, Umgang zu haben und zusammenzuarbeiten mit Menschen anderer Hautfarbe, mit einer anderen Kultur, anderen Gewohnheiten, einer anderen Wahrnehmung, anderen Wertvorstellungen. In den kommenden Jahrzehnten werden Migrationen eine immer größere Rolle spielen. Denn eine ihrer Hauptursachen, der Unterschied im Lebensstandard zwischen den westlichen Industrieländern und der übrigen Welt, wird nicht so bald zu beseitigen sein, und absurd ist die Vorstellung, Migrationen ließen sich durch Errichtung psychologischer oder physischer Hindernisse unterbinden. Die Frage ist nicht, ob unsere Kinder in einem Pluralismus der Kulturen leben werden; es geht nur mehr um das *Wie* des Zusammenlebens von Menschen verschiedener Kulturen. Wir müssen der von Hans Küng genannten »versöhnten Vielfalt von Kulturen« zum Leben verhelfen, wegkommen von den trennenden Linien rassischer, ethnischer und kultureller Diskriminierung, von der Marginalisierung zweier Drittel der Weltbevölkerung, vom Antisemitismus (KÜNG 1992).

Die Vision der kulturellen Vielfalt einer Gesellschaft zielt nicht auf etwas völlig Neues. Zwar dominiert in der Regel *eine* Kultur, oder Minderheiten werden in Ghettos abgedrängt. Aber es gibt auch einige wenige Beispiele multikultureller Gesellschaften, in denen *alle* Gruppen kulturell, sprachlich, religiös, wirtschaftlich und politisch gleichberechtigt sind.

Das setzt bei allen ein gewisses Maß an Anpassung voraus, die Bereitschaft, Menschen zu tolerieren, die andere Werte und Lebensziele haben. Umgekehrt bedarf es einer von allen anerkannten verbindenden Basis der Beziehungen. Diese wird oft schwer herzustellen sein. Gerät nicht z. B. eine Kultur, in der Frauen unterdrückt werden, zwangsläufig in Konflikt mit dem Grundkonsens? Soll die quantitativ größte Kultur die Normen für alle vorgeben?

Die Fragen zeigen, wie schwierig es ist, gute Modelle für multikulturelle Gesellschaften zu finden. Pluralität ist mit verbindenden Werten und Normen nicht leicht zu vereinen. Es bleibt die Aufgabe, das Zusammenleben zu lernen; es zu lehren wird eine der größten Herausforderungen der Schule der Zukunft sein. Damit wird ihr eine weitere Veränderung abverlangt, deren Bedeutung kaum zu überschätzen ist, sind doch funktionierende multikulturelle Schulen eine Ressource der künftigen Gesellschaft, deren Mikrokosmos sie darstellen.

4.7 Eine Vision von der Arbeit der Zukunft

In der Wirtschaft der Zukunft wird die Bindung an Arbeit im herkömmlichen Sinne nicht mehr so stark sein wie im Industriezeitalter. Für fast alle war Arbeit bisher ein wichtiger Teil des Lebens und der Existenz in der Gesellschaft. Sie ermöglichte Wohlstand, stärkte die Identität und förderte oft die Entwicklung der Persönlichkeit. Arbeit bedeutete, zu leben und produktiv zu sein. In unserer Vison von der Arbeit der Zukunft werden diese Merkmale zurücktreten. Die wissenschaftlich-technische Rationalität hat Bedingungen geschaffen, unter denen die materiellen Bedürfnisse der Menschen ohne die lebensbestimmende Hingabe an herkömmliche Arbeit befriedigt werden können.

Im nächsten Jahrhundert werden die meisten Menschen drei Arten Arbeit kennen:

1. Arbeit zum Lebensunterhalt im bisherigen Sinne;
2. Arbeit für sich selbst oder zur Besserung der Lebensbedingungen der Familie;
3. Freiwillige Arbeit zum Nutzen der Gesellschaft, z. B. im nahen Umfeld.

Vieles spricht dafür, daß in Zukunft alle drei Arten Arbeit gleichermaßen geschätzt werden. Sie bieten dem einzelnen genügend Möglichkeiten, zu lernen und menschlich – als Individuum wie als Gesellschaftswesen – zu wachsen. Dabei sind sie keineswegs neu. Sie kennzeichnen die Lebenssituation vieler Frauen, die Erwerbsarbeit mit Fürsorge für die Familie und Engagement im sozialen Umfeld zu verbinden suchen. Zwei Dinge werden sich aber wahrscheinlich in Zukunft ändern. Zum einen wird man alle drei Arten wirklich als *Arbeit,* die wirtschaftlich vernünftig und produktiv ist, anerkennen, und zweitens werden sich beide Geschlechter an allen dreien aktiv beteiligen.

Bis vor kurzem galten Arbeit und Freizeit als Gegensätze. Freizeit war Nicht-Arbeit; man sah in ihr eine Zeit der Ruhe, der Erholung vom Streß der Arbeit. Sie sollte der notwendigen Regeneration der Kräfte dienen. Dieser Gegensatz wird allmählich verblassen. Die Menschen werden kontinuierlich bezahlte und unbezahlte, kurzzeitige und längerdauernde Arbeit leisten. Dabei können die Schwerpunkte sowohl von Person zu Person als auch in den einzelnen Lebensphasen *einer* Person variieren. So könnte jemand nacheinander einige Jahre seines Lebens sich selbst und der Familie widmen, einige Jahre der gesellschaftlichen Betätigung und einige der herkömmlichen Erwerbsarbeit. Andere werden nicht nacheinander, sondern zugleich in zwei oder allen drei Bereichen tätig sein, und wieder andere sind immer und ausschließlich mit nur einer Art Arbeit beschäftigt. Nach diesem Modell würden die allermeisten – zumindest in längeren Phasen ihres Lebens – einer bezahlten Arbeit nachgehen können.

Rationalität und Produktivität dürfen nicht mehr so eng definiert werden wie bisher. Nicht nur Erwerbsarbeit »lohnt sich«, sondern auch Arbeit für die Familie und die Gesellschaft. Ein Haarschnitt zu Hause ist ebenso ein Beitrag zum Wirtschaftsleben wie ein Haarschnitt im Friseurladen. Auch dürfen Produktivität und Wachstum nicht losgelöst von der Qualität des Wirtschaftens betrachtet werden. Sollen destruktive Tätigkeiten als produktiv gelten und ins Bruttonationalprodukt eingehen? Bereichern wir die Gesellschaft durch die Herstellung von Atombomben und Maschinengewehren? – Zwar wird oft umstritten sein, wo die Grenze zwischen destruktiver und gesellschaftlich nützlicher Arbeit geht; aber die Diskussion darüber muß geführt werden. Ökologen mögen zu einseitig die Umwelt, Ärzte die physische und mentale Gesundheit als Maßstab verwenden. *Wirtschaftliche Entwicklung* ist jedenfalls ein allzu vager Begriff. Zu unserer Vision gehört ein Konsens über die *Richtung* der Entwicklung. Dazu bedarf es zunächst der Einigung auf einige Grundwerte, an denen sich die Vorstellungen von *Entwicklung* orientieren können.

Wie die anderen Visionen, so stellt auch diese eine Herausforderung an die Schule dar. Ihre Verantwortung ist groß: Sie muß die jungen Leute zur Ausübung eines Berufs befähigen, ihnen ein solides Wissensfundament vermitteln und sie in die Lage versetzen, künftige Veränderungen ihrer Lebens- und Arbeitssituation zu meistern. Diesen Zielen wird sie zum einen durch ein breites Lernangebot gerecht; enge Spezialisierung wäre kontraproduktiv. Neue und ungewohnte Kombinationen von Ausbildungsgängen können einen Zugang zu allen drei »Schauplätzen« – der bezahlten, der freiwilligen und der häuslichen Arbeit – eröffnen. Ebenso wichtig ist aber wohl die mentale Vorbereitung auf das Arbeitsleben der Zukunft. Gute fachliche Voraussetzungen schließen nicht unbedingt die Fähigkeit ein, Veränderungen und neue Herausforderungen zu bewältigen. Diese Fähigkeit hat auch mit Selbstvertrauen und Flexibilität zu tun. Hier kann die Schule etwas bewirken, aber nur dann, wenn sie mit dem Elternhaus und dem sozialen Umfeld zusammenarbeitet.

4.8 Technologie im Dienste menschlichen Zugewinns

Technik sollte das Menschliche im Menschen fördern. Leider hat sie das in moderner Zeit nicht immer getan; sie hat im Gegenteil oft destruktiv gewirkt. Fast die ganze Geschichte hindurch sah man in ihr ein Mittel zur Arbeitsersparnis und zur Versorgung der Menschen mit immer mehr materiellen Gütern. In neuerer Zeit waren technische Abläufe meist so erfolgreich, daß sie zum Modell für Wirtschaftlichkeit und Effektivität schlechthin wurden. »Technik« steht für gute Organisation, nicht nur im mechanischen, sondern auch im sozialen Bereich. Früher sah man in der Technik ein Werkzeug nur der Intelligenten und Tüchtigen. Heute ist man kritischer, da es viele Anzeichen dafür gibt, daß Technik sich der menschlichen Kontrolle entzogen hat und sich nach eigenen Gesetzen entwickelt.

Zu unserer Vision gehört die Vorstellung, daß dieser Prozeß im nächsten Jahrhundert umgekehrt wird, daß also die Technik wieder in den Dienst des Menschen gestellt wird und ihm zu sinnvolleren und befriedigenderen Tätigkeiten verhilft. In vielen Berufen, besonders den Dienstleistungen, sollte der wichtigste Qualitätsmaßstab die menschliche Arbeit sein, nicht die technischen Hilfsmittel. Der menschliche Faktor muß zum entscheidenden Kriterium der Effektivität und Produktivität werden, die Technik hat sich ihm unterzuordnen. In der Wirtschaft der Industrieländer werden Kreativität und Innovationsfähigkeit immer mehr zu Kriterien der Kompetenz.

Der Schule wird auch unter diesem Aspekt in Zukunft mehr abverlangt werden als bisher. Vor allem gilt das für die berufsbildenden Schulen. Dabei wird ihre Hauptaufgabe nicht sein, den Umgang mit neuen Technologien zu lehren, sondern auf die Entwicklung der Arbeitsplätze einzuwirken mit dem Ziel, die menschliche Kreativität und Schaffensfreude zur Entfaltung kommen zu lassen.

4.9 Lebenserfahrung im Dienste der Gesundheit

Die Menschen sollten für ihr Leben Entscheidungen treffen können, bei denen sie die physische und seelische Gesundheit bewahren, die sie für ein konstruktives, produktives und zufriedenstellendes Leben in der postmodernen Gesellschaft brauchen. Viele Menschen in den hochindustrialisierten Ländern haben ein zwiespältiges Leben geführt. Während ihre materiellen Wünsche und leiblichen Bedürfnisse in zunehmendem Maße befriedigt wurden, nahmen sie zugleich immer mehr Gewohnheiten an, die eine ernste Bedrohung ihres Wohlbefindens und ihrer Gesundheit darstellen. Beatrix A. Hamburg hat die wichtigsten gesundheitsgefährdenden Aktivitäten unserer Zeit aufgelistet:

– Tabakgenuß erhöht das Risiko für Krebs, für Lungen-, Herz- und Gefäßerkrankungen.
– Der Genuß von Alkohol und anderen Drogen erhöht die Gefahr der Verletzung durch Auto- und andere Unfälle sowie die Neigung zu Gewalttätigkeiten bis hin zu Totschlag und Selbstmord.
– Alkohol- und Drogengenuß erhöht auch die Wahrscheinlichkeit falscher sexueller Impulshandlungen, mit der möglichen Folge ungewollter Schwangerschaften, Geschlechtskrankheiten oder Infektionen mit dem Aids-Virus.
– Übermäßiger Genuß gehaltvoller Nahrung erhöht die Anfälligkeit für Diabetes und eine Reihe von Herz- und Gefäßerkrankungen.
– Eßsucht und Bulimie führen zu charakteristischen Ernährungsmängeln, die wiederum Verhaltensstörungen zur Folge haben können.
– Alkoholismus verursacht Lebererkrankungen und/oder nervliche Störungen. (HAMBURG 1994).

Zu den Erfordernissen der Zukunft gehört die Bemühung eines jeden um verantwortlichen Umgang mit dem eigenen Körper. Physische und seelische Gesundheit werden in der Wertordnung der Gesellschaft einen hohen Rang einnehmen. Dazu bedarf es fundierter Kenntnisse des Menschen als eines biologischen und sozialen Wesens, seines Problem- und Konfliktlösungspotentials, seiner Entscheidungsfähigkeit und seines Vermögens, die ihn aus den Medien und anderen Quellen erreichenden Nachrichten kritisch zu verarbeiten.

Gesundheitserziehung ist somit eine weitere Herausforderung der Schule. Bisher ist dieser Sektor im allgemeinen Lehrplan vernachlässigt worden. Wir brauchen Lehrpläne für Humanbiologie, in denen sowohl ihre Bedeutung für die Gesundheit des einzelnen als auch ihre gesellschaftlichen Implikationen berücksichtigt werden. Die Folgen von Drogenmißbrauch, Probleme und Gefahren der menschlichen Sexualität, Krankheiten und Verhaltensregeln für ein gesundes Leben müssen im Lehrplan die wichtigsten obligatorischen Themen sein.

4.10 Von der Standardisierung zur Kreativität

Künstlerische Ausdrucksformen sollten im Leben der Menschen mehr Bedeutung erlangen. Die Industrialisierung führte zu standardisierter Massenproduktion. Die menschliche Kreativität sah sich nur zu oft auf die Freizeit verwiesen, auf nicht regulierte Tätigkeiten wie etwa die Kunst, die lange einer kleinen Minderheit vorbehalten waren und mit herkömmlicher Wirtschaft wenig zu tun hatten. In der Kultur noch nicht industrialisierter Länder genießt der kreative Ausdruck oft hohes gesellschaftliches Ansehen. Auch in früheren Entwicklungsphasen hochentwickelter Gesellschaften waren handwerkliche Erzeugnisse durch eine große Vielfalt menschlicher Ausdrucksformen gekennzeichnet.

Heute wird die Massenproduktion von einer Computertechnologie abgelöst, die die Standardform wieder aufgeben und die Produkte den individuellen Wünschen des Kunden anpassen kann. Aber auch das Verlangen nach dem Ästhetischen im täglichen Leben – am Arbeitsplatz, in der Freizeit und in der persönlichen Sphäre – wird immer stärker. In der Gesellschaft wächst das Interesse an Kunst. Ausstellungen, Museen, Musikfestspiele, Theater und Konzerte erfreuen sich großen Zuspruchs.

Nach dieser Zukunftsvision werden ästhetische Bedürfnisse in allen Lebensbereichen eine größere Rolle spielen als heute. Kreativität wird ermutigt, der individuelle künstlerische Ausdruck wird in Schule und Gesellschaft hochgeschätzt. Damit eröffnen sich allen Menschen neue Möglichkeiten; Gewinner und Verlierer sind nicht mehr so eindeutig auszumachen. Wenn ein größeres Spektrum menschlicher Fähigkeiten im täglichen Leben anerkannt wird, sind nicht mehr nur die lernstarken Schüler die Tüchtigen. Die Kreativität zu fördern bedeutet daher auch dem Menschlichen mehr Raum zu schaffen.

4.11 Zusammenfassung: Auf dem Wege zu einer neuen Ethik

Sollen die zehn hier dargelegten Visionen Wirklichkeit werden, so bedarf es einer neuen Ethik, einer *Weltethik* (KÜNG 1992), die dabei verstanden wird als ein Mittel zur Klärung und Festsetzung von Normen und Regeln für das Allgemeinwohl. Menschen verschiedener Kulturen können nur dann zusammenleben, wenn es einen Konsens über leitende Normen gibt. Ohne ein solches gemeinsames Fundament kann Demokratie nicht funktionieren. Ein Mindestmaß an verbindenden Werten, Normen und Einstellungen muß es in jeder Demokratie geben.

Alle Visionen werfen grundlegende Wertfragen auf. Jeder Paradigmawechsel löst heftige Diskussionen über Richtung und Grenzen aus. Sind wir heute, als Angehörige einer bestimmten Nation, hinreichend gerüstet, die Grundfragen zu erfassen und zu erörtern, auf die wir eine Antwort finden müssen, wenn wir die Zukunft aktiv angehen wollen?

Die Notwendigkeit eines den Alltag tragenden sittlichen Fundaments wird am Beispiel medizinischer und biologischer Praxis und Forschung am deutlichsten. Gentechnik und Biotechnik eröffnen neue Perspektiven, die für die Gesellschaft im ganzen von Bedeutung sind. Dabei müssen die Forscher und Ärzte oft zu Grenzfragen Stellung beziehen, neu definieren, was richtig und falsch, was moralisch und unmoralisch ist.

In Zukunft sollten Forschung und Praxis nicht ihre eigene Dynamik entwickeln; vielmehr sollten alle in einem offenen Dialog sich darüber verständigen, wo Grenzen zu ziehen sind und wo es die Freiheit zu dieser oder jener Wahl gibt. Die Alternative wäre ein diffuser, richtungsloser Weg in die Zukunft oder die Abgabe der Entscheidung an Machteliten oder Experten. Diese haben natürlich ein gewichtiges Wort mitzureden; aber das entbindet nicht den einzelnen von der Verpflichtung, Entscheidungen mitzuverantworten.

Wir müssen zu allgemeingültigen verpflichtenden Grundnormen finden, Normen, die von allen als nicht mehr verhandelbar respektiert werden. Die von den Vereinten Nationen 1948 beschlossene Allgemeine Deklaration der

Menschenrechte könnte ein Katalog solcher Normen sein, ebenso die Konvention über bürgerliche und politische Rechte von 1966. Ohne die Grundnormen könnten unveräußerliche Rechte untergraben werden, könnte die menschliche Würde nicht mehr unantastbar sein. Jede Demokratie braucht einen klaren Rahmen und deutliche Regeln; die einzelnen Staaten und die Welt im ganzen müssen eine gemeinsame, verpflichtende Ethik entwickeln. Hans Küng bemerkt dazu:

Hier ist immer zu bedenken: Ethik ist weder Thetik noch Taktik. Weder soll allein das Gesetz (Gesetzesethik) noch allein die Situation (Situationsethik) herrschen. Denn: Normen ohne die Situation sind leer; die Situation aber ohne Norm ist blind. Vielmehr: Die Normen sollen die Situation erhellen, und die Situation die Normen bestimmen (KÜNG 1992, S. 82).

Die Schule der Zukunft muß noch mehr als die heutige Verantwortung für Wertfragen übernehmen und sich bemühen, daß diese die gesamte Unterrichtsarbeit durchdringen. Aber diese Verantwortung darf nicht der Schule allein überlassen bleiben. Auch Schüler, Eltern, die Institutionen der Gesellschaft und der politische Apparat sind aufgerufen, aktiv Verantwortung wahrzunehmen.

5. Was Kinder und Jugendliche lernen sollten

Wir stellten fest, daß die »nahen Institutionen« Elternhaus, Nachbarschaft, Kirche, Medien und Arbeitsplatz am stärksten auf die jungen Leute einwirken. Sicher werden die *zehn Revolutionen* (siehe Kap. 3) diese Institutionen erheblich verändern, und die didaktische Grundfrage, was Kinder und Jugendliche lernen sollten, wird sich neu stellen. Es ist aber unmöglich, die Veränderungen genau vorherzusagen. Auch sind regionale Unterschiede zu bedenken – »angemessenes Verhalten« kann nicht überall gleich definiert werden. Es ist z. B. nicht unwesentlich, ob jemand in einem kleinen italienischen Gebirgsdorf oder in einer deutschen Großstadt lebt. Dennoch wagen wir einige allgemeine Aussagen zur Richtung der zu erwartenden Veränderungen und zu ihren Auswirkungen auf Bildungserfordernisse.

Die genannten Institutionen werden für junge Menschen sicherlich auch in Zukunft wichtig bleiben, aber ihre Rollen und ihr Einfluß werden sich neu strukturieren. Z. B. wird die Kernfamilie wahrscheinlich an Bedeutung verlieren; dafür wird sich ein breites Spektrum anderer Familienformen entwickeln, die dem einzelnen eine Wahl lassen. Zugleich wird die westliche Welt vermutlich eine weitere Schwächung der großen Konfessionen erleben und komplementär dazu außerhalb der etablierten Kirchen ein Erstarken fundamentalistischer und spiritueller Strömungen. Die Vermischung von Kulturen, Rassen und Ethnien wird wohl weitergehen, so daß man ein verbindendes, von einem homogenen Gemeinwesen getragenes nationales Wertesystem nicht mehr erwarten kann. Auch die Medien werden keine einhellige Wertebotschaft vermitteln. Sie werden sich noch mehr als bisher aufspalten, so daß die meisten Menschen es nur mit einer engen Bandbreite von Botschaften zu tun haben werden. Die Arbeitsplätze werden sich nicht mehr konzentrieren, sondern wieder in der Fläche verteilen. Die wirtschaftliche Zukunft gehört kleinen, eigenständigen Firmen mit einer charakteristischen Wertorientierung.

Die Familie, die Kirche und die anderen »nahen Institutionen« können nicht für die Vermittlung allgemeingültiger Werte in die Pflicht genommen werden. Keine von ihnen wird die Überzeugungen und Haltungen der breiten Masse der Bevölkerung prägen können. Aber obwohl die Länder der westlichen Welt derzeit durch Instabilität vieler Lebensbereiche gekennzeichnet sind, erwarten wir um das Jahr 2020 ein Ende der Übergangsperiode und eine neue Stabilität, in der eine festere Wertorientierung durch die Institutionen wieder denkbar wird. Da diese aber möglicherweise weiterer Segmentierung unterliegen, hieße das nicht unbedingt, daß es *eine* verbindliche Orientierung gibt.

Wie können also Nationen und Regionen zusammengehalten werden? Wenn alle Institutionen, die von jeher die Sozialisation junger Leute prägten, nur noch ihre spezifischen Werte tradieren, woher kommt dann der Kitt, der die Segmente zusammenhält, der den Menschen ein Gefühl der Zugehörigkeit zu einer Gemeinschaft gibt? Sollte die Schule dieser Kitt sein? Schulen sind ein Spiegel ihres sozialen Umfeldes. Sie können sich, wenn sie überleben wollen, von dem heraufziehenden Wertepluralismus nicht emanzipieren. Infolgedessen werden auch Schulen zur Segmentierung neigen und jeweils Gruppen von Individuen mit ähnlicher Wertorientierung bedienen. Dem Wesen der Schule entspräche eine solche Entwicklung nicht; denn eigentlich können und sollten Schulen im Dienste einer Vielfalt erzieherischer Imperative stehen.

Elternhaus und Nachbarschaft: Die Entwicklung der letzten 30 Jahre hat, wie wir sahen, zu einer Verringerung des sozialen Kapitals geführt, das die Jugendlichen mit auf den Weg bekommen. Besonders gilt das für die großen Städte. Die Elternhäuser haben es in ihrer Mehrzahl nicht geschafft, auf die vielfältigen Angebote der elektronischen Medien sowie die zunehmende Spezialisierung und schärfer sich ausprägende horizontale Gliederung der Gesellschaft eine kreative Antwort zu geben. Wird diese negative Entwicklung weitergehen? Manches deutet auf eine Trendwende hin. Neue Familienkonstellationen zeigen, daß sie wirklich fruchtbar und für den einzelnen befriedigend sein können. Auch ist es ein positives Zeichen, daß wieder mehr Menschen sich in ihrem nahen Umfeld engagieren, in freiwilligen Organisationen mitarbeiten und mit viel Zeitaufwand und Einsatz den Kontakt zwischen Elternhaus und Schule oder Kindergarten pflegen. Z. B. hat im Zuge eines Erneuerungsprogramms einer Schule in einem sehr armen Stadtbezirk von Los Angeles jeder Elternteil sich vertraglich zu einer »Spende« von 30 Stunden freiwilliger Arbeit verpflichtet. Die Aktion hat wahre Wunder gewirkt (WALLIS 1994, S. 55). In Zukunft könnte es wieder ein sicheres häuslich-familiäres Umfeld geben, das zusätzlich von Nachbarn gestützt wird; dabei mögen freilich sowohl die familiären als auch die nachbarschaftlichen Verhältnisse vielfältige und z. T. neue Formen annehmen. Eltern könnten in allen für die Kinder und Jugendlichen wichtigen Institutionen, wann und wo immer das möglich ist, aktiv mitarbeiten. Damit trügen sie zu einer behüteten und fruchtbaren Kindheit und Jugendzeit ihres Kindes bei. Die Zeit, da spezialisierte Institutionen die einzelnen Lebenssphären von Kindern und Jugendlichen sozusagen arbeitsteilig übernahmen, geht allmählich zu Ende.

Heute wird der Wert enger Zusammenarbeit von Schule und Elternhaus wiederentdeckt. Sie ist aus zwei Gründen wichtig. Einmal haben die Eltern damit die Möglichkeit, Erziehung und Entwicklung ihrer Kinder genau zu verfolgen und aktiv zu unterstützen. Die Zukunft hängt von Änderungen unserer Wertvorstellungen und unseres Verhaltens ab. Hier könnten die Eltern Einfluß nehmen mit dem Ziel, so gut wie möglich für das Wohlergehen der Kinder zu sorgen. Zum andern braucht die Schule Verbündete, um der enormen Herausforderung durch die Medien zu begegnen und einseitigen technologischen Lösungen der Lernerfordernisse vorzubeugen. Die Eltern sind hierbei ihre wichtigsten Verbündeten.

Die Familien bleiben das sicherste Gegengewicht gegen alle möglichen negativen äußeren Einflüsse, denen die Kinder und Jugendlichen ausgesetzt sind. Kindererziehung erfordert, wenn denn soziales Kapital entstehen soll, die volle Zuwendung der Erwachsenen, wozu natürlich auch Zeit und Geld gehören. Wahrscheinlich sind die Familie und ihr Heim auch in Zukunft die Hauptquelle des sozialen Kapitals, das die Heranwachsenden für ihr Leben erhalten. Die Vorstellung, daß produktive *Arbeit* zugleich produktiv verbrachte Zeit des einzelnen ist, wird in der Postmoderne dazu führen, daß die Familien viel Zeit darauf verwenden, an den Lernerfahrungen ihrer Söhne und Töchter teilzunehmen.

Es war schon davon die Rede, daß man in der Gesellschaft von morgen unter »Arbeit« nicht nur eine herkömmliche bezahlte Tätigkeit, sondern auch Arbeit zur eigenen inneren Bereicherung sowie freiwillige Arbeit zum Nutzen der Gesellschaft verstehen wird (vgl. S. 74 f.). Diese erweiterte Definition läßt hoffen, daß flexiblere Rollen die traditionellen Muster ablösen und daß häusliche oder nachbarschaftliche Aktivitäten zum Wohle der Kinder und Jugendlichen mehr geschätzt werden.

Trotz aller gesellschaftlichen Veränderungen ist das Elternhaus noch immer diejenige Instanz, die den Kindern am ehesten Werte, Normen und Verantwortungsbewußtsein vermittelt. In der Vergangenheit war es die Mutter, die die Hauptlast dieser Aufgabe trug. »Während die Arbeit der Männer in eine Karriere oder zumindest einen Job mündete, behielt die der Frauen etwas von dem alten Wortsinn des ›Berufs‹, d. h. einer Beschäftigung, die hauptsächlich nach ihrem Beitrag zum Gemeinwohl beurteilt wurde« (BELLAH 1985, S. 88). Der Begriff *Familie* hat seinen Inhalt verändert. Dennoch bleibt das Elternhaus in vieler Hinsicht der Ort, an dem die wichtigsten Vorstellungen von einem produktiven, erfüllten Leben geformt werden, zeigt es doch in der Partnerschaft von Eheleuten die Realität einer großen sozialen und ökologischen Vision. Praktizierte Partnerschaft sollte zum Normalfall zwischenmenschlicher Beziehungen werden.

Die Kinder beim Lernen zu unterstützen ist eine traditionelle Aufgabe der Familie. Auch künftig werden das Gespräch, das gemeinsame Lesen zu Hause, das Reisen und der Gebrauch einer Fremdsprache usw. die Art und Weise sein, in der Eltern Lerninteresse und Neugier ihrer Kinder wecken. Aber es gibt eine wachsende Zahl alleinerziehender Mütter oder Väter, und vielfach müssen Kinder einen großen Teil des Tages allein verbringen. Daher muß die Familie im Bedarfsfall zusätzliche Unterstützung erfahren können. Man kann nicht erwarten, daß sie alles allein schafft, daß sie die einzige Institution ist, die brauchbare Modelle für das Leben im nahen Umfeld, in der Kommune und in der Gesellschaft überhaupt liefert.

Auch angesichts der Wissens- und Informationsrevolution kommt dem Elternhaus wachsende Bedeutung zu, ist es doch am ehesten in der Lage, diese Umwälzung zu »übersetzen« und sinnvoll mit ihr umzugehen. Formen der Interaktion, die jetzt noch revolutionär erscheinen mögen, werden bald selbstverständlich sein; so wird etwa die EDV eine viel größere Rolle spielen als heute. Mit Hilfe von Heimcomputern werden Eltern über eine Fülle von Programmen des sogenannten *Edutainments* verfügen können (siehe unten). Die Kopplung neuen Wissens an die elektronischen Medien ermöglicht ganz neue Formen des Lernens, jenseits des in der Schule derzeit Üblichen. Eltern werden mit der Aufgabe konfrontiert sein, ihren Kindern einen Weg durch die Vielfalt der Lernmöglichkeiten zu bahnen, die außerhalb des herkömmlichen schulischen Lernens und als Alternative zu ihm existieren. Sie können diese künftigen Chancen auch zum Besten der auffälligen Schüler nutzen, sowohl der besonders begabten als auch der lernschwachen, und so die eher traditionelle Arbeit der Schule unterstützen.

Die Schule wird, anders gesagt, auf eine enge Zusammenarbeit mit ihrem Umfeld und den Elternhäusern angewiesen sein, einmal um das soziale Kapital zu entwickeln (vgl. Kap. 2) und zum andern, weil auch die für unsere Zukunftsvisionen maßgeblichen Grundhaltungen im Elternhaus und seinem Umfeld durch praktische Erfahrung geformt werden.

Kirchen und andere Glaubensgemeinschaften: Die großen christlichen Kirchen und andere Glaubensgemeinschaften haben nicht mehr das Monopol, allgemeinverbindliche Normen zu setzen und Werte zu vermitteln. Wir leben in einer pluralistischen und immer mehr auch in einer multikulturellen Gesellschaft. Zwar werden die Kirchen auch weiterhin ihren Auftrag darin sehen, das Seelische in uns anzusprechen, unsere Sehnsucht nach dem Ewigen, unser Verlangen nach Liebe, unser Streben nach dem Guten, unsere Versuche, etwas anderes in den Mittelpunkt unseres Lebens zu rücken als uns selbst; aber sie werden diese Aufgabe wahrscheinlich nicht allein, sondern im Konsens mit anderen Institutionen wahrnehmen wollen. Die Kirchen haben viele Partner, und viele von diesen gehören anderen Kulturen und Religionen an. Sie müssen den Dialog mit den Partnern initiieren, nicht weil sie auf alle Fragen eine Antwort wüßten, sondern weil sie den Glauben und die Kraft haben, die wirklich wichtigen Fragen zu stellen. Junge Menschen, die ihre Rolle suchen, haben ein immenses Bedürfnis nach Vorbildern, an denen sie sich in zentralen Lebensfragen orientieren können und die ihnen helfen, neue gangbare Wege zu finden.

Einige kirchliche Würdenträger haben leider, statt im Geiste der Zusammenarbeit und Harmonie zu wirken, nur zu oft unversöhnliche Haltungen eingenommen und durch ihre Handlungen Feindschaften vertieft und Konflikte geschürt. Wir müssen damit rechnen, daß der Haß auch noch in der Welt von morgen regieren wird. Beispielsweise lassen die derzeitigen ethnischen und religiösen Konflikte in Europa und Zentralasien der Hoffnung wenig Raum. Es ist zu befürchten, daß in den nächsten 10 bis 20 Jahren noch mehr derartige Konflikte aufbrechen. Und in den von relativ homogenen Bevölkerungen bewohnten Teilen Europas kann man nicht einfach selbstgefällig meinen, religiöse Probleme entstünden nur anderswo. Die Kirchen haben hier eine wichtige Aufgabe: Sie müssen zu Orten werden, an denen die jungen Leute lernen, einen Sinn für das Gute zu entwickeln und zugleich zu begreifen, daß sie in einer immer pluralistischer werdenden Gesellschaft leben, in der andere unter diesem Guten etwas anderes verstehen.

In mehreren Arbeiten aus jüngster Zeit wird betont, daß eine Demokratie ohne verbindende, von allen anerkannte Werte nicht funktionieren kann (BELLAH U. A., 1985). Ohne sie gibt es auch keine Solidarität mit den Armen der Welt, mit den Unterdrückten und Benachteiligten, mit Menschen aller Rassen und Kulturen. Die Kirchen und Glaubensgemeinschaften müssen dieser Solidarität zum Durchbruch verhelfen, und in den letzten Jahren haben sie dies in vielen Weltgegenden wirklich getan.

Sie müssen sich auch in den Grenzfragen zu Wort melden, die sich mit dem technischen Fortschritt stellen, wie etwa in der Gentechnik und in der medizinischen Technik überhaupt. Sie müssen den Menschen Partner sein, ihnen helfen, in der von den Medien herangeschwemmten Informationsflut den Überblick zu behalten und vernünftige Urteile zu fällen. Sie müssen zu Fragen des wirtschaftlichen Wachstums, der sozialen Entwicklung und der Ökologie tragfähige und wegweisende Positionen formulieren.

Gerade die jungen Menschen brauchen eine aktive, zum Dialog mit anderen gesellschaftlichen Gruppen und Institutionen bereite Kirche. Einer dieser Partner ist sicher die Schule; denn ohne eine auf gesellschaftlichem Konsens beruhende Ethik ist Schule nicht denkbar. Eine Schule braucht Partner, die sich mit den sittlichen Problemen auseinandersetzen und Wegweiser in zentralen Wertfragen sein können. Ohne eine Verankerung in gemeinsamen Werten und ohne gemeinsame Visionen kann eine Schule kaum arbeiten. In einer multikulturellen Gesellschaft mit Menschen vieler verschiedener Religionen liegt hierin die große Herausforderung.

Die Medien: Das Medium Fernsehen gewinnt auf die Welt von heute immer mehr Einfluß. Der Fernseh- und Videokonsum der Kinder und Jugendlichen nimmt weiter zu. In Zukunft wird der Medienmarkt noch größere Bedeutung haben, aber er wird vermutlich auch viel differenzierter sein. Die Angebote werden mehr auf die Bedürfnisse bestimmter Gruppen von Nutzern zugeschnitten sein – mit der Folge, daß die Gesamtbotschaft immer verwirrender wird. Ferner wird es auf dem Informations- und Lernsektor des Marktes mehr Konkurrenz geben. Eine Verbindung von Kommunikations- und Datentechnik wird die Wissens- und Informationsrevolution ungleich effektiver nutzen können, als das heute möglich ist. Bisher war Europa gegen einen kommerziellen Zugriff auf die Medien weitgehend abgeschirmt, aber auch das wird sich ändern, und das wachsende Angebot wird zu einem Teil unseres Alltags werden.

Am stärksten wachsen wird aber wahrscheinlich der Markt für Unterhaltung und für Heimcomputer. Mittels eines Computers und eines Fernseh-Videogeräts sowie unter Einbeziehung örtlicher Helfergruppen wird man sogenannte häusliche Schulen oder Nachbarschaftsschulen etablieren können, die den größten Teil der zentral eingegebenen Informationen über die Medien abrufen. Diese Fernstudienangebote, die profitable Gewinne versprechen, werden sich in zunehmendem Maße in den Wettbewerb einschalten.

Fernsehen und Video werden das Verhalten von Kindern und Jugendlichen wahrscheinlich immer stärker beeinflussen. Bisher war es so gut wie unmöglich, für das, was produziert und gesendet wird, sittliche Normen festzulegen und sich auf Grenzen zu einigen. Selbst eingefleischte Anwälte der Pressefreiheit, der individuellen Wahlfreiheit und anderer grundlegender demokratischer Werte halten einige Richtlinien für angebracht, zumindest in bezug auf Kinder und Jugendliche. Das Wohnzimmer ist keine Domäne des Privaten mehr, sondern ein Fenster zu einer elektronischen Welt. Sicher werden in der Bildungsgesellschaft, auf die die Menschheit zusteuert, die Medien eine zentrale Rolle spielen, aber ihr Einfluß ist nicht nur positiv. Vor allem die vielen in ihnen gezeigten Gewalttaten und anderen Verbrechen sind bedenklich. Institutionen, die für wichtige Werte und Normen einstehen, werden wahrscheinlich darauf reagieren und in zunehmendem Maße *ihre* Botschaften über die Medien zu verbreiten suchen.

Der Arbeitsplatz: Der Arbeitsmarkt der Zukunft wird vermutlich viel flexibler sein als der heutige. Die einst relativ streng definierten Grenzen der

Professionen werden weniger deutlich hervortreten. Es wird immer schwieriger sein, bestimmte Fertigkeiten und Kompetenzen als Spezifikum dieser oder jener Profession zu verteidigen. Es wird mehr »grenzüberschreitende« und interdisziplinäre Jobs geben. Berufliche Kompetenz wird breiter angelegt sein müssen als heute; sie wird sich weniger an örtlichen als an internationalen Standards orientieren.

Die Arbeitslosigkeit wird allem Anschein nach in den nächsten 20 Jahren nicht nennenswert abnehmen. Der Hauptgrund dafür sind die kontinuierlichen Umstellungen und Anpassungen, mit denen wir in der Wirtschaft zu rechnen haben. Berufe verschwinden ebenso rasch, wie neue erfunden werden, und das heißt, daß ein Teil der Erwerbsbevölkerung jeweils umstellungsbedingt für kürzere oder längere Zeit nicht berufstätig ist – viele werden an Umschulungen oder Fortbildungsmaßnahmen teilnehmen. Vielleicht sind auf mittlere Sicht etwa 5 % Arbeitslosigkeit das unvermeidliche Normalmaß.

Arbeit wird künftig nicht mehr an große industrielle Zentren gebunden sein. Es ist ein wichtiges Merkmal der jüngsten Entwicklung, daß die kleinen Einheiten eine Renaissance erleben. Dank guter Kommunikation und EDV können Personen, die über das nötige Know-how verfügen, auch in kleinen Orten und Geschäften Produkte herstellen und Dienste anbieten, die auf dem Weltmarkt konkurrenzfähig sind. Das bedeutet eine Trendwende; denn nach dem Zweiten Weltkrieg führten Erfindungen und neue Technologien zu Produktionsverfahren, die eine Zentralisierung und ein immenses Wachstum der großen Städte auslösten. Die neueste Technologie hingegen ermöglicht auch in entlegenen Orten gewinnbringendes Arbeiten und beseitigt so einen Standortnachteil dünnbesiedelter Gebiete.

Wie wir schon sahen (vgl. oben S. 106), wird der Begriff Arbeit ganz neu definiert werden müssen; er wird sogenannte Selbstbeschäftigung, freiwillige gesellschaftlich nützliche Tätigkeiten und herkömmliche Erwerbsarbeit gleichermaßen einschließen. Wahrscheinlich wird ein erheblicher Teil der derzeitigen »Schattenwirtschaft« im Zuge der Neudefinition als »Arbeit« mitgezählt und so in die registrierte Wirtschaft einbezogen.

Eine andere wichtige Veränderung des Arbeitsplatzes wird sein, daß dem einzelnen Beschäftigten mehr abverlangt wird, nicht so sehr mehr fachliches Können, sondern mehr Einsicht und mehr Verständnis für Zusammenhänge. Ausbildung – oder die Entwicklung der Kompetenz von Menschen aller Altersgruppen und in den unterschiedlichsten Funktionen – wird in dem notwendigen Umstellungsprozeß eine ganz entscheidende Rolle spielen. Damit stellt sich die allgemeine Frage, wie wir das Lernen in den Betrieben, den Organisationen und im öffentlichen Sektor organisieren wollen. Es ist nicht unsere Absicht, hierauf umfassend zu antworten. Unsere Zielsetzung ist begrenzter: nämlich zu klären, was man im nächsten Jahrhundert unter einer *guten Schule* verstehen wird.

5.1 Was Kinder und Jugendliche lernen sollten

Jede Analyse von Bildungs- und Ausbildungsproblemen muß von den Lernbedürfnissen der Kinder und Jugendlichen ausgehen und dabei sowohl die heutige als auch die künftige Gesellschaft in den Blick nehmen. Sicher haben die meisten Lehrer mehr als genug damit zu tun, Inhalte und Methoden zu finden, die den heutigen Bedürfnissen der Schüler gerecht werden. Und zweifellos sind aktuelle Probleme von großer Bedeutung für die Schulen. Schulleben ist wirkliches gelebtes Leben; es sollte unserem Leben hier und heute wesentliche Impulse geben. Schüler mit unterschiedlichen Begabungen und emotionalen wie intellektuellen Neigungen sollten in ihm Platz haben. Die Schule muß sich den heutigen Notwendigkeiten stellen. Dennoch muß sie auch auf die Zukunft vorbereiten, und daher müssen wir die Herausforderung annehmen zu durchdenken, was Entwicklungen und Erfordernisse von morgen für die Schule von heute bedeuten.

Aber wir dürfen uns nicht auf die Schule beschränken; denn vieles können und sollen die Kinder nicht in der Schule, sondern im täglichen Leben lernen. Man denke nur an den phantastischen Lernakt, den ein Baby vollbringt, indem es eine Sprache erlernt. Vielleicht ist das eine der schwierigsten Aufgaben, mit denen ein Mensch jemals konfrontiert wird, zumal sie sozusagen fast im Selbststudium bewältigt wird – wenngleich aufmunternde Rückmeldungen von Eltern und Geschwistern sicherlich hilfreich wirken. Jeder von uns lernt jeden Tag eine Menge. Das meiste resultiert aus den Aufgaben, an denen wir im täglichen Leben arbeiten. Diese wandeln sich mit der Zeit, etwa durch neue Technologien (z. B. ein hypermodernes Telephon), neue Gesetze und Verordnungen (z. B. neue Verkehrsregeln), neue Verfahren (z. B. bei der Bezahlung von Rechnungen) oder neue Normen (z. B. geänderte Umgangsformen). Das Alltagslernen ist oft auch an Aufgaben gebunden, die am besten gemeinsam mit anderen gelöst werden. So aktiviert Alltagslernen den Gemeinsinn, es ereignet sich in Interaktion mit anderen und an Aufgaben, die zu lösen wir ein Interesse haben. In der Regel sind viele Talente gefordert, und oft erzwingen die Aufgaben Kooperation und ein Umdenken (RESNICK 1983).

Dieses Alltagslernen wird es auch in Zukunft geben. Die Frage ist, welchen Lernbedürfnissen von Kindern und Jugendlichen *die Schule* gerecht zu werden hat. Ergibt sich die Antwort ganz einfach aus den derzeitigen alltäglichen Notwendigkeiten? John Deweys Konzept einer neuen Erziehung an der Wende vom 19. zum 20. Jahrhundert besagte, das tägliche Leben transparent zu machen sei niemals Aufgabe der Schule gewesen. Hingegen sei die Gesellschaft so komplex geworden, daß junge Leute sie nur verstehen könnten, wenn sie systematisch in sie eingeführt würden (DEWEY 1899). Er empfahl zu diesem Zweck eine ganz andere Schule, als die bis dahin existierende es war. Nehmen die *heutigen* Schulen die Herausforderung an? Sind sie bereit, sich anzupassen und sowohl den formalen Bestimmungen als auch den alltäglichen Bedürfnissen der Kinder und Jugendlichen gerecht zu werden? Die Menschheit lebt heute an den Grenzen eines großen und wichtigen Bildungsexperiments, das in weitgehend unerforschtem Gelände stattfindet. Gefragt sind Sensibilität, genaues Nachdenken, Bereitschaft zur Zusammenarbeit, ein Sinn für Interdependenz und ein gewisser Wagemut.

5.2 Grundlegende Kenntnisse und Fertigkeiten

Niemand bestreitet, daß Kinder und Jugendliche grundlegende Kenntnisse und Fertigkeiten erwerben müssen. Die Frage ist, welche Kenntnisse und Fertigkeiten das sind. Was heißt *grundlegend* für heutige Schüler, die in der Gesellschaft von morgen leben werden? Ganz sicher wird die mündliche und schriftliche Beherrschung der Muttersprache auch künftig zu diesem Grundlegenden zählen. Einschlägige Forschungen haben gezeigt, daß gute Lesefertigkeit eine Voraussetzung des Erfolgs auch in anderen akademischen Fächern ist (BROWN 1980). Ferner sollten eine elementare mathematische Kompetenz, die Fähigkeit zum Erfassen natur- und sozialwissenschaftlicher Probleme und die Kenntnis mindestens einer Fremdsprache zur »Grundausstattung« gehören. Aber ist das alles?

Es wird immer klarer, daß enzyklopädisches Wissen, einfache Fakten- und Datenkenntnisse durchaus wichtig, aber allein nicht ausreichend sind. Die sogenannte Informationsgesellschaft fordert von uns die Fähigkeit, riesige Mengen an Information sinnvoll zu verarbeiten und vernünftig umzugehen mit den Medien, die über enorme Ressourcen verfügen (und immer mehr auch in die Schulen drängen). Fakten und Begriffe sind nur ein Anfang; sie müssen, sollen sie etwas Sinnvolles aussagen, in einen theoretischen und begrifflichen Rahmen gefaßt werden.

Gegen Faktenwissen wird manchmal eingewandt, unsere Kenntnisse entwickelten sich in einem so rasanten Tempo, daß ein Lehrer sich nur durch Zugriff auf eine Datenbank auf dem laufenden halten könne. Das ist ein verführerisches und zum Teil richtiges Argument, und dennoch ist es grundfalsch. Denn mit noch größerem Recht läßt sich das Gegenteil behaupten:

Das Fundamentale und Elementare in den Wissenschaften verändert sich nur sehr langsam. Die Grundlagen der Mathematik und der Naturwissenschaften ändern sich kaum im Laufe einer Generation. Und noch eine weitere Überlegung relativiert die Bedeutung aktueller Daten: Unbearbeitete Daten aus irgendeiner Erhebung sind nicht reiner als die Interpretation dieser Daten. Fakten werden stets im Kontext bestimmter wissenschaftlicher Paradigmen und Rahmenbedingungen gesammelt. Die Struktur dieser Paradigmen zu verstehen und die zugehörigen Tatsachen und Begriffe zu kennen, das ist das für Schüler und Studenten Wesentliche. So entgehen sie der Gefahr, sich in peripheren Details zu verlieren. Gerade weil so vieles an der Peripherie sich rasch verändert, ist ein breitangelegtes festes Fundament aus Begriffen und Tatsachen so wichtig (ANDERSON 1981).

Information gleicht unserer Nahrung. Sie will nicht nur hinuntergeschluckt, sondern auch verdaut sein. Dazu brauchen wir ein funktionierendes Verdauungssystem. Dieses System ist die Schule. Sie hat die Aufgabe, die Informationssplitter zu sortieren und zu sichten, den Stoff zu analysieren, um sodann das Zerlegte wieder zusammenzufügen zu einem Ganzen, das *Sinn* hat und für eine gedeihliche Entwicklung Energie und Motivation schafft.

Ein großer Teil der Informationen, mit denen wir täglich bombardiert werden, wirkt eher verwirrend als wegweisend. Viele Kinder und Jugendliche haben ein schwach entwickeltes Bezugssystem. Ihnen fehlen klare kognitive Strukturen. Sie brauchen Hilfe zum Erkennen von Zusammenhängen, Hilfe beim Analysieren, Hilfe beim Erstellen von Synthesen. Die Annahme dieser Hilfe setzt einen großen Wortschatz und die Kenntnis einschlägiger Begriffe voraus. Beides muß die Schule allen Schülern vermitteln. Viele kommen aus Elternhäusern, in denen Lektüre und Diskussionen, die den Intellekt fordern, gang und gäbe sind; aber viele bringen auch von Hause einen viel geringeren Wortschatz mit. Daher liegt hier eine der wichtigsten Aufgaben der Schule.

Informationen sind heute überall verfügbar. Es ist nicht Aufgabe der Schule, sie zu verdaulichen Häppchen aufzubereiten. Wohl aber muß sie die Schüler zu dieser Aufbereitung befähigen und ihnen helfen, sich in der Informationsflut zurechtzufinden. Ob sich die Information zwischen zwei Buchdeckeln, in einem Zeitungsausschnitt oder in einer Datenbank befindet, ist von untergeordneter Bedeutung. Die Schule muß in jedem Fall ein Ort der Klärung sein, eine Einrichtung der Informationsverarbeitung und -analyse zum Nutzen einer Gemeinschaft. Schulen der Zukunft haben darüber hinaus eine besondere Stellung. Die Schule ist eine Einrichtung, in der wir als Individuen uns voll und ganz auf unsere eigene Entwicklung konzentrieren können. Künftig werden jedem Lerner dafür ungefähr 15 000 Stunden zur Verfügung stehen, und dazu noch qualifizierte Hilfe in Gestalt personeller und sachlicher Ressourcen! Eine ein für allemal gültige Definition von Schule wird es nicht geben. Vor allem andern muß die Schule der Zukunft es den Schülern ermöglichen, die eigenen Gedanken zu ordnen, eine Vielfalt an Informationen aufzunehmen und mit eigenen Interessen in Verbindung zu bringen, in sicherer Umgebung die eigenen Talente zu entdecken und zu erproben. Die Schule ist der einzige Ort, an dem man mit gutem Gewissen für sich und an sich arbeiten kann, und zwar in der Gewißheit, von niemandem als egoistisch beschimpft oder für irgend etwas vereinnahmt zu werden.

Gunilla Svingby spricht von »Oberflächenlernen« und »Tiefenlernen«, um den Unterschied zu bezeichnen zwischen oberflächlichem Wissen oder »Wissensprodukten« und Tiefenwissen, das mit Stichworten wie Erkennen von Zusammenhängen, Ganzheit, Verständnis und Verständnisprozeß umschrieben werden kann. Dieser Prozeß, so betont sie, ereigne sich auf intellektueller und emotionaler Ebene, und wesentlich sei dabei die Entwicklung empathischen Verständnisses (SVINGBY 1993). Mit dem Tiefenlernen ist eine – so meinen wir – für die Schule von morgen entscheidende Perspektive bezeichnet. Im folgenden sollen einige Aspekte dieses Lernens erläutert werden.

Das Lernen lernen: Daß es gute und schwache Schüler gibt, liegt nicht unbedingt an der Intelligenz. Der Unterschied kann viele Ursachen haben; sie liegen sowohl in den Elternhäusern und dem sozialen Umfeld der Schüler als auch in der Art und Weise des schulischen Unterrichts. Dabei ist eines von ganz wesentlicher Bedeutung: Der Erfolg schulischen Lernens hängt entscheidend davon ab, daß es *systematisch* geschieht.

Erfolgreiche Schüler unterscheiden sich von erfolglosen vor allem durch die Fähigkeit, Wissen zu strukturieren und neue Kenntnisse mit früher erworbenen zu verknüpfen. Sie verstehen, wie dies und jenes abläuft, unter welchen Bedingungen es funktioniert (Verfahrensverständnis) und ferner, in welchen Kontext diese Bedingungen gehören (Kontextverständnis). Sie können auch wirksam argumentieren, sich konzentrieren und selbstgesetzte Ziele anstreben. Damit entwickeln sie eine positive Einstellung zum Lernen und sind auch zur Selbstkritik fähig (DALIN 1994).

Manche Schüler haben von Natur aus gute Anlagen und brauchen, um das Lernen zu lernen, nur wenig Unterstützung. Die meisten aber kommen ohne Hilfe nicht aus. Einige lernen das systematische Arbeiten im Unterricht eines bestimmten Faches. Andere wissen nicht, wo sie anfangen sollen. Weil wir alle mit der ständig wachsenden Flut an Informationen fertig werden müssen, haben alle Schüler ein Anrecht darauf, das Lernen zu lernen und dabei die Hilfen zu erhalten, die ihrem Alter und ihren Aufgaben entsprechen, am besten schon von der Vorschule an. Es ist nie zu früh. Das einjährige Kind, das seine Muttersprache lernt, hat mit dem Lernen des Lernens schon begonnen. Ein Schüler, der jahrelang Mühe gehabt hat, Informationen zu sinnvollen Mustern zu ordnen, erlebt eine Serie von Niederlagen und gerät leicht in einen Teufelskreis. Dann besteht das Hauptproblem nicht mehr darin, Arbeitstechniken zu erlernen, sondern Angst und mangelndes Selbstbewußtsein zu überwinden.

Der Schulunterricht muß sich also neu orientieren und das Lernen des Lernens systematisieren. Er muß sich als Apparatur der Wissensvermittlung in Frage stellen und sich auf Problemlösung und Erziehung zum Verständnis konzentrieren. In der Gesellschaft der Zukunft wird Verständnis im Sinne von tieferem Einblick und Erfassen von Zusammenhängen immer mehr gefragt sein. Wir müssen unsere Fähigkeit zur Erkenntnis entwickeln, unsere Intuition gebrauchen, unsere Gefühle verstehen, das Leid anderer mitempfinden können, mit anderen Kulturen leben lernen. Sollte die Schule an ihrem fragwürdigen Monopol festhalten, die Lebenswege der Schüler durch Selektion vorzuprägen, müssen wir ihr unbedingt helfen, ihre Lernkultur drastisch zu verändern. Wir müssen uns von der Fixierung auf möglichst gute Leistungen verabschieden. Um den Wandel der Werte, der hier gefragt ist, zu verdeutlichen, sei ein Vergleich mit der Medizin erlaubt. Ein Arzt muß selbstverständlich fachlich versiert sein und sich kontinuierlich fortbilden, um auf dem laufenden zu bleiben. Aber ein guter Arzt ist auch jemand, mit dem der Patient reden kann, der hinter die Dinge blickt, der Verständnis hat. Somit lautet die Frage: Eignet sich derjenige am besten zum Arzt, der sich allein durch hervorragende Schulleistungen ausgezeichnet hat?

Die Disziplin und Eigenart der Fächer: Die Lerngeschichte der Menschheit manifestiert sich in Fächern. In ihnen ist nicht nur eine unfaßbar große Menge Wissen angehäuft, sondern auch eine je eigene Disziplin, eine fachspezifische Logik erarbeitet worden, sind Verfahren und Modelle entwickelt, ohne die das Fach nicht wirklich verstanden werden kann. Das wird auch in Zukunft so sein. Alle Schüler müssen sich diese Grundlagen der Fachlogik aneignen, d. h. die wichtigsten Begriffe, Verfahren und Denkmodelle kennen. Viele Schüler »pauken« Einzelheiten, aber können sie nicht im Sinne der fachspezifischen Disziplin strukturieren. Wenn wir uns ferner klarmachen, daß die Schule in einem vielfach schnellebigen und oberflächlichen Medienzeitalter den sequenziellen und mühsamen Lernprozeß durchsetzen soll (der sowohl spannend als auch langweilig sein kann), bekommen wir eine Ahnung von der Größe der Aufgabe. Aber vor ihr darf die Schule auf keinen Fall resignieren. In die Disziplin der einzelnen Fächer einzudringen ist nicht leicht und soll es auch nicht sein. Auch die beste, spannendste Vermittlung beseitigt die Schwierigkeiten nicht. Die Schule soll die treue Dienerin *des Wortes* sein. Sie soll der Analyse, den Definitionen, den Konflikten und

Synthesen nicht ausweichen. Sie soll die Schüler motivieren, sich anzustrengen, an die Grenzen ihres Leistungsvermögens zu gehen – gemäß den Voraussetzungen, die der einzelne mitbringt.

Das Lernen des Lernens in Verbindung mit der systematischen Vermittlung der Grundstrukturen und -begriffe der Fächer: das ist es, worauf es in der Schule recht eigentlich ankommt – und immer mehr ankommen wird in dem Maße, wie im Medienzeitalter die Flut der Informationen zunimmt. Ihr sind die Schüler nur gewachsen, wenn sie über einen begrifflichen Rahmen verfügen. Wenn unsere Einschätzung stimmt, daß das soziale Kapital der meisten Schüler schrumpft, ist die Schule um so mehr herausgefordert, diesem Defizit soweit wie möglich abzuhelfen. Wenn sie dabei versagt, ist die Konsequenz klar: Die schwachen Schüler, die mit dem geringsten sozialen Kapital, werden die Verlierer sein. Wer wünscht, daß in der Gesellschaft von morgen Chancengleichheit herrscht, muß heute daran interessiert sein, daß auch sie ihre Fähigkeiten ausschöpfen. Die Schule muß dafür die Rahmenbedingungen schaffen.

Problemorientiertes Lernen: Weil die Gesellschaft, in der wir leben, äußerst komplex ist, müssen die Schüler sich mit Problemen auseinandersetzen, die ein umfassendes Verständnis der jeweiligen Situation erfordern. Die Probleme und Herausforderungen sind oft nicht fachgebunden und entziehen sich daher fertigen fachspezifischen Lösungen. Selbst Spezialisten wissen nur eine Teil- oder gar keine Lösung. Oft kommt es bei der Arbeit nicht auf Lösungen, sondern auf tieferes Verständnis der Probleme an. So wichtig fachliches Verständnis ist, es reicht heute nicht mehr aus und wird in der Welt von morgen erst recht nicht ausreichen. Hier bleibt noch viel zu tun. Howard Gardner behauptet, die meisten Erwachsenen setzten in der Konfrontation mit interdisziplinären Problemen nicht mehr Wissen ein als ein fünfjähriges Kind (GARDNER 1993).

Manche Forscher meinen, viele komplizierte Probleme ließen sich am ehesten durch authentische Lernerfahrungen einer Lösung näherbringen. Dieser Gedanke hat auch den Schulunterricht schon erreicht. Manche Lehrer sind bemüht, authentische, d. h. realitätsbezogene und belangvolle Aufgaben zu stellen, deren Lösung kreatives Denken erfordert und an denen somit die Schüler dieses Denken üben können. Erziehung zum problemlösenden Denken ist eine wichtige Aufgabe der Schule. In vielen europäischen Ländern haben die Berufsschulen seit langem die reale Welt genutzt, indem sie angehenden Handwerkern Gelegenheit gaben, in Betrieben praktische Erfahrungen zu sammeln. Vielleicht können die allgemeinbildenden Schulen von den Berufsschulen einiges lernen, wenn sie Lehrpläne neu durchdenken und dabei überlegen, wie sie junge Leute für Probleme interessieren können, für die es keine vorgefertigten Lösungen gibt.

Kommunikation: Wahrscheinlich wird die Gesellschaft auch weiterhin zu horizontalen Strukturen tendieren, autoritäre und hierarchische werden nicht stark ausgeprägt sein. In einer horizontalen Gesellschaft ist es wichtig, daß man kommunizieren, Probleme im zwischenmenschlichen Bereich meistern sowie Informationen aufnehmen, weitergeben und effektiv nutzen kann. Vor allem die Fähigkeit, mit anderen zu kommunizieren, wird zu einer Schlüsselqualifikation. Interaktion heißt, im Team über die Vorgehensweise zu entscheiden und dann gemeinsam praktische Lösungen auszuarbeiten. Eine Schule, die auf diesem Gebiet kein systematisches Lernen fordert und fördert, bereitet ihre Schüler nicht auf künftige Rollen vor.

Zwischenmenschliche Kommunikation lernen wir vielfach auch im täglichen Leben; dagegen ist nichts zu sagen, und es wird auch in Zukunft so sein. Aber viele Schüler lernen das Kommunizieren nicht einfach dadurch, daß sie in der heutigen Welt leben. Sie sind dem oft rauhen Ton und dem Druck ihrer Clique oder Jugendbande nicht gewachsen oder können zu Hause Konflikte mit den Eltern nicht lösen. Sie brauchen Hilfe, um sich selbst besser zu verstehen. Erst dann können sie die Kontaktfähigkeit entwickeln, die eine Voraussetzung gemeinsamen Lernens ist.

Die mehr technische Seite der Kommunikation ist ebenfalls wichtig. Eine solide Beherrschung der eigenen Sprache ist unerläßlich. Wie wir bereits sahen, haben viele Schüler vom muttersprachlichen Unterricht leider zu wenig profitiert. In der Gesellschaft der Zukunft wird es außerdem immer wichtiger, mindestens eine, besser noch mehrere Fremdsprachen zu können. Englisch ist in der heutigen Welt ein fast selbstverständlicher Imperativ; aber auch Engländer und Amerikaner müssen Deutsch, Französisch oder Spanisch lernen.

Sprachliches Verständnis hängt eng zusammen mit kulturellem Verständnis. Daher gehört eine Einführung in fremde Kulturen auch zu den grundlegenden Kenntnissen und Fertigkeiten. Man kann in einer fremden Sprache nicht wirklich kommunizieren ohne ein Mindestmaß an Verständnis der Kultur, von der diese Sprache ein Teil ist.

Kommunikation geschieht aber nicht nur durch Sprache und Verständnis einer anderen Kultur. In der Gesellschaft von morgen wird es noch wichtiger sein als heute, die Sprache der Datenverarbeitung zu verstehen und Bilder deuten und nutzen zu können. Wahrscheinlich wird der Umgang mit Computern einfacher, und unser Verhältnis zu ihnen wird das des Konsumenten sein. Die Möglichkeiten der EDV gebrauchen zu können wird jedenfalls immer wichtiger. Hier hat die Schule eine Verantwortung, eine Aufgabe freilich, die sie nur in enger Zusammenarbeit mit anderen bewältigen kann (ROLFF 1988).

Im Medium Fernsehen ist das Bild das wichtigste Kommunikationsmittel. Jedes Bild transportiert einen Sinn, der dem Zuschauer oft verborgen bleibt. Die Gefahr der Manipulation durch das Bild ist groß. Von großer Bedeutung ist daher die Fähigkeit zu analysieren, was die Bildmedien vermitteln wollen. Wenn wir bedenken, einen wie großen Teil ihrer Zeit viele Menschen vor dem Fernseher oder Videorecorder verbringen – wobei noch keine Anzeichen für eine Trendwende zu sehen sind –, so leuchtet ein, daß eine Einführung in die Bildanalyse und -interpretation zu den grundlegenden Aufgaben der Schule zählen muß.

In diesem Zusammenhang liegt es nahe, auf die Rolle moderner Technologien in der Schule einzugehen. In manchen Ländern, z. B. in Norwegen, wurden schon früh umfassende Versuche auf diesem Gebiet unternommen, und norwegische Schulen gehören heute weltweit zu den am besten mit Computern und Software ausgestatteten. So konnten die jungen Leute mit Hilfe der Schule computerkundig werden, und nach der raschen kommerziellen Entwicklung ist klar, daß die Informationstechnologie zu Hause wie in der Schule zum selbstverständlichen Bestandteil des Schüleralltags geworden ist. Vor allem die enormen Speicherkapazitäten (z. B. der CD-ROM) und die Möglichkeiten schneller Interaktion zwischen dem Nutzer und den abgerufenen Informationen weisen dem Computer einen wichtigen Platz in der Schule zu.

Die Computertechnologie hat ihren unschätzbaren Wert bei der Simulation konkreter Situationen aus der Arbeitswelt bereits unter Beweis gestellt. Der einzelne Nutzer kann mit ihrer Hilfe Ideen und Möglichkeiten durchspielen, deren Prüfung einst jahrelange Übung und Erfahrung erforderte. Andererseits hindert sie ihn auch nicht, dabei Wege zu begehen, die sich als Sackgassen erweisen.

Die Schule wird zwangsläufig immer mehr in Wettbewerb mit dem rasch wachsenden häuslichen Markt treten. Viele Wohnungen sind mit Computern, Modemen, Faxgeräten, Mailboxen etc. schon veritable elektronische Stationen, die mit der ganzen Welt kommunizieren können. Das sogenannte *Edutainment*-Konzept sucht Unterhaltung und Lernen auf eine neue, interessante Weise zu verbinden. Um so mehr Grund hat die Schule, sich von dieser Entwicklung nicht abzukoppeln.

5.3 Wissen und Verstehen

Man kann »Verliebtheit« unter allen möglichen theoretischen Aspekten studiert haben: aus theologischer, anthropologischer, psychologischer und biologischer Sicht. Möglicherweise *weiß* man dann alles, was es über Verliebtheit nur zu wissen gibt. Aber man *versteht* Verliebtheit nicht, wenn man nicht selbst verliebt gewesen ist.

Unsere Schulkultur beruht auf dem Mißverständnis, daß Verstehen und Wissen das gleiche sind. In der Schule lernen wir, ein Phänomen zu beschreiben und zu erklären. Dann »wissen« wir es und »haben es verstanden«. Aber damit hat die Schule die jungen Menschen noch bei weitem nicht zum Verstehen geführt. Denn Verstehen ist viel mehr. Es fängt erst an, wenn wir das Gelernte in einen für uns wichtigen Zusammenhang einordnen können, wenn es einen *Sinn* für uns hat, wenn es zu Entdeckungen führt und Engagement bewirkt, wenn es Einfühlung und Mitempfinden bedeutet. Es hat auch mit der praktischen Umsetzung von Kenntnissen zu tun. Das heißt nicht, daß »bloßes« Wissen unwichtig wäre. Es ist mit dem Verstehen im genannten Sinne untrennbar verbunden, ist seine unerläßliche Voraussetzung.

Eine übermäßige Betonung theoretischer Kenntnisse kann uns leicht vom Wesentlichen ablenken. Vielleicht kann man sagen, daß die heutige Generation mehr weiß als irgendeine Generation vor ihr; aber es ist durchaus nicht sicher, daß sie mehr versteht. Etwas über Armut wissen bedeutet nicht zugleich verstehen, was es heißt, arm zu sein. Wir können viel über die Welt, die uns umgibt, wissen und dennoch wenig von ihr verstehen. Auf dem Fernsehschirm flimmern jeden Abend Bilder aus der ganzen Welt vor unseren Augen. Die Schule hat hier eine große Aufgabe. Sie muß dazu beitragen, das Weltpuzzle zusammenzufügen, es zu beschreiben, zu erklären und den Schülern zu helfen, ihm einen Sinn abzugewinnen.

Sollen die Schüler zu wirklichem Verstehen gelangen, müssen sie das, was sie sich formal angeeignet haben – Kenntnisse, Erklärungen, Einsichten – verinnerlichen. Es genügt z. B. nicht zu lernen, wie die Faktoren eines Ökosystems zusammenwirken; hinzukommen muß ein kritisches ökologisches Verständnis. Jugendliche wie Erwachsene müssen sich in die Arbeit zur Erhaltung der Umwelt direkt einschalten, indem sie z. B. in den Naturschutzorganisationen mitarbeiten.

Lernen ist sowohl Aneignung von Wissen als auch Gewinnung von Einsichten und Herstellung eines persönlichen Bezugs zu wichtigen Gegenständen. Das Problem des schulischen Lernens liegt darin, daß sein Sinn oft schwer zu fassen ist, weil die Schüler, wenn sie das Klassenzimmer verlassen

haben, den Phänomenen nicht direkt begegnen. Das führt zu oberflächlichem Lernen, schwacher Motivation und Verzicht auf Vertiefung in ein
Problem. Merkwürdigerweise weiß jeder, daß das Lernen im täglichen Leben
ganz anders abläuft als das schulische Lernen; denn es findet in einem
natürlichen Kontext statt. Dieser Zusammenhang mit dem wirklichen Leben
und seinen Problemen fehlt der Schule. Statt dessen legt sie Wert auf
Pflichterfüllung, auf ein bestimmtes Verhalten, auf Theorie, die anknüpft an
erdachte Aufgaben.

Die Schule kämpft mit zwei Problemen: der *Zeit* und dem *Raum.* Wie oft
haben wir nicht in der Schule gehört (und als Lehrer gesagt!): »Das wirst du
später im Leben gebrauchen können.« Der springende Punkt ist die Verschiebung: Jetzt, da du jung bist, mußt du dich durch vieles hindurch-
kämpfen; aber du wirst es verstehen, wirst es gebrauchen können, dankbar
dafür sein – später im Leben. Aber die Schule darf sich nicht einseitig auf
dieses Argument zurückziehen – ganz abgesehen davon, daß es oft nicht
stimmt. Die Schüler müssen schon heute mit wirklichen Problemen konfrontiert werden.

Ein zweites Problem der Schule ist, wie gesagt, der Raum, genauer: die Ent-
fernung. Wir sind in der Schule nicht am Ort des Geschehens. Während die
Welt auf die jungen Leute einstürmt, ist die Schule allzuoft isoliert. Während
wir vom Schutz der Umwelt reden und theoretische Rahmen schaffen, ist die
Wichtigkeit der Ökologie eine offenkundige Realität. Die jungen Leute
werden oft von dem beansprucht, was die Schule von ihnen fordert, was aber
ihrer Lebenswelt fernliegt. Das ist sicher einer der wichtigsten Gründe dafür,
daß sie ihre Energien in viel stärkerem Maße anderen Dingen widmen als
dem Lernen für die Schule, die daher mit ihren Bemühungen wenig Erfolg
hat. Sie finden den Abstand zwischen Theorie und Wirklichkeit zu groß.
Manche Schüler leben intensiv in einem modernen, pulsierenden internationalen Pop- und Jugendmilieu, andere engagieren sich für Naturschutz,
wieder andere für ihre Glaubensgemeinschaft oder den Sport. In den meisten
Schulen dagegen ist alles, wie es immer war, und so zweigen die jungen Leute
nur einen bescheidenen Teil ihrer Motivation und Energie für die Schule ab.
Selbst die Pflichtbewußten erfüllen in der Regel nur einen Minimalvertrag.
So werden erhebliche Ressourcen vergeudet.

Zum Glück gibt es in manchen Ländern dennoch viele Beispiele dafür, daß
Schulen sich in ihrem Umfeld engagieren, daß sie praktische Projekte fördern, bei denen die Schüler nicht nur mit ihrem Intellekt, sondern mit ihrer
ganzen Person gefragt sind. Norwegische Schulen etwa sind in dieser Hinsicht vorbildlich. Sie fordern, daß die Schüler sich im Sinne eines Lernens
durch Teilhabe außerhalb der Schulräume engagieren, sei es in lokal-

historischen Projekten, im Umweltschutz, in Aktionsgruppen etc. (DALIN und SKRINDO 1983).

Wollen Schulen ihre Isolation mit Erfolg durchbrechen, müssen sie sich mit den freiwilligen Organisationen verbünden – solchen des Musiklebens, des Naturschutzes, der Betreuung von Immigranten, der Politik. Soll die nächste Generation die enormen Herausforderungen bestehen, mit denen sie konfrontiert sein wird, so braucht sie in erster mehr Verständnis – im aktiven Sinne des Wortes: Fähigkeit zum Verstehen. Die jungen Leute müssen ihre ganze Person einsetzen können, sie müssen verstehen, ehe sie handeln. Wollen wir im nächsten Jahrhundert eine Welt schaffen, die sicherer ist als die heutige, eine Welt mit weniger Not und mehr Gerechtigkeit, so brauchen wir sicher mehr Wissen, aber vor allem mehr Verständnis.

Will die Schule mehr sein als eine mit Büchern gefüllte Denkfabrik, so muß sie diese Herausforderung annehmen. Vor allem gilt es zu erkennen, daß dies ein neues Verständnis ihrer Rolle einschließt.

Unabhängigkeit und Verantwortung: Jugendliche werden heute früher als noch vor einem halben Jahrhundert körperlich erwachsen, und oft bekommen sie früher die persönliche Verantwortung für das Leben, das sie außerhalb der Schule führen. Zugleich sind sie länger als früher von den Eltern finanziell abhängig. Das ergibt sich aus verlängerten Ausbildungsgängen und den Schwierigkeiten, Arbeit zu finden.

Will die Schule sich ernstlich bemühen, nicht nur Kenntnisse zu vermitteln, sondern auch zu Einfühlung und Verständnis zu erziehen, muß sie den Schülern mehr Verantwortung für das eigene Lernen und das Lernen anderer übertragen. Das ist der Hauptgedanke der Untersuchungen, die für ein *Lernen durch Teilhabe* plädieren (DALIN und SKRINDO 1983). Eng damit verbunden ist eine Bewegung für *Lernen durch Zusammenarbeit,* d. h. eine systematische Förderung des Lernens in Gruppen (JOHNSON, JOHNSON und HOLUBEC 1991). Beide Bewegungen stehen beispielhaft für einen Unterricht, der mehr Verständnis möglich macht.

Nähe und Zugehörigkeit: Viele Schüler sind verunsichert und haben wenig Selbstgefühl, weil ihre Eltern und andere Erwachsene ihnen die Nähe vorenthalten, die sie brauchen. Das Empfinden, allein zu sein, verlassen in einer feindseligen Welt, zieht sich wie ein roter Faden durch die Briefe vieler Kinder und Jugendlicher, die die Osloer Zeitung *Aftenposten* regelmäßig in der Spalte *På skråss med Simon* veröffentlicht. Es trägt bei einem Teil der Schüler zum Zusammenbruch der Lernmotivation bei.

Sollen die Kinder in seelischer Gesundheit aufwachsen und dabei Verständnis entwickeln, müssen sie Nähe und Zugehörigkeit empfinden. Früher konnte man voraussetzen, daß die meisten in Elternhaus und Nachbarschaft diese Nähe erfuhren; aber die Schwächung des sozialen Kapitals erlaubt nicht mehr diese Annahme. So ist wiederum die Schule in die Verantwortung gerufen: ein weiteres Beispiel für die Verschiebung der Aufgaben vom Elternhaus zur Schule. Gerade diese Herausforderung mag befremden; aber die Entwicklung ist wohl unvermeidlich. Wir haben noch kaum begonnen zu durchdenken, was sie für die Schule bedeutet.

Rollenmodelle: Kinder und Jugendliche brauchen Rollen als Modelle, an denen sie sich orientieren können. In der heutigen Gesellschaft fehlt es oft an Personen, die als Modelle dienen können. Viele Väter verbringen den größten Teil ihrer Zeit ohne die Familie. Die Mütter arbeiten oder sind so mit anderen Dingen beschäftigt, daß die Kinder sich selbst überlassen sind. Zum Glück finden manche Kinder bei ihren Kindermädchen oder in den Kindertagesstätten, Horten und Kindergärten geeignete Rollenmodelle; aber viele sind in ihrer Kindheit und Jugend fast immer in der Gesellschaft Gleichaltriger, und diese geben dann die Modelle ab, unterstützt von der Unterhaltungsindustrie und einer professionell vermarkteten Jugendkultur.

Das Problem dabei ist, daß die Gleichaltrigen selten die Einsicht und Einfühlung besitzen, die junge Leute brauchen, wenn sie Verständnis entwickeln sollen. Und auch die Erwachsenen, mit denen sie zu tun haben, sind vielfach unsicher und verfügen vielleicht nicht über die Erfahrungen, die für die Jungen wichtig sind. So stehen sie allein da, ohne klare und positive Rollen, die von Älteren vorgelebt werden.

Damit ist der Lehrer herausgefordert, durch sein tägliches Wirken eine solche Rolle auszufüllen. Das heißt, er muß sich natürlich geben, sich nicht verstellen, er selbst sein – und sich dennoch der Aufgabe bewußt bleiben. Die jungen Leute brauchen keine Funktionäre, sondern Menschen, am besten verschiedene, so daß sie unter mehreren Werten und Modellen wählen können.

5.4 Konsument und Produzent

In der Gesellschaft der Zukunft wird der wichtigste Unterschied nicht der zwischen Wohlhabenden und Armen sein, auch nicht der zwischen Schülern mit guten und schlechten Noten. Entscheidend wird der Gegensatz zwischen der großen Gruppe derjenigen, die vor allem eine *Konsumentenrolle* spielen, die sich nach dem richten müssen, was andere anbieten, und andererseits den relativ wenigen, die die Gesellschaftsentwicklung als *Produzenten* prägen. Mit Produzenten sind hier weniger die von Waren und Dienstleistungen gemeint als vielmehr die von Ideen und neuen Einsichten, also Künstler, Politiker, Forscher, aber auch die Anbieter neuer Dienste, z. B. in der Freizeit- und Tourismusbranche. Sie sind *Gestalter* der Gesellschaft, die anderen sind *Empfänger*. Viele sind dies fast immer. Ihre Rolle ist das Kaufen und Verbrauchen von Dingen, die Produzenten in ihrer Weisheit als für sie geeignet erklärt haben.

Eines der Charakteristika der heutigen Welt ist die viele Zeit, die den meisten für Konsum aller Art zur Verfügung steht. Deshalb ist es wichtig, ein kritischer Konsument zu werden. Dazu muß die Schule beitragen. Noch wichtiger ist die Aufgabe, die Anlagen jedes einzelnen zum Produzieren so weit wie möglich zu entwickeln, also Kreativität, Problemlösungsdenken und kritische Fähigkeit anzuregen und zu fördern. Das ist nicht leicht in einer Schule, die »das Pensum schaffen« möchte, in der wenig Zeit zum Nachdenken bleibt, wenig Zeit zu Abschweifungen, zu kritischer Diskussion, zur Entdeckung, Anerkennung und Förderung des Besonderen eines jeden Schülers.

Vieles von dem, was heute in den Klassenzimmern abläuft, ist »Konsum von Pensum«, eine oft unkritische Aneignung feststehender Kenntnisse. In den Tests und Klassenarbeiten wird geprüft, wie gut die Schüler sich erinnern, ob sie das Gelesene oder im Unterricht Aufgenommene wiederholen und anwenden können. Ein Schüler kann mit relativ guten Ergebnissen durch die Schule kommen, ohne sonderlich viel zu verstehen, ohne über das, was sich aneignet, nachzudenken oder es kreativ umzusetzen. Die Schule selbst hat oft ein unkritisches Konsumverhältnis zum Wissen, und das gibt sie an die Schüler weiter. Vielleicht ist dies der größte Bärendienst, den sie ihnen erweisen kann. Was können wir aber tun, um die jungen Leute besser auf eine kreative Rolle in der künftigen Gesellschaft vorzubereiten?

Produzenten können sie auf vielen Gebieten und auf viele verschiedene Arten sein. Manchmal ist Produktion etwas rein Mechanisches und Unschöpferisches, wie etwa in der Industrie. Aber sie kann, wie gesagt, auch viel mehr sein. Wir gebrauchen die Bezeichnung für alle Aktivitäten, die die Gesellschaft voranbringen, die innere Beteiligung, Engagement und Kreativität wecken. Produzenten sind keine Zuschauer, sie machen selbst etwas. Produzenten sind keine Sklaven des Fernsehens, sie handeln. Sie hören nicht bloß Radio, sondern sagen auch, was sie selbst denken, und regen so einen sinnvollen Meinungsaustausch an.

5.5 Kreative Problemlösung

Wir sprachen vom Lernen des Lernens, von der Fähigkeit zu systematischem Denken, von Motivation, vom Lernen durch Teilhabe und von praktischen Aufgaben, die den Schülern Verantwortung abverlangen. Das alles hängt eng zusammen. Probleme, die bei bloß konstruierten Aufgaben anfallen, bekommen leicht einen Anstrich von Trockenübung, der auf die Dauer verflachend wirkt. Umgekehrt kann die Lösung wirklicher, konstruktiver Aufgaben nicht nur einen unmittelbaren praktischen Sinn, sondern auch fortwirkende Konsequenzen haben.

Problemlösendes Lernen ist ein Grunderfordernis. Es ist von wesentlicher Bedeutung, das schulische Lernen enger an Situationen zu binden, die nach Problemlösungen verlangen, welche das Wissen der Schüler übersteigen. Zu *Produzenten* werden sie nur, wenn sie gefordert werden durch Aufgaben, die sich nicht einfach und eindeutig lösen lassen.

Nun ist es nicht leicht, im täglichen Unterricht gute Problemlösungsaufgaben zu finden. Deshalb dürfen Lehrplan und Stundenplan sich nicht nur an den traditionellen Fächern und ihren Standardproblemen orientieren, sondern die Klassen müssen regelmäßig in der Schule und ihrem Umfeld konkrete Aufgaben übernehmen, die sowohl eine theoretische als auch eine praktische Annäherung erfordern. In dem Buch *Der musische Mensch* (Det musiske menneske) analysiert Roar Bjørkvold das norwegische Bildungssystem und zeigt, daß die Schulen eine wichtige Dimension des Menschen, nämlich seine schöpferischen Fähigkeiten, stark vernachlässigen. Diese, wie etwa die musischen und choreographischen, hängen mit der Fähigkeit zur Verantwortung, Unabhängigkeit und zur Produzentenrolle eng zusammen. Indem wir in uns hineinhorchen, Fortschritte als Produzenten zu machen suchen, können wir uns selbst und die Gemeinschaft am meisten bereichern (BJØRKVOLD 1993).

Bjørkvold hebt auch hervor, daß gerade Teenager ein Bedürfnis haben, persönliche Grenzen oder die geltenden Normen zu sprengen, sich in das Unbekannte hinauszuwagen, etwas Spannendes zu erleben, sich völlig zu verausgaben. In Abgrenzung gegen die Milieus, in denen diese Grenzüberschreitungen mit Drogenkonsum einhergehen und in Tragödien münden können, will Bjørkvold der Jugend spielerischen Umgang mit Verhaltensformen und Normen unter anderen, sozial akzeptierten Bedingungen ermöglichen. Vielleicht ist das unrealistisch. Aber die monotone, zur Passivität verleitende Wirklichkeit, der die Jugendlichen sonst ausgesetzt sind, und das nicht zuletzt in den Klassenzimmern, ist jedenfalls keine gute Alternative.

5.6 Aktive Wahl von Werten

Die Gesellschaft der Zukunft wird vielleicht noch mehr konsumorientiert sein als die heutige. Wollen wir uns in ihr als unabhängige Menschen behaupten, müssen wir kritisch sein. Wir müssen wissen, warum wir wählen oder nicht wählen. Das können wir nur auf der Grundlage klarer Wertvorstellungen. Die Schulen der Zukunft müssen den Schülern helfen, eine klare moralische Orientierung zu gewinnen, und diese muß auf die soziale Wirklichkeit bezogen sein. Den Sinn der Orientierung an Werten werden die Schüler nur erkennen, wenn sie Praxis und Theorie zusammen erfahren. Ohne einen praktischen und theoretischen Ethikunterricht entstünde in ihrem Bewußtsein eine Leerstelle. Sie könnten leicht zu Sklaven der Konsumgesellschaft und starker wirtschaftlicher, politischer und ideologischer Interessen werden. In einer pluralistischen Gesellschaft entgeht der einzelne angesichts der vielen Wahlmöglichkeiten nur dann der Verwirrung, wenn er seine Entscheidungen sowohl reflektiert als auch praxisorientiert treffen kann (KÜNG 1990).

In der Gesellschaft der Zukunft werden religiöse, politische und wirtschaftliche Interessen noch mehr als heute konkurrieren. Eine der wichtigsten Aufgaben der Schule muß es daher sein, die jungen Menschen zur bewußten Wahl von Werten zu befähigen, damit sie als freie und unabhängige Menschen in einer komplizierten Welt bestehen können. Die Schule ist vielleicht die einzige Institution, die keine eigenen wirtschaftlichen, politischen oder ideologischen Interessen hat. Daher ist sie geradezu prädestiniert, die Schüler auf aktives, unabhängiges Wählen vorzubereiten.

6. Das fachliche Niveau

Schulen sollten Zentren guter Leistungen sein, in denen das fachliche Niveau der Maßstab des Erfolges ist. In diesem Kapitel suchen wir den Begriff *fachliches Niveau* zu klären und fragen nach dem besten Weg zu fachlichem Verständnis. Dabei geht unser Interesse über Fragen des Typs »Welche sonstigen Städte in Belgien kennst du?« hinaus. Wir wollen die z. T. polemisch geführte Diskussion des Niveaubegriffs hinter uns lassen, wegkommen von Schlagworten wie fachgebundenes versus fächerübergreifendes Lernen oder oberflächliches Lernen versus Tiefenlernen. Vielmehr wollen wir uns auf einige grundsätzliche Überlegungen zum Begriff *Niveau* konzentrieren.

Soll die Schule den Aufgaben gewachsen sein, mit denen das nächste Jahrhundert uns in puncto Bildung und Ausbildung konfrontieren wird, müssen wir zunächst einige ganz elementare Fragen klären: Was heißt es eigentlich, etwas zu wissen? Was meinen wir mit exemplarischem Wissen? Was ist authentisches Wissen? Worin unterscheidet sich das Lernen im Alltag vom Lernen in der Schule? Wie geschieht überhaupt Lernen? Können wir denken und argumentieren lernen, ja können wir lernen lernen? – Wir wollen im folgenden unsere Auffassung von Wissen und Lernen darlegen und damit eine Grundlage schaffen für die Erörterung der Frage, was man im 21. Jahrhundert unter einer guten Schule zu verstehen hat (vgl. das letzte Kapitel).

In Kapitel 5 suchten wir *Wissen* und *Verstehen* gegeneinander abzugrenzen und betonten, die primäre Aufgabe von Erziehung und Unterricht sei die Hinführung zum Verstehen. Im folgenden wollen wir genauer untersuchen, was Wissen heißt.

6.1 Was ist Wissen?

Nach Touko Voutilainen ist Wissen im Unterschied zur Täuschung (die unwahr ist) und zur Vermutung (die nicht eindeutig geklärt werden kann) eine *wohlbegründete und wahre Vorstellung*. Wissen ist dynamisch, nicht statisch; der Lernende ist daher kein Empfänger, sondern er eignet sich Kenntnisse durch aktives, kritisches Handeln an. Wissen gehört in einen Zusammenhang, und es wird für den Lernenden sinnvoll erst, wenn er zu seiner eigenen Erfahrung, seinem Nachdenken und praktischen Handeln einen Bezug herstellt (VOUTILAINEN 1989).

Gunilla Svingby unterscheidet *Oberflächenlernen* und *Tiefenlernen* (vgl. S. 123 f.). Das Tiefenlernen hat mit dem Erkennen von Beziehungen, mit ganzheitlichem Denken und Verständnis zu tun. Mit bloßem Faktenwissen kann ein Schüler zwar einen Test oder eine Prüfung bestehen; aber dieses Wissen ist im Leben und auf dem Arbeitsmarkt nicht gefragt. Kenntnisse, Hypothesen und Meinungen bekommen erst durch systematisches Nachdenken Sinn. Es gibt eine Wissens-, eine Fertigkeits- und eine Evaluationsdimension des Tiefenlernens (SVINGBY 1993).

Ein so verstandenes Wissen und Lernen sprengt die Grenzen des herkömmlichen Fachunterrichts. Gefragt sind Kenntnisse, die die Lösung komplexer interdisziplinärer Probleme ermöglichen. Der Philosoph Jürgen Mittelstraß plädiert für ein kreativeres, problembezogenes und ganzheitlich orientiertes Wissen. Er meint, daß der Fachunterricht eine große Schwäche hat, da er die Fächer voneinander isoliert und sie ihres Entwicklungspotentials beraubt. Interdisziplinäres Lernen ist kein Ersatz, sondern eine sinnvolle Erweiterung fachgebundenen Lernens (MITTELSTRASS 1993).

Mittelstraß setzt sich zugleich für einen klaren, elementaren und exemplarischen Fachunterricht ein. Die Kenntnis einzelner Fakten ist notwendig, aber sie müssen Sinn haben und daher in einen Zusammenhang gestellt und als authentisch verstanden werden. Ziel des Unterrichts sollte sein, die Schüler mit Lernsituationen zu konfrontieren, die denen des realen Lebens möglichst ähneln. Im Rahmen des Unterrichts der meisten Fächer ist das schwierig, und es wird durch die Organisation des Schultages nicht einfacher. Hier liegt wohl einer der Gründe dafür, daß schulisches Lernen so ganz anders ist als das Lernen im Alltag.

Nach Newmann und Wehlage ist authentisches Lernen durch die folgenden Merkmale gekennzeichnet:

1. Es erfordert ein hohes Maß an ordnendem Denken, da die Schüler Informationen bearbeiten, Tatsachen zu Ideen in Beziehungen setzen, verallgemeinern und Synthesen bilden, Hypothesen formulieren und Schlüsse ziehen sollen.

2. Es führt zu einem Tiefenwissen, das die Schüler in die Lage versetzt zu argumentieren, Probleme zu lösen, Erklärungen zu finden und sich auf einige wenige Probleme zu konzentrieren und diese gründlich zu behandeln.

3. Es ermutigt die Schüler, sich mit wirklichen Problemen der Gesellschaft zu beschäftigen und dabei von eigenen Erfahrungen auszugehen. Die

Aufgaben müssen einen über die rein intellektuelle Bewältigung hinausweisenden Sinn haben und den Schülern das Gefühl geben, daß ihre Arbeit wichtig ist.

4. Es führt zu einem echten Dialog, einer Kultur des Zuhörens, in der die Meinungen anderer geachtet, Ideen ausgetauscht, analysiert und verworfen und gemeinsame Ideen produktiv umgesetzt werden.

5. Es fördert die Arbeit der Schüler, indem es hohe Erwartungen in sie setzt, sie wenn nötig unterstützt und zu einer Atmosphäre gegenseitigen Verstehens beiträgt (NEWMANN und WEHLAGE 1993).

Das authentische Lernen kommt dem Konzept recht nahe, das wir vor einigen Jahren in dem Buch *Lernen durch Teilhabe* vorgestellt und das wir in Kapitel 5 kurz skizziert haben (DALIN und SKRINDO 1983; vgl. S. 129 f.). Der wichtigste Unterschied zum authentischen Lernen ist unsere These, daß die Schüler persönliche Verantwortung für ihr Lernen und für die Arbeit, die sie für andere verrichten, übernehmen müssen.

Lernen ist ein zutiefst persönlicher Prozeß. Es ist kaum möglich, Wissen im oben erläuterten Sinne von einer Person auf eine andere zu übertragen. Lehrer können lediglich die Denkprozesse ihrer Schüler *anregen*, sie befähigen, nach und nach einen persönlichen Wissensfundus aufzubauen. Dabei hat jeder seinen individuellen Bezugsrahmen. In jedem Menschen werden schon im frühen Kindesalter Grundstrukturen des Denkens angelegt, von denen er in hohem Maße abhängig bleibt, die aber fortentwickelt und ausgeweitet werden können. Das führt uns zurück zu der schon im vorigen Kapitel aufgeworfenen Frage: Kann man das Lernen lernen?

Zwei Schulen beherrschen die Debatte zu diesem Thema. Die eine behauptet, Denken sei losgelöst von einem bestimmten Fach lernbar. Edward de Bono vom »Cognitive Research Trust« der Universität Cambridge in Großbritannien ist ein bekannter Vertreter dieser Richtung, und er und andere verweisen auf eine Reihe positiver Ergebnisse der planmäßigen Anleitung zum Denken. Die andere Schule sagt, systematisches Denken könne nur im Unterricht eines Faches erlernt werden, ja das Begreifen der Eigenart und Struktur eines Faches sei das, worauf es beim Lernen recht eigentlich ankomme. – Wir wollen in diesem Streit nicht Partei ergreifen. Wir meinen, daß keine der beiden Vorgehensweisen verworfen werden sollte, da beide ihre Brauchbarkeit unter Beweis gestellt haben. Wir haben die Sache nur erwähnt, um zu unterstreichen, daß es möglich ist, jungen Menschen beim Lernen des Lernens zu helfen. Wer dabei ihr jeweiliges Entwicklungsstadium berücksichtigt und möglichst früh anfängt, bietet ihnen die beste nur denkbare Vorbereitung auf eine ungewisse Zukunft.

6.2 Das Lernen in der Schule und das Lernen im Alltag

Erfolg in der Schule ist selten dem Erfolg im Leben direkt proportional. Ein gewissenhafter, in der Schule erfolgreicher Schüler muß nicht unbedingt in der Schule des Lebens ebenso tüchtig sein. Nicht immer läßt Theorie sich praktisch umsetzen. Alltagskenntnisse und praktische Fertigkeiten können, streng wissenschaftlich gesehen, »falsch« sein; aber sie funktionieren in der Praxis. Andererseits verfügen manche Gelehrte über immense wissenschaftliche Kenntnisse und beherrschen eine hochkomplizierte Materie; aber damit ist über ihre Fähigkeit, mit Problemen des Alltags fertig zu werden, noch nichts gesagt. Lehrer halten alles, was sie in der Schule lehren, oft ganz selbstverständlich für gut und nützlich und sagen das auch den Schülern, um sie zum Lernen anzuhalten. Nimmt man die Gesellschaft im ganzen, so sind die Haltungen zur Schule sicher weniger positiv. Die Skepsis erstreckt sich auf alles: *was* die Schule vermittelt, *wie* sie es vermittelt und wie relevant und *nützlich* das Schulwissen letztlich ist. Und diese Skepsis wird beim Gedanken an die weithin unbekannte Welt der Zukunft nicht geringer.

Soll die Schule als primärer Lernort für Kinder und Jugendliche erhalten bleiben, so ist zunächst ihre Rolle im Verhältnis zu anderen Akteuren auf dem Lernmarkt zu klären, und ferner muß die Qualität ihres Wirkens erhöht werden. Unsere Hauptthese dazu lautet, daß es mehr Qualität nicht geben wird ohne einen breiteren Konsens über die primären Aufgaben der Schule, neue Kompetenzen der Lehrer und eine neue Organisation der Ressourcen.

Wird die Schule als eine Einrichtung zur Organisation der grundlegenden Lernprozesse definiert, so müssen die Lehrer sich klarmachen, was diese Prozesse von ihnen fordern. Zum Maßstab von Lerninhalten und -zielen wird die Frage, ob sie geeignet sind, die Schüler zum Tiefenlernen zu führen. Eine primäre Aufgabe der Schule ist die Entwicklung von Unterrichtsprogrammen, Lehrplänen und organisatorischen Strukturen, die um das Tiefenlernen zentriert sind.

Kinder und Jugendliche werden in ihrer Entwicklung oft vor Aufgaben gestellt, die mehr von ihnen fordern, als sie in der Schule gelernt haben. Wenn die Schule überleben will, muß sie anfangen, *diesen* Forderungen ihre Aufmerksamkeit zuzuwenden. Dazu gehört, daß sie den Schülern hilft, denken zu lernen. Wenn sie das im herkömmlichen Fachunterricht leistet, um so besser; wenn nicht, so müssen einige Fächer entweder anderen Aktivitäten der Schule weichen, oder sie nehmen die Herausforderung an.

Ein in diesem Sinne verstandenes Lernen kann sich auf eine umfangreiche Literatur stützen. Vor allem ist hier Lauren B. Resnicks Arbeit über schulisches Lernen und Alltagslernen zu nennen. Die folgende Darstellung beruht hauptsächlich auf Forschungen von J. Anderson, R. Tyler, J. Brophy und R. Marzano (MARZANO und DOLE 1983).

Wollen wir die Rolle der Schule als Wissensvermittler verstehen, müssen uns die Unterschiede zwischen schulischem Lernen und Lernen im Alltag klar bewußt sein. Die hierzu vorliegenden Forschungsergebnisse lassen sich folgendermaßen kurz zusammenfassen:

1. Die Schule setzt hauptsächlich auf individuelles Lernen, während das Lernen außerhalb der Schule meist in Gruppen geschieht, als Interaktion mehrerer Personen mit sehr verschiedenen Eigenschaften und Ressourcen. Das Lernen in einem Betrieb etwa läßt sich am besten beschreiben als ein System, organisiert als Netzwerk von Individuen und Gruppen, die sich im Dienste bestimmter Aufgaben voneinander abhängig machen. Ein einzelner kann nicht ein Schiff in den Hafen steuern, dazu bedarf es einer Mannschaft. Der individuelle Erfolg bei solchen Aufgaben bemißt sich nicht nur nach der eigenen Anstrengung, sondern auch nach der der anderen sowie danach, wie die Gruppe physisch, intellektuell und emotional harmoniert. Das Wissen allein reicht nicht aus.

2. In der Schule geht es um begriffliches Lernen, außerhalb der Schule ist Lernen oft an Werkzeuge oder andere Hilfsmittel gebunden. Die Schule belohnt den reinen Gedanken ohne Praxisbezug; im täglichen Leben haben neue Hilfsmittel, z. B. die EDV, unseren Bedarf an Wissen drastisch verändert, so daß *nützliche Kenntnisse* ganz neu definiert werden müssen. Die Entwicklung hat auch dazu geführt, daß der gewöhnliche Bürger ohne nennenswerte Detailkenntnis recht komplizierte Aufgaben bewältigen kann, sofern nur das System, mit und in dem er arbeitet, »intelligent« ist. Gute Praktiker sind heute noch mehr im Vorteil als früher, weil sie dank der modernen Hilfsmittel noch effektiver Probleme lösen, ihre Intuition gebrauchen und Entscheidungen treffen können.

3. In der Schule ist der Gebrauch von Symbolen wichtig, während Lernen außerhalb der Schule in einem praktischen Kontext steht. In der Schule lernt man Regeln, mit deren Hilfe Aufgaben gelöst werden, die eigens erdacht wurden, um die Brauchbarkeit und Nützlichkeit der Regeln zu erweisen. Es kommt darauf an, *die Regeln zu können.* Sie helfen den Schülern, sich innerhalb der gegebenen Paradigmata zu orientieren, aber sie fordern kaum zum selbständigen Denken und zur Lösung von Problemen im praktischen Leben auf. Außerhalb der Schule gebrauchen wir nur selten dieselben Regeln wie in der Schule, selbst wenn die Probleme ähnlich sind. Es gibt daher viele Menschen, die im Leben gut zurechtkommen und praktische Probleme ohne Mühe lösen, aber in der Schule bei weitem nicht so erfolgreich waren. An einer Situation, die Olivia de la Rocha beobachtet hat, wird das beispielhaft deutlich: Ein

Kind sollte herausfinden, wieviel drei Viertel einer zu zwei Dritteln mit Hüttenkäse gefüllten Tasse waren. Es walzte den Käse zu einem runden Pfannkuchen aus, zerschnitt diesen in vier gleich große Teile und füllte drei davon wieder in die Tasse. Es kam ganz ohne Arithmetik aus, und die meisten Menschen würden wohl bei einem solchen Problem auf ihren gesunden Menschenverstand zurückgreifen. Wieviel von dem, was Schüler in der Schule lernen, können sie jemals im Alltag verwenden? Sollte der gesunde Menschenverstand zum didaktischen Kriterium werden, und wenn nicht, welches sollten die Kriterien sein (MARZANO und DOLE 1983)?

Schulen haben eine Tendenz zur Verallgemeinerung und zu theoretischen Prinzipien. Diese Art des Lernens macht nur dann Sinn, wenn sie auf konkrete Situationen bezogen wird. Es ist aber eine Tatsache, daß nur ein sehr kleiner Teil des Schulwissens im Alltag direkt umgesetzt werden kann, und andererseits bewähren sich unsere alltäglichen Vorstellungen oft selbst dann, wenn sie strenggenommen »falsch« sind.

6.3 Eine Verteidigung des schulischen Lernens

Wozu brauchen wir bei dieser Sachlage das Schulwissen? Zunächst einmal wissen wir, daß situationsspezifische Kenntnisse unsere Möglichkeiten begrenzen. Die einschlägige Forschung hat nachgewiesen, daß gute Schüler, wenn sie mit neuen Problemen konfrontiert werden, nur selten die allgemeinen Algorithmen gebrauchen, die sie in der Schule gelernt haben; aber eher als andere finden sie neue Methoden zur Lösung der aktuellen Probleme. Menschen können das, was Maschinen nicht können: eine Situation *von außen* betrachten und durchdenken.

Aus mehreren Untersuchungen geht ferner hervor, daß derjenige komplexe Probleme besonders gut bewältigt, der eine klare »mentale Karte« besitzt, ein Modell, das die Einzelheiten strukturiert. Kurt Lewin hat einmal gesagt, nichts sei so praktisch wie eine gute Theorie. Das ist ein wichtiges Argument zur Rechtfertigung der Schule: Sie kann Karten liefern, nach denen wir im Leben Kurs halten können. Daß die Karten nicht immer zum Gelände passen, ist kein Grund, ganz auf sie zu verzichten. Eine ähnliche Orientierungsfunktion haben solide Fachkenntnisse. Wie die Karten versetzen sie uns in die LAGE, Informationen sinnvoll zu sortieren und uns so einen Ausschnitt der Welt zugänglich zu machen. Der ständige Kampf der Medien um unsere Aufmerksamkeit müßte zu einem Gefühl der Ohnmacht und Hilflosigkeit führen, wenn wir nicht eine solide fachliche Basis und mentale Karten als Bezugsrahmen hätten. Ein breites Allgemeinwissen ist heute nötiger denn je;

seine Bedeutung wird gerade auch in der Beraufsausbildung und in der Arbeitswelt immer offenkundiger.

Das Lernen in der Schule ist nicht mehr damit zu begründen, daß Schulkenntnisse im praktischen Leben wichtiger wären als anderswo erworbenes Wissen. Wahrscheinlich sind sie künftig noch weniger direkt anwendbar als heute. Sicher ist indes, daß wir in zunehmendem Maße mit dem Unbekannten, dem Unfertigen und dem Ungewöhnlichen werden leben müssen. Und hier beweisen Forschungsergebnisse den Wert der Schule: Dank unserer *Schulung* können wir besser Probleme lösen, da wir in der Lage sind, die geeigneten Methoden zu finden und fortzuentwickeln. Hauptaufgabe der Schule ist somit, das *Denken zu lehren*. Die Fächer sind die Basis, die mentalen Karten und Prozesse das Ziel.

6.4 Effektives Lernen

Das menschliche Gehirn ist ein unfaßbar komplexes Organ mit ca. 10 Billionen Neuronen, deren jede von einigen hundert anderen Botschaften erhält und mit weiteren hundert in Verbindung steht. Die Verflechtung ist so komplex, daß das ganze Gehirn als eine Wesenheit integrierter Aktivität gedacht werden kann (PICKOVER 1990). Das Gehirn wächst, wenn es einer Vielfalt von Empfindungen und Eindrücken ausgesetzt wird. Die moderne Gehirnforschung sieht das Gehirn als ein System, das sich wahrscheinlich in einem Prozeß natürlicher Selektion entwickelt (EDELMAN 1992). Das Gehirn kann viele Dinge gleichzeitig tun, z. B. Gedanken, Empfindungen und Vorstellungen gleichzeitig produzieren, ein Ganzes und seine Teile gleichzeitig bearbeiten, das Kurzzeit- und Langzeitgedächtnis gleichzeitig aktivieren. Stets sucht es der Unordnung der vielen Reize, die es empfängt, Sinn abzugewinnen.

Lernen hängt eng mit Selbstachtung zusammen, und »jemandes Lernfähigkeit frustrieren heißt viel von dem zerstören, was einen Menschen ausmacht« (ABBOTT 1994, S. 66). Das Gehirn ist komplexen Situationen gewachsen; es versucht immer, Verbindungen herzustellen, das schon Bekannte zu erfassen und das Neue davon abzuheben.

Da Lernen eine komplexe Tätigkeit ist, an dem große Teile des Gehirns beteiligt sind, müssen wir annehmen, daß auch das Gedächtnis – die Fähigkeit, früher Gelerntes wieder hervorzuholen – vielfältige, über das ganze Gehirn verteilte Strukturen nutzt, und klar ist auch, daß diese Gedächtnisfunktion gelernt werden kann.

Effektiv ist Lernen dann, wenn die Lernaktivität dem natürlichen Wachstum des Gehirns angemessen ist. Ferner muß den Lernenden klar sein, warum sie an einer bestimmten Aufgabe arbeiten, da Motivation normalerweise aus dem Erkennen eines Sinns entspringt. Effektiv lernen sie auch dann, wenn sie sich mit dem Lerngegenstand indentifizieren und auf schon Bekanntem aufbauen können. Und schließlich sind Lernende soziale Wesen und lernen manche Dinge leichter zusammen mit anderen, von denen sie durch konkrete Rückmeldungen ermutigt werden.

6.5 Fachliches Denken[1])

Ein wesentlicher Teil dessen, was wir fachliches Niveau nennen, ist die Fähigkeit, fachlich zu denken. Wir folgen der üblichen Unterscheidung von

1. Faktenverständnis,
2. Verfahrensverständnis,
3. Kontextverständnis.

Natürlich lassen sich die drei Verstehensweisen nicht strikt trennen. Sie hängen eng zusammen, und nur in ihrem Zusammenwirken konstituieren sie das »fachliche Niveau«. Wir behandeln sie nur deshalb getrennt, weil wir so den Niveaubegriff genauer analysieren können.

Faktenverständnis ist ein Wer-/,Was-/,Wann-/,Wo-/,Warum-Verständnis. Alle einschlägigen Forschungen stimmen darin überein, daß es ohne Kenntnis der mit diesen Fragen zu erschließenden Fakten kein fachliches Denken gibt. Faktenverständnis ist vermutlich von Natur aus hierarchisch. Die grundlegende Einheit ist *der Begriff*. Die zweite Ebene ist *der Satz*, der Begriffe zu Aussagen ordnet, die wir als richtig oder falsch klassifizieren können, z. B. »Die Erde ist eine Kugel«. Wir haben eine natürliche Neigung, Informationen in Sätze zu fassen. Sie sind ferner ein Mittel, Urteile und Meinungen auszudrücken. Die nächsthöhere Ebene der Hierarchie sind *Beziehungen zwischen Sätzen*, wie etwa »Äpfel sind gut, aber Birnen sind noch besser«. Zum richtigen Verständnis gehört die Kenntnis verschiedener Arten der Verknüpfung von Sätzen. Die folgenden Beispiele sind nur eine kleine Auswahl:

- »Er ist groß, *und* er ist nett« (Addition).
- »Ich war da, *aber* es hat mir nicht gefallen« (Gegensatz).

---

1) Die Darstellung in diesem Abschnitt beruht im wesentlichen auf der Arbeit des Mid Continental Regional Educational Laboratory, besonders auf Marzanos Weiterführung von McRels »Thinking Skills«-Programm.

- »Ich war an der Sprungschanze, *dann* ging ich nach Hause« (Nacheinander).
- »Er gewann, *weil* er die Ruhe und Übersicht behielt« (Ursache).
- »Astrid ist meine Freundin, ich mag sie gern« (persönliche Beziehung).

Auf der obersten Ebene organisieren wir Beziehungen zu *Strukturen des Wissens*. Als Lehrer fordern wir in der Regel die einzelnen Schüler auf, die notwendigen Strukturen zu bilden, und gute Schüler zeichnen sich eben dadurch aus, daß sie dies sehr effektiv tun. Es gibt verschiedene Arten der Strukturierung:

- Sequenzen: »Ich stehe auf, dann wasche ich mich, dann frühstücke ich.«
- Themen: Norwegen hat die reichsten Ressourcen in Europa:
  - Es hat eine freie, unberührte Natur.
  - Es hat große Energiereserven.
  - Die Bevölkerung hat einen hohen Bildungsstand.«

Weitere Strukturierungsprinzipien sind die *Verallgemeinerung*, mit der wir Informationen als eine Ganzheit zu erfassen suchen, und der *Vergleich*, die Feststellung von Übereinstimmungen und Unterschieden. Entscheidend ist, daß jeder seine Methoden findet, ein umfangreiches Material zu organisieren, weil er es nur dann bearbeiten und in neuen und ungewohnten Zusammenhängen nutzen kann.

Gute Lehrer wissen, wie sie in ihrem Fach Faktenverständnis vermitteln und den Schülern verschiedener Alters- und Reifestadien helfen können, sich in der Menge der Informationen zurechtzufinden. Sie helfen ihnen, sich Bilder von Begriffen zu machen und beide Gehirnhälften zu aktivieren. Sie helfen ihnen, Begriffe mit eigenen Worten auszudrücken, Systeme zu entwickeln, Verständnis für Probleme und Situationen zu bekommen, in denen die Begriffe sinnvoll verwendet werden, Strukturen zu finden, die den Sinn der Begriffe verdeutlichen.

Verfahrensverständnis ist die Fähigkeit zu erkennen, wie Dinge funktionieren. Es setzt Faktenverständnis voraus. Es ist keine neue Art von Verständnis, wohl aber eine neue *Dimension* fachlichen Denkens. Ein Segler muß viel über Boote, See und Wind wissen; aber das allein reicht nicht aus. Er muß auch wissen, *wie* man segelt, und muß sein Verständnis des Verfahrens praktisch anwenden können. Die Beherrschung eines Verfahrens fängt mit dem Faktenverständnis an. Viele Lehrer sind, darauf aufbauend, systematisch bemüht, die Schüler zum Verständnis bestimmter Verfahren zu führen. So lehren sie in Erdkunde das Kartenlesen, in den sprachlichen Fächern das Auffinden von Zitaten und Belegen, in Mathematik Lösungswege für Rechen- und andere Aufgaben etc. Aus der einschlägigen Forschung geht indes hervor, daß die Schulen Verfahrensverständnis bei weitem nicht so gut vermitteln wie Faktenverständnis. Ein Grund dafür ist offenbar, daß manche Verfahren verborgene, nur schwer zu entdeckende Prämissen enthalten. Das Lernen eines Verfahrens geschieht in mehreren Stadien, vom rein kognitiven Beschreiben bis zur automatischen, aber im Idealfall zugleich kritischen Anwendung. Das Problem mancher Schüler ist, daß sie zur Kritik nicht fähig sind; sie lernen zwar die Regeln, verstehen aber nicht die Grundlagen, auf denen sie beruhen. Wer dagegen vom Faktenverständnis zum kritischen Verfahrensverständnis fortschreitet, hat viele Einzelheiten zu einem sinnvollen Ganzen gefügt.

Schüler übernehmen nur selten ein Verfahren von ihren Lehrern; sie verändern es gemäß ihren Voraussetzungen und Erfahrungen. Das geschieht mit vielem Experimentieren und Üben, bei dem natürlich auch Irrtümer vorkommen. Es bedarf daher langer Praxis, bis ein Schüler zu einem persönlichen Stil gefunden hat, die erlernten Verfahren effektiv einsetzen und so auch sein Tatsachenwissen wirklich nutzen kann. Richtiges Verfahrenslernen verlangt dem Schüler eine Veränderung seines Verhaltens ab. Außer zum Experimentieren kann er sich beispielsweise auch zum altmodischen Büffeln genötigt sehen.

Kontextverständnis ist die Kenntnis der Voraussetzungen der Anwendung eines Verfahrens. Oft halten Schüler den Kontext für selbstverständlich und unveränderlich, und es zeigt sich, daß sie sich nicht auf veränderte Bedingungen einstellen können, wenn sie ein Verfahren in einem bestimmten Kontext gelernt haben. Hier ist die Hilfe des Lehrers von entscheidender Bedeutung. Er muß herausfinden, welche Kontextvariablen eine Aufgabe enthält, und den Schülern zeigen, wie ein anderer Kontext eine Abwandlung des Verfahrens erzwingt. Das erfordert viel Einsicht und Kreativität.

In den Sprachen zeigt sich wohl am deutlichsten die Abhängigkeit des Verständnisses vom Kontext. Beispielsweise lassen sich die Zeichensetzungsregeln in verschiedenen Sprachen ohne Einsicht in den Satzzusammenhang nicht richtig anwenden. Der automatische »blinde« Gebrauch von Regeln ist gänzlich fehl am Platze. Gerade die Versuche mit Computerprogrammen zum Sprachgebrauch haben zur Genüge erwiesen, daß dann Sinnloses entsteht. Aber nicht nur die Sprache zeigt die Notwendigkeit kontextuellen Verständnisses. Der Gestaltpsychologe Max Wertheimer hat berichtet, wie er einmal Schülern ein und dieselbe Aufgabe, nämlich die Berechnung der Fläche eines Parallelogramms, in unterschiedlicher Form vorlegte. Zunächst fanden die meisten ohne Schwierigkeiten die richtige Antwort. Als aber das Parallelogramm auf den Kopf gestellt wurde, erkannten nur wenige die unveränderte Aufgabenstellung, während die meisten mit »Das geht nicht«

oder »Das haben wir noch nicht gehabt« reagierten. Ihr Verfahrensverständnis klebte an einem bestimmten Kontext, ihrer Vorstellung von einem »gewöhnlichen« Parallelogramm (WERTHEIMER 1959).

Viele Lehrer neigen zur Unterschätzung der Schwierigkeiten, die Schülern das Integrieren von Fakten-, Verfahrens- und Kontextverständnis bereitet. Sie setzen zu viel voraus. Sie stellen Aufgaben, zu denen Schüler keine Beziehungen haben. Ein guter Fachlehrer bemerkt und berücksichtigt die psychologisch oder kontextuell bedingten Verständnisschwierigkeiten der einzelnen Schüler und hilft ihnen, ihre Problemlösungsfähigkeiten zu entwikkeln und sich auf *fachliches Denken* einzulassen.

Die vorstehenden Bemerkungen wollen nicht mehr als eine *Einführung* in die Analyse fachlichen Denkens sein. Dennoch ist sicher schon deutlich geworden, wie groß der Abstand zwischen der Alltagswelt der Schüler von heute und den Anforderungen fachlichen Denkens ist. Der Versuch, diesen Abstand zu überbrücken, bleibt ständige Aufgabe der Lehrer wie der Schüler.

6.6 Nachdenken

Wie können wir die Integration der drei Verstehensweisen – Fakten-, Verfahrens- und Kontextverständnis – lehren oder wenigstens fördern? Wir wollen diese Frage zunächst theoretisch behandeln.

Wenn wir uns ein Bild davon machen wollen, was nachdenken heißt, müssen wir ungefähr wissen, wie unser Gehirn arbeitet. Stark vereinfacht können wir sagen, daß äußere Eindrücke zuerst schnell vom Kurzzeitgedächtnis behandelt und dann ins Langzeitgedächtnis überführt werden, das in mehreren Prozessen die neuen Informationen mit früheren Erfahrungen vergleicht und sie damit strukturiert und lagert. Während das Kurzzeitgedächtnis nur fünf bis sieben Einzelheiten auf einmal bearbeiten kann, können im Langzeitgedächtnis 100 Billionen gespeichert sein. Dieser Unterschied hat große Bedeutung für die Möglichkeiten und Grenzen der Anregung von Denkprozessen.

Drei Prozesse sind zu unterscheiden:

– *Transfer*, das Wiederfinden bestimmter Informationen, die im Langzeitgedächtnis gespeichert sind, und ihre Rückführung ins Kurzzeitgedächtnis. In der Umgangssprache heißt das sich erinnern, sich etwas ins Gedächtnis rufen.
– *Vergleich*, das Abgleichen der vom Kurzzeitgedächtnis aufgenommenen Information mit der im Langzeitgedächtnis gespeicherten. Das geschieht

auf viele verschiedene Arten und ist ein wesentlicher Bestandteil des Nachdenkens.

– *Restrukturierung*, der Erwerb neuer oder die Modifizierung früher erworbener Kenntnisse. Beide Prozesse sind Versuche, das allmählich gewachsene Bild der Wirklichkeit neu zu ordnen, der Kreativität und neuen Einsichten Raum zu schaffen sowie den Wert der neuen Kenntnisse für das Verständnis der Wirklichkeit einzuschätzen.

Der Transfer ist der wesentliche Teil der Behandlung von Informationen. Mit dem Fakten-, Verfahrens- und Kontextverständnis erwerben wir Strukturen, mittels derer wir neue Informationen verarbeiten. Hiergegen wird manchmal eingewandt, solche Strukturen könnten neuen Einsichten auch im Wege stehen. Wir kommen auf diese Frage zurück.

Transfertechniken sind lernbar. Wir können uns nicht an alles erinnern. Wir müssen uns klarmachen, an was wir uns erinnern wollen. Das Fakten-, Verfahrens- und Kontextverständnis sind gute Hilfen beim Erinnern. Aber Lehrer können zusätzlich helfen, indem sie den Schülern Bilder nahelegen, die erinnerungsweckende Elemente enthalten. Die Bilder sind als visuelle und auditive Eindrücke, als Bewegungen, Gefühle und verbale Ausdrücke im Langzeitgedächtnis gespeichert. Wer gute Bilder hervorruft, ist also beim Erinnern im Vorteil; er kann sich sogar an unzusammenhängende Dinge erinnern. Bilder sind also eine bewährte Methode. Der Gebrauch von Gedächtnisrahmen oder Regeln ist eine andere. Sie besteht darin, ein Wort oder eine Zahl aufzurufen, die ihrerseits eine Menge an Erfahrungsbilder gebundener Informationen erschließen. So erfahren Schüler die Kraft des Gehirns, und das stärkt ihr Selbstvertrauen und ihre Motivation. Heute greifen nur wenige Lehrer zu solchen Techniken, weil sie sie mit Paukerei verbinden. Wir bekennen uns zur Paukerei, wo immer sie beim Nachdenken hilft. Und Hilfen zum wirksamen Ordnen, Speichern und Wiederaufrufen von Informationen sind Hilfen zum Erlernen des Nachdenkens. Bei alledem gilt, daß jeder selbst mit verschiedenen Techniken des Erinnerns experimentieren muß, bis er die für ihn beste gefunden hat.

Der Vergleich soll ermitteln, inwieweit eine neue Information früher erworbenem Wissen gleicht oder nicht gleicht. Es gibt fünf grundlegende Vergleichsmethoden:

– Das begriffliche *Kategorisieren*. Übereinstimmungen und Unterschiede werden in Begriffe gefaßt. Diese Methode kann sowohl schon im Kindergarten als auch in den kompliziertesten Forschungsprojekten angewandt werden.

– Das *Analogisieren* nach dem Schema »A verhält sich zu B wie C zu D«. Es gibt verschiedene Techniken, analogisierendes Denken zu trainieren, und mehrere Typen von Beziehungen wurden nachgewiesen: gleichartige/verschiedene Begriffe, Klassifikationen, Ableitungen, Funktionen, Mengen. Das Analogisieren ist eine besonders wichtige Vergleichsmethode, die wir intuitiv auf fast allen Gebieten anwenden.

– Das *Extrapolieren*, die gedachte Verlängerung eines gegebenen Musters oder Trends in die Zukunft. Die oben behandelten Tatsachenstrukturen zwingen den Schüler nicht, über gegebene Informationen hinauszugehen. Im Unterschied dazu geht es beim Extrapolieren um das Verhältnis einer existierenden Struktur zu einer anderen, die bloß gedacht ist. Damit wird *divergierendes Denken* angeregt. Es ähnelt der Bildung von Metaphern, einer Technik, die im Förderunterricht für schwache Schüler mit Erfolg angewandt worden ist.

– Das *Überprüfen* von Behauptungen, oft einfach als kritisches Denken bezeichnet. Informationen werden auf ihre Stichhaltigkeit hin untersucht. Die Methode erfordert und übt die Fähigkeit, logische Schlüsse zu ziehen. Auch ihre Lehrbarkeit ist erwiesen. So können Schüler z. B. in einem ersten Schritt eine ungewöhnliche Behauptung als solche erkennen und danach prüfen, ob sie zum anerkannten Wissen gehört. Wenn nicht, können sie untersuchen, ob die Behauptung begründet und die Begründung haltbar ist. So lernen sie Begründungen prüfen und erkennen, ob sie unhaltbare Vereinfachungen, Verallgemeinerungen oder falsche Schlüsse enthalten.

– Das *Bewerten* von Informationen und Urteilen. Diese werden daraufhin untersucht, ob sie als positiv, neutral oder negativ anzusehen sind. In der Regel können wir uns dabei auf unsere gefühlsmäßigen Reaktionen verlassen. Wer etwas bewertet, versteht die eigene Wertorientierung besser und macht sich ihre (ihm bisher vielleicht verborgenen) Prämissen bewußt. Dadurch wird das sogenannte dialektische Denken gefördert.

Diese fünf Methoden des Vergleichs (die hier in Anlehnung an Marzano dargestellt wurden) sind von zentraler Bedeutung, wenn es gilt, neuerworbene Kenntnisse erst zu einem späteren Zeitpunkt zu gebrauchen.

Die Restrukturierung soll in der Hauptsache unserem Langzeitgedächtnis neue Kenntnisse zuführen. Das geschieht im wesentlichen auf drei Wegen:

– *Weiterentwicklung* ist dann gegeben, wenn wir Verbindungen zu nicht direkt vermittelten Informationen herstellen. Wenn wir z. B. von einem Flugzeugunglück erfahren, rückt diese Nachricht automatisch Bilder vor unser inneres Auge, die wir mit einem solchen Unglück verbinden, obwohl sie nicht zu *dieser* Nachricht gehörten. Wir legen dem Unglück Charakteristika bei und denken uns eine Ursache und Folgen, von denen in der Meldung keine Rede war. Das ist anscheinend eine ganz natürliche menschliche Eigenschaft. Sie zu erkennen und zu verstehen kann sowohl die kreativen als auch die analytischen Fähigkeiten anregen.

– *Problemlösung* empfiehlt sich dann, wenn das Ziel relativ klar und das Problem definiert ist, die Aufgabe aber wegen fehlender Ideen oder Informationen noch nicht gelöst werden kann. Es gibt heute eine Reihe mehr oder weniger kreativer Methoden zur Lösung sowohl alltäglicher als auch akademischer Probleme, ja man kann sagen, daß ein großes Angebot auf dem Markt ist. In den letzten Jahren hat sich auch die Schule dieser Methoden angenommen, wenngleich sie bei weitem noch nicht Bestandteil aller ordentlichen Lehrpläne sind. Es sollte unstrittig sein, daß es wichtiger ist, Verfahren der Problemlösung zu lehren, als den Schülern zu richtigen Antworten zu verhelfen. Angesichts der großen Zahl verschiedener Problemlösungsverfahren in den einzelnen Fächern sollten die Schüler mehrere Alternativen erproben und üben können, damit sie ihre eigenen Wege zur Lösung fachlicher Probleme finden.

– *Kreativität* ist die Fähigkeit, neue Kenntnisse zu gewinnen oder neue Produkte zu schaffen. In der Schule wird dabei meist geschrieben. Schreiben gilt heute nicht nur als eine Art und Weise, Gedanken auszudrücken, sondern auch als eine effektive Methode zur Entwicklung der Denk*fähigkeit*. Kreative Betätigung setzt im Unterschied zur Problemlösung voraus, daß keine bestimmten Ziele gesetzt werden; die Ziele sind im Gegenteil oft sehr unklar oder allgemein. Einstein soll einmal gesagt haben, seine Phantasie habe für ihn mehr bedeutet als seine Fähigkeit, Informationen aufzunehmen. Es ist möglich, die Phantasie und damit die Kreativität zu entwickeln; es gibt dazu heute mehrere anerkannte Methoden.

6.7 Das Lernen lernen

Die dritte Dimension dessen, war wir fachliches Niveau nannten, hat zu tun mit der Fähigkeit, die beiden ersten Dimensionen bewußt zu kontrollieren und zu stimulieren. Es geht um das Nachdenken über das Denken. Das Lernen zu lernen ist eine Kompetenz, die nicht nur in der Schule stets gefragt war und immer gefragt sein wird; sie hilft bei der Daseinsbewältigung überhaupt, sooft die Denkfähigkeit auf die Probe gestellt wird.

Die Bedeutung von Lerntechniken ist in den Diskussionen zur Schulreform immer wieder betont worden. Im Europa der sechziger Jahre z. B. waren viele Schulen systematisch bemüht, die Schüler zu einer bewußteren Wahrnehmung und effektiveren Nutzung ihrer Lernsituation zu führen. Alle Schüler bekamen Tips zu Lerngewohnheiten und zur Verbesserung der

Selbstdarstellung. Jedoch appellierten viele dieser Tips an die Intuition, oder sie zielten direkt auf die Befriedigung der Forderungen des Lehrers ab. Unser Interesse hier ist mehr schülerorientiert; wir möchten zeigen, wie die Schüler dahin gebracht werden können, ihren eigenen Lernstil zu verstehen und ihn wenn nötig abzuwandeln. Vier Wege dazu wollen wir aufzeigen und erläutern:

Die Aufmerksamkeit konzentrieren: Wenn Schüler ihre Fähigkeiten richtig nutzen wollen, müssen sie sich konzentrieren können. Oft tun sie das automatisch, indem sie auf äußere Anstöße reagieren. In einer Lernsituation ist jedoch auf diese Automatik kein Verlaß; der Lehrer muß sich vergewissern, daß die Schüler an einer gestellten Aufgabe konzentriert arbeiten. Zweifellos liegt hier eines der Hauptprobleme der heutigen Schule. Schüler wie Lehrer haben Mühe, sich zu konzentrieren. Das dazu unerläßliche soziale Kapital, wie etwa Motivation und eingefahrene Arbeitsgewohnheiten, ist einfach nicht mehr im erforderlichen Maße vorhanden. In vielen Klassen ist dieses Kapital so gering, daß die Lehrer nicht mehr wissen, wie sie die Aufmerksamkeit der Schüler steuern sollen. Empirische Untersuchungen in skandinavischen Klassenzimmern haben ergeben, daß der auf wirkliche Arbeit an der Sache entfallende Anteil der Unterrichtszeit an ein und derselben Schule zwischen 40 % und 80 % schwankte. Es ist so gut wie unstrittig, daß diese sogenannte *time on task* mit dem Lernerfolg der Schüler in hohem Maße korreliert.

Es gibt mehrere Techniken der individuellen Kontrolle der Aufmerksamkeit, vom physischen Zwang (etwa zur Korrektur der Körperhaltung) zu mentalen Entspannungs- und Konzentrationsübungen. Wichtiger und erfolgversprechender sind wahrscheinlich auf eine Klasse/Lerngruppe als Ganzes zielende Verfahren, z. B. die Einbeziehung der Schüler in die Unterrichtungsplanung oder gruppendynamische Methoden.

Ziele setzen: Gute Schüler setzen sich klare und mit der Zeit immer anspruchsvollere Ziele. Die Untersuchungen zum Thema *Effektive Schulen* haben gezeigt, daß gute Schulen von ihren Schülern viel *erwarten*, aber auch für den einzelnen viel *tun*. Die guten Ergebnisse gehen auf eine Verbindung von hohen Erwartungen, Festigkeit und Fürsorge zurück. Es ist eine Illusion zu glauben, man helfe schwachen Schülern, wenn man ihnen keine Ziele setze. Die Schüler wissen im Grunde, was von ihnen erwartet wird, und angemessene Ziele in Verbindung mit den nötigen personellen und materiellen Ressourcen zeigen ihnen, daß die Schule sich wirklich um sie kümmert. Viele Schüler haben leider infolge jahrelanger Mißerfolge und schulischer Niederlagen allmählich ein so negatives Selbstbild entwickelt, daß ihre Energien blockiert sind und sie weitere Lernanstrengungen geradezu fürchten. In diesen Fällen ist das Zielesetzen kein technisches, sondern ein psychologisches Problem. Die Herausforderung darf nicht größer sein als die Ressourcen und Hilfen.

Wie kann der Lehrer also dem einzelnen Schüler helfen, sich angemessene Ziele zu setzen? Am Anfang sollten die Ziele auf jeden Fall realistisch und nicht zu weitgesteckt sein, und der Schüler sollte viel Hilfe, Bestätigung und Ermutigung erfahren. Zweitens sollten sie konkret sein, so daß der Schüler merkt, wann er ein Ziel erreicht hat. Drittens haben Schüler wie Lehrer ein Recht auf Irrtum. Manchmal erweist sich ein Ziel als unerreichbar, oder der Schüler verändert es »unterwegs«. Ziele sollen eine *Hilfe* sein, keine Zwangsjacke. Es gibt eine Reihe praktischer Übungen, mit deren Hilfe Schüler ihre Ziele besser definieren und besser auf sie hinarbeiten können.

Selbstdisziplin entwickeln: Es nützt nicht viel, Techniken zu entwickeln, wenn die Fähigkeit, sie anzuwenden, fehlt. Wir müssen mit unseren Überzeugungen und Emotionen beteiligt sein. Einige Forscher meinen, es gebe im Gehirn als besondere Form des Gedächtnisses eine Art Leitstelle, ein Entscheidungszentrum, das die Denkprozesse lenke. In unserem Zusammenhang sei die Wichtigkeit einiger allgemeiner Arbeits- und Bewußtseinshaltungen betont:

Allgemeine Arbeitsdisziplin: Wer effektiv arbeitet, ist engagiert und qualitätsbewußt, beobachtet die Entwicklung einer Sache aufmerksam und kritisch und nimmt wenn nötig Korrekturen vor. Diese Arbeitshaltungen verbinden alle guten Problemlöser, unabhängig von ihren sonstigen Fähigkeiten.

Offenheit und Flexibilität des Denkens: Viele Menschen leben ständig in der Furcht, Situationen und Ereignisse, die außerhalb ihrer Kontrolle liegen, könnten sie hindern, bestimmte Ziele zu erreichen. Maslow z. B. meinte, wir würden dazu erzogen, uns selbst und den Gesetzen des Lebens nicht zu trauen (MASLOW 1971). Untersuchungen zur Motivation von Schülern haben gezeigt, daß es für ein positives Selbstbild entscheidend wichtig ist, ob ein Schüler glaubt, daß Bedingungen außerhalb seiner selbst ihn *nicht* am Erfolg hindern werden. Wenn Schüler allgemein den Eindruck haben, sie könnten *dem Leben, wie es nun einmal ist, vertrauen,* so sind sie risikofreudiger, aufgeschlossener, kreativer und damit auch erfolgreicher.

Offenheit der Weltsicht: Wahrnehmungen sind subjektiv. Sie werden unseren Erwartungen angepaßt. Wir sehen, was wir zu sehen erwarten. Jeder hat seine persönliche Vorstellung von den Dingen, »wie sie nun mal sind«. Wenn neue Eindrücke uns wirklich erreichen sollen, müssen sie zu dieser etablierten Vorstellung irgendwie in Beziehung gesetzt werden. Heißt das, zu

Ende gedacht, daß wir außerstande sind, etwas grundsätzlich Neues zu lernen? Wenn es so wäre, säßen wir in einer Art Programmierungsschleife fest.

Manche Schulkritiker behaupten, die Schule hemme die Kreativität, und z. T. sehen sie in den Fächern das eigentliche Hindernis. Sie können es in der Tat sein, dann nämlich, wenn Fachunterricht sich im Lehren von Fakten erschöpft und Nachdenken nicht gefragt ist. Hierin liegt eine Verengung und Oberflächlichkeit, die die Schüler verunsichert. Im Gegensatz dazu steht die Forderung, daß jedes Fach eine kreative Dimension haben sollte.

Unbestreitbar haben Menschen die Möglichkeit des *Perspektivenwechsels*. Wir können unser Paradigma freiwillig zugunsten eines anderen verlassen. Diese Fähigkeit ist trainierbar und sogar lehrbar. Wer den Wechsel vollzieht, befähigt sich selbst, Neues zu lernen. Er muß nur die Vorstellung akzeptieren, daß alle Perspektiven subjektiv, aber auch kontrollierbar sind und daß sie daher jedem die Freiheit lassen, die Welt von einem anderen Standpunkt zu betrachten.

Unsere Antwort auf die Frage, ob systematisches fachliches Lernen eher Hindernis als Gewinn sei, bedarf noch der Ergänzung. Ist es wirklich so, daß die Strukturen eines Faches uns einengen und unsere Kreativität lähmen? Droht die Gefahr der Betriebsblindheit? Wenn es so wäre, würde der Begriff *fachliches Niveau* von Grund auf suspekt. Tatsächlich scheint es aber nicht so zu sein – sofern wir nur den Begriff ganz ernst nehmen. Er kann dem Lernenden helfen, sich selbst besser zu verstehen, die Perspektive zu verändern, Zusammenhänge zu begreifen und etwas Neues zu riskieren oder zu entdecken. Umgekehrt wird unsicher, wer die Grundlagen nicht versteht; Furcht vor dem Unbekannten und Resignation sind oft die Folge.

Es ist möglich, Schülern zu vermitteln, daß sie für ihre Arbeitshaltung einstehen müssen und daß Selbstdisziplin wichtig ist. Rollenspiele, Simulationen und Dramatisierungen können Haltungen verändern und dem einen oder anderen zu einer neuen Rolle verhelfen. Schüler brauchen die Unterstützung durch Lehrer und Mitschüler, wollen sie zur Selbstdisziplin und zu eigenen Perspektiven finden.

Selbstbeurteilung: An sich selbst zu arbeiten, vor allem wenn es um mehr Konzentration und Selbstdisziplin geht, ist schwierig und anstrengend. Wege zur Konzentration auf die eigene Entwicklung und zur Übung in Selbstdisziplin müssen neu gefunden werden. Wer sich selbst nicht kritisch beurteilt, wird Mühe haben, das Lernen zu lernen. Erschwert wird die Beurteilung dadurch, daß viele Ergebnisse mentale Aktivitäten sind, die sich kaum messen lassen. Es gibt Programme sowohl zur Stärkung des Selbstgefühls als auch zur Verbesserung der Lerntechnik. Erstere setzen auf Übungen im positiven Denken und auf Kooperation von zwei oder mehr Schülern. Bei letzteren scheint eine Kombination dreier Faktoren wirksam zu sein: Setzung realistischer und konkreter Ziele, Einschätzung der eigenen Arbeit im »Denk-laut«-Verfahren und externe Hilfen durch Mitschüler oder Lehrer, die in Gruppenarbeit oder im Klassenunterricht wichtige Elemente des Lernprozesses wiederholen.

Viele Schüler schaffen es nie, »den Code zu knacken«, sie dringen nie wirklich in die Lernwelt der Schule ein. Sie lernen ein paar Fakten und eignen sich den mechanischen Gebrauch einiger Regeln an, aber sie kommen kaum je zum Nachdenken, geschweige denn daß sie das Lernen lernen. Und sie fühlen sich von ihren Lehrern weitgehend im Stich gelassen. Außerhalb der Schule werden diese Schüler, vor allem in den Medien, mit allen möglichen unverbundenen Informationen bombardiert. Ohne die Möglichkeit, diese zu strukturieren und ihren Sinn abzugewinnen, sind sie den Informatoren und etwaigen Manipulatoren hilflos ausgeliefert. Wenn die Schule das fachliche Niveau nicht hochhält, ist also eines ganz sicher: Die schwächsten Schüler, die mit dem geringsten sozialen Kapital, bekommen auch außerhalb der Schule nicht die Hilfe, die sie für ein sicheres Leben brauchten. In der Informationsgesellschaft der Zukunft werden sie die Verlierer sein.

Mehrere Schulforscher betonen die Bedeutung der Schule als eines Ortes, an dem die Schüler das Denken lernen. In komplexen Situationen kommt am besten zurecht, wer eine mentale Karte besitzt, die Orientierung bietet, die zeigt, wie wichtig die jeweilige Aufgabe ist und in welchen Zusammenhang sie gehört. Die Dauer des Schulbesuchs korreliert positiv mit der Fähigkeit, neue und ungewohnte Situationen zu meistern. Nicht auf bestimmte Berufe sollte daher die Schule vorbereiten, sondern auf das Unbekannte. In Zukunft sind in erster Linie solche jungen Leute gefragt, *die mit Veränderungen fertig werden.* Die Lösung von Problemen Experten zu überlassen wird nicht mehr reichen. Alle Menschen müssen sowohl sich anpassen als auch Entscheidungen treffen können. Dazu gehört, daß sie alle relevanten Informationen erhalten und nutzen können. Ohne das letzte wird Information zur Manipulation.

Kann die Schule der Zukunft gelassen entgegensehen? Die Antwort ist nicht einfach. Wir haben in diesem Kapitel zu zeigen versucht, welches Potential die Schule hat, sofern sie ihre Isolation erkennt und überwindet. Sie muß jungen Leuten helfen, sich nicht nur mit konstruierten Schulaufgaben, den »Lektionen«, sondern auch und vor allem mit der wirklichen Welt auseinanderzusetzen. Im Zentrum der Schule des modernen Zeitalters standen die Fächer. Sie werden diese Stellung wahrscheinlich auch in Zukunft behaupten; aber die herkömmlichen fachlichen Probleme dürfen nicht mehr dominieren. Die Schule muß ihre Kompetenz erweitern, indem sie den Schülern auch bei der Bewältigung des Alltags hilft. Dazu gehört, daß sie sie mit authentischen Lernsituationen konfrontiert. Der Unterschied zwischen dem Lernen in der Schule und dem Lernen im Alltag braucht durchaus nicht so groß zu sein, wie er heute noch ist.

Im allgemeinen helfen Schulen den Schülern nicht planvoll und nachdrücklich genug, in die Struktur der Fächer einzudringen und das Lernen zu lernen. Von entscheidender Bedeutung ist die Ermutigung aller Ansätze zum Nachdenken, Argumentieren und Kommentieren. Vor allem durch *Zusammenarbeit und Dialog* lernen wir, von situationsbedingtem zu allgemeinerem Verständnis fortzuschreiten.

7. Modelle für eine Schule der Zukunft
von Val D. Rust

7.1 Die Grenzen zukunftsorientierter Bildungsmodelle

Die meisten zukunftsorientierten Unterrichtsmodelle sind durch ihre spezifische Zielsetzung begrenzt, sei es, daß es um den Demokratisierungsprozeß der Schule geht, den Trend zur multikulturellen Gesellschaft, die Auswirkungen der Informationsgesellschaft auf Bildung und Erziehung oder das Bestreben, Schule und Arbeitswelt enger aneinander zu binden. Jedes dieser Modelle ist wichtig, aber jedes ist eindimensional. Wir möchten ein breiteres Modell skizzieren, das alle diese Aspekte und einige weitere umfaßt. Natürlich werden zwischen den verschiedenen eindimensionalen Perspektiven Widersprüche und Konflikte auftreten. Wir wollen dennoch versuchen, ein allgemeines Modell der Schule im Jahre 2020 zu zeichnen.

7.2 Schulen im Dienste der Demokratie

Wenn künftige Gesellschaften demokratisch sein sollen, muß gewährleistet sein, daß den jungen Menschen demokratische Haltungen und Werte vermittelt und daß diese von ihnen verinnerlicht werden. Ferner müssen sie Gelegenheit haben, demokratisches Verhalten praktisch zu üben. Traditionell sind die Institutionen, die mit Kindern und Jugendlichen zu tun haben, nicht alle gleichermaßen und immer demokratisch. Viele Familien und Glaubensgemeinschaften sind offensichtlich durch hierarchische, patriarchalische und autoritäre, also klar antidemokratische Haltungen gekennzeichnet (LEVIN 1993, S. 2). Amy Gutmann weist darauf hin, daß ähnliches für viele Arbeitsplätze gilt. Arbeitgeber erwarten oft von den Beschäftigten die bedingungslose Befolgung willkürlicher Regeln. Die Verantwortlichen an der Spitze der betrieblichen Hierarchie organisieren die Arbeit vielfach so, daß die Arbeitnehmer nur eine begrenzte Zahl von Operationen ausführen. So bleiben sie passiv, ideenlos und unkritisch und akzeptieren Aufträge und Bestimmungen ohne Einwände oder Rückfragen (GUTMANN 1987, S. 282 f.).

Wenngleich solche Muster sich ändern, wäre es riskant, darauf zu bauen, daß die Familien, Kirchen und Betriebe den jungen Menschen demokratische Werte und Verhaltensweisen vermitteln. Leider gilt das auch für die Schule.

Sie war durchaus kein exemplarischer Hort und Übungsplatz der Demokratie. Viele Schulen sind autoritär und hierarchisch organisiert. Wichtige Entscheidungen werden »oben« getroffen und an die unteren Ebenen weitergegeben; die unterste sind die Lehrer und Schüler. Im Blick auf die Zukunft müssen wir gleichwohl auf die Schule setzen; nur von ihr können wir die Entwicklung demokratischer Tugenden bei den jungen Leuten erhoffen. In ihr sind Schüler aus allen Gesellschaftsschichten in den formbarsten Phasen ihres Lebens jahrelang zusammen.

Die in den Schulen parlamentarischer Demokratien bisher erprobten Maßnahmen zur Verankerung der Demokratie haben enttäuscht (vgl. z. B. JENNINGS und NIEMI 1974). Normalerweise waren Themen wie *Kampf für die Demokratie, Demokratische Regierungsformen* und *Rechte des Bürgers in einer demokratischen Gesellschaft* Bestandteil der formellen Lehrpläne. Es überrascht nicht, daß empirische Untersuchungen der politischen und sozialkundlichen Kenntnisse deren Dürftigkeit ans Licht brachten. In den mittel- und osteuropäischen Ländern, die bemüht sind, ihre Gesellschaften durch Erziehung und Bildung zu demokratisieren, weiß man, daß Unterricht über Demokratie allein noch keine demokratische Gesellschaft herbeiführt. Natürlich sind Kenntnisse der Rechte und Pflichten des Bürgers wichtig, aber ebenso wichtig sind soziale Tugenden und demokratisches Verhalten. Erziehung zur Demokratie geschieht am besten durch demokratische Praxis (LORAND 1993, S. 2). Sie findet in der Erziehung und Bildung auf vielen Ebenen statt. Wir wollen im folgenden einige Schulen, Schulverwaltungen und Projekte daraufhin untersuchen.

Wahlfreiheit als demokratischer Wert in der Ausbildung: Viele sehen in der Möglichkeit, nach einem Gutscheinsystem (einer Art Scheck, mit dem Schulbildung gekauft wird) eine Schule für die Kinder zu wählen, etwas echt Demokratisches, weil die Eltern so selbst bestimmen können, welche Schule für ihre Kinder die richtige ist, ohne daß sie deswegen auf öffentliche Mittel verzichten. Viele andere meinen, der Staat oder die Gemeinde seien befugt zu entscheiden, welche Schule ein Kind besuchen soll. Für beide Standpunkte gibt es starke Argumente. John I. Goodlad z. B. argumentiert, die Schule müsse die für alle verpflichtenden Werte vermitteln, die eine Nation für ihren Zusammenhalt brauche, während die Familie und die Kirche für die in der Gesellschaft vorhandenen unterschiedlichen Wertorientierungen zuständig seien (GOODLAD 1975). Arthur Schlesinger jr. teilt diese Ansicht. Er verwirft die praktischen Empfehlungen im »New York State Social Studies syllabus Review Committee of 1991«, weil sie »die geschichtlich gewachsene theoretische Grundlage Amerikas umstoßen« (SCHLESINGER 1995, S. 630). Er sieht die USA als die am besten gelungene große multiethnische Nation, »eben weil man, statt den bewahrenden ethnischen Separatismus zu betonen, Kulturen der Immigranten in eine neue amerikanische Kultur assimiliert hat« (ebd. S. 631). Die Familie, die Kirche und das örtliche Umfeld sind nach Schlesinger vital genug, die ethnischen Subkulturen zu erhalten; aber »es ist sicher nicht Aufgabe der öffentlichen Schule, ethnischen Separatismus zu fördern und Spannungen zwischen den Ethnien zu vergrößern« (ebd. S. 632). Vielmehr sollten die Schulen sich einem allgemeinen verbindenden Programm, einem gemeinsamen Wertefundament verpflichtet fühlen. Sie müßten gleichsam für den Leim sorgen, der die Gesellschaft zusammenhalte. Sie seien die Arena, in der unterschiedliche Kinder lernten, miteinander umzugehen, Konflikte zu lösen, Meinungsverschiedenheiten zu diskutieren etc.

Die Bildungsgeschichte des modernen Europa zeigt die allmähliche Überwindung der Separation der Kinder nach ihrer Zugehörigkeit zu sozialen Schichten. Allerdings ist die Schule für alle nicht in allen Ländern gleichermaßen verwirklicht. Die skandinavischen Staaten waren für Westeuropa ein Modell insofern, als sie schon vor Jahrzehnten alle Kinder zum mindestens neunjährigen Besuch einer gemeinsamen Schule verpflichteten und außerdem für fast alle die gleichen Lehrpläne einführten. Natürlich sind damit nicht alle sozialen und regionalen Bildungsunterschiede beseitigt. Kinder aus den unteren sozialen Schichten haben im ganzen nicht den gleichen Schulerfolg wie die aus der Mittel- und Oberschicht. Und Großstadtkinder haben mehr Erfolg als Kinder aus dünnbesiedelten ländlichen Gebieten, auch wenn diese wie jene der gleichen sozialen Schicht angehören (so z. B. RUST 1989, Kap. 18).

Die Vorkämpfer der Einheitsschule räumen die fortbestehenden Ungleichheiten ein, aber betonen zugleich, diese seien in der Schule gleichwohl nicht so groß wie in der Gesellschaft insgesamt (z. B. in puncto Einkommen und politische Teilhabe). Im Bildungssystem gebe es also mehr Egalität als sonst in der Gesellschaft. Dagegen wendet Gutmann ein, amerikanische Schulen bewegten sich ungeachtet der Egalität auf pädagogisch überholten alten Gleisen; sie hätten die Rassentrennung nach Kräften gefördert und die Erziehung zur Demokratie durch Institutionalisierung der primitivsten, den Intellekt beleidigenden Methoden diskreditiert (GUTMANN 1987, S. 65). Und europäische Schulen sind in dieser Hinsicht offenbar nicht besser.

Die Entwicklung in Mittel- und Osteuropa, die fortschreitende Disintegration, ist beunruhigend genug, sollte aber nicht als Anfang einer bald auf den Westen übergreifenden Tendenz mißdeutet werden. In Rußland sind die auseinanderstrebenden Kräfte, die Autonomieforderungen lokaler Gruppen und nationaler Minoritäten, ohne Zweifel eine Reaktion auf die erzwungene Uniformität in der früheren Sowjetunion. Es ist nicht erstaunlich, daß mit der *Perestroika* starke nationale Interessen zum Durchbruch kamen, indem Minoritäten gegen die Russifizierung und die verordneten sozialistischen Ideale zu protestieren begannen.

Daß junge Menschen in Westeuropa und Nordamerika durch nationalistische Strömungen nicht so gefährdet sind, hat seinen Grund in der Nichtidentität der Institutionen, in denen die Jugendlichen sich bewegen. Die Arbeitskollegen, die jemand in einem kleinen Betrieb trifft, sind nicht identisch mit den Mitgliedern seiner Familie, Kirchengemeinde oder Jugendorganisation. Entsprechend weist eine Kirchengemeinde keine Mitgliederkongruenz oder -überlappung mit den Angehörigen eines Betriebes, einer Familie, Schule oder Jugendorganisation auf. Auch wo früher eine solche Überlappung vorlag, z. B. zwischen Familien und Kirchengemeinden, ist sie immer mehr im Schwinden. In jeder kirchlichen Gruppierung gibt es Homosexuelle, alleinerziehende Mütter oder Väter und kinderlose Ehepaare; die Mitglieder finden sich nicht getrennt nach Familientypen zusammen. Auch wenn alle Institutionen im Hinblick auf Größe und Struktur die gleichen Merkmale aufweisen, brauchen sie sonst nichts gemeinsam zu haben. In postmodernen Gesellschaften leben sogar kulturell und ethnisch definierte Gruppen nicht in räumlich begrenzten Gebieten zusammen. Falsch ist z. B. die verbreitete Vorstellung, amerikanische Indianer lebten isoliert in Reservaten. Die meisten leben in Ballungsgebieten, z. B. in Los Angeles, und sie haben mit anderen Indianern im selben Ballungsraum wenig Kontakt. Die amerikanischen Indianer sind kein Sonderfall. Die Segmentierung und Fragmentierung der Gruppen in Los Angeles hat ein kaleidoskopisches, an erschreckenden Gegensätzen reiches räumliches Muster geschaffen, das sich der Deutung entzieht (SOJA 1989). Angesichts einer solchen Situation muß es unbedingt Mechanismen geben, die die totale Fragmentierung der multikulturellen Gesellschaft verhindern.

Obwohl wir die Weiterführung der Einheitsschule in dieser oder jener Form mit guten Argumenten verteidigen könnten, rechnen wir für die Zukunft im Schulwesen mit stärkeren Segregationstendenzen und mehr Wahlmöglichkeiten, und darauf müssen wir uns vorbereiten. Wahrscheinlich ist eine Gesellschaft, in der die Idee, eine Schule selbst wählen zu können, den Einheitsschulgedanken verdrängt, und um die Jahrtausendwende wird sich wohl die Schulwahl oder ein Gutscheinsystem durchgesetzt haben. Aus grundsätzlichen Erwägungen könnte man eine solche Entwicklung befürworten, weil sie demokratische Wahlmöglichkeiten exemplarisch vorführt. Familien, die zwischen mehreren Schulen und Lehrplänen wählen können, nehmen demokratische Rechte wahr, die sie nicht haben, wenn alle Kinder die gleiche Schule besuchen *müssen*. Wir sahen schon, daß Privatschulen oft bessere Ergebnisse vorweisen können als öffentliche, und die freie Schulwahl würde die Privatschulen einem viel breiteren Spektrum der Bevölkerung zugänglich machen (COLEMAN 1988). Waren sie bisher den Wohlhabenden vorbehalten, so könnten in einem System der freien, vom Familieneinkommen abgekoppelten Wahl auch ärmere Familien die Option Privatschule nutzen.

In Europa haben einige Länder die Wahlmöglichkeit schon vor längerer Zeit eingeführt. Die Niederlande z. B. haben ein aus mehreren Segmenten bestehendes System, das offenbar der individualistischen Mentalität der Bevölkerung entspricht. Ein aus dem Jahre 1920 datierendes Schulgesetz läßt drei parallele Schulsysteme zu: ein protestantisches (1990 von 27 % der Schüler frequentiert), ein katholisches (40 %) und ein konfessionell neutrales (28 %). Das Bild ist aber noch vielfältiger, da es einige nicht-konfessionelle Privatschulen gibt (6 %) und da die protestantischen Schulen nicht nach einheitlichen Lehrplänen arbeiten, sondern die politische und religiöse Orientierung ihrer Sponsoren widerspiegeln.

Die Niederländer praktizieren die freie Schulwahl im Extrem, da die Verfassung die Regierung verpflichtet, den Eltern die Wahl derjenigen Schule für ihre Kinder zu lassen, die ihrer Weltanschauung, ihrem Lebensstil oder ihrer Auffassung von richtigen Lehrmethoden am meisten entspricht. Wenn (je nach Größe der Gemeinde) 50 bis 125 Personen eine eigene Schule fordern, müssen die zentralen Behörden prüfen, ob das möglich ist. Wird die Einrichtung der Schule beschlossen, bezahlt die Regierung alle laufenden Ausgaben nach einer Formel, die u. a. die Lehrergehälter, berechnet nach einer Schüler/Lehrer-Verhältniszahl von 31 : 1, einschließt. Privatschulen können von den Eltern ein geringes Schulgeld erheben, von dem aber keine Personalkosten bestritten werden dürfen. Gewöhnlich deckt es zwischen 10 % und 20 % des Gesamtbudgets. Wenn eine Privatschule nachweisen kann, daß sie 15 % der für einen Neubau veranschlagten Kosten aufbringt und daß sie eine bestimmte Mindestzahl von Schülern haben wird (z. B. 6 in einer ländlichen Grundschule), sind die Behörden verpflichtet, die restlichen Baukosten und alle anderen Ausgaben zu tragen. Neuere Schulgesetze in den Niederlanden wollen die Wahlmöglichkeiten der Eltern noch erweitern (LIKET 1991).

Das Beispiel der Niederlande zeigt sehr gut, warum Westeuropa und Nordamerika sich von Mittel- und Osteuropa so stark unterscheiden. Trotz aller Fragmentierung tendiert die Entwicklung im Westen faktisch mehr zu einer Mischung verschiedener Bevölkerungsgruppen als zu ihrer Isolation und Separation. Sogar in den Niederlanden ist die Politik der sogenannten *Versäulung*, d. h. eines Lebens in getrennten Gruppen auf vielen Gebieten (Arbeitsplatz, Wohnung, Freundschaften, politische Parteien, Schulen), so gut wie irrelevant geworden, weil die persönlichen Wahlentscheidungen der Niederländer diese Versäulung unterliefen.

Auch in Großbritannien war in den letzten 20 Jahren das Problem der Wahlmöglichkeiten ein Hauptthema der Reformdiskussion. Die traditionelle Vorstellung, der private Sektor könne einen großen Teil des Bedarfs an Bildung befriedigen, ist noch immer sehr stark. Dennoch hat der private Anteil im Laufe des 20. Jahrhunderts an Größe und auch an Bedeutung verloren, hauptsächlich aufgrund einer allmählichen Qualitätsverbesserung staatlicher Schulen (PAPADAKIS und TAYLOR-GOODBY 1987). Neueren Erhebungen zufolge besuchten etwas mehr als 15 % der Schüler private und die große Mehrheit von 85 % staatliche Schulen (ebd. S. 76).

Die bis 1997 amtierende konservative Regierung hat den Trend umzukehren versucht. Kürzlich durchgeführte Reformen können z. T. gedeutet werden als das Bestreben, Eltern aus der Mittelschicht zu beschwichtigen, die mit der rigiden Sparpolitik im öffentlichen Bildungswesen unzufrieden sind, aber sich die teuren Privatschulen nicht leisten können (NEWTON 1986). 1981 führte die Regierung ein „Assisted Place System" (Placierungssystem) ein, das minderbemittelten Eltern, deren Kinder nach ihren Fähigkeiten eine private Schule besuchen könnten, staatliche Unterstützung gewährt.

Die Regierung hat auch innerhalb des öffentlichen Sektors eine Art Privatisierung eingeführt. Die Bildungsreform von 1988 räumt allen Schulen mehr Autonomie ein, besonders in Budgetangelegenheiten und in der Schulpolitik. Außerdem erhielten die Eltern das Recht, ihre Kinder unabhängig von den Gemeindegrenzen an einer Schule ihrer Wahl anzumelden, sofern diese genug Platz hat. Die Regierung hat ferner die Verantwortung für staatliche Schulen dem Unterrichtsministerium systematisch entzogen, und zugleich haben andere staatliche sowie kommunale Schulen sich vom System losgesagt (»opted out«). Auf diese Weise werden die privaten Schulen Teil eines größeren »Marktes«. Vorrangiges Ziel der Regierung ist die Förderung des Trends zur Marktorientierung und zur Konkurrenz zwischen Schulen im gesamten Bildungssystem (WILLIAMS und HERITAGE 1988).

Die heutigen Vorstellungen vom Gutscheinsystem werden sich wohl in Zukunft als zu eng und restriktiv erweisen, weil sie sich nur auf die Schulwahl erstrecken. Vermutlich wird die künftige Struktur des Bildungswesens es gestatten, daß Schüler aufgrund eines allgemeinen Gutscheins berechtigt sind, freie Wahlen über die Schulgrenzen hinweg zu treffen. So könnte z. B. ein besonders anspruchsvoller Musikunterricht in einer Gemeinde von einer bestimmten Gruppe gesponsert und den Schülern mehrerer Schulen zugänglich gemacht werden. Der beste EDV-Unterricht könnte von einem nationalen Zentrum administriert werden, das jungen Menschen im ganzen Land über die elektronischen Medien interaktive Instruktion anböte. Ein örtlicher Betrieb der Raumfahrtindustrie, dessen wissenschaftliche Mitarbeiter am Unterrichten Interesse haben, könnte Mathematikstunden anbieten, usw. Es gibt keinen Grund, weshalb Schüler alle diese Optionen nicht nutzen sollten, während sie zugleich eine private oder öffentliche Schule am Ort als Stammschule haben und dort dem Großteil des regulären Unterrichts folgen.

Erwiesenermaßen hat die Schule nur begrenzte Möglichkeiten, moderne Technologie zu nutzen. Entwicklungen außerhalb der Schule wirken nur verzögert auf sie ein. Die Informationstechnologie bietet zahlreiche neue Lernmöglichkeiten, aber diese erreichen die Betriebe und die Familien viel eher als die Schule. CD-ROMs, Datenbasen, Netzwerke und *Edutainment*, eine Verbindung von Lernen und Unterhaltung, sind in sehr rascher Entwicklung begriffen.

Die berufsbildenden Schulen haben ähnliche Schwierigkeiten, sie bleiben hinter der Entwicklung der Technik zurück. Wahrscheinlich werden auch hier alternative Lernangebote mit der Zeit immer üblicher. Vielleicht sollten die Schulen gar nicht versuchen, an vorderster Front zu stehen, sondern sich auf grundlegende und allgemeine Inhalte konzentrieren, am besten solche, die einen Bezug zum Familien- und Freizeitbereich haben.

Es gibt schon viele Beispiele für ein gleichzeitiges Lernen an mehreren Lernorten. So besuchten in der Sowjetunion viele Kinder zwei verschiedene Schulen, eine gewöhnliche, die streng dem zentralen Lehrplan folgte, und zusätzlich eine Spezialschule für Kunst oder Sprachen, Mathematik, Sport etc. In den westlichen Ländern gibt es ein solches paralleles Lernen seit langem auf dem privaten Sektor, so wenn Kinder nach Unterrichtsschluß Klavierstunden haben, in Sportvereinen aktiv sind, eine Tanzschule besuchen etc.

Würden solche differenzierten und individualisierten Lösungen allgemein, so erforderte das eine radikale Umstrukturierung des Unterrichtssystems, weil man an den 45-Minuten-Stunden als Basis des Schultages nicht mehr festhalten könnte. Als praktikable Neuregelung böte sich eine modulare Struktur an, wie die berufsbildenden Zweige niederländischer Sek.-II-Schulen sie haben, weil sie viel mehr Flexibilität gestatten. Ein Modul ist eine zeitlich begrenzte, kompakte Lerneinheit mit klar definierten Zielen, Inhalten und Methoden (VEUGELERS 1988). Die Modulstruktur würde zwei oder vier Wochen intensives Arbeiten an *einer* oder – im Falle der Parallelführung mehrerer Module – an zwei oder drei Sachen ermöglichen; darin könnte z. B. auch eine Reise eingeschlossen sein.

Auch die administrativen Ordnungen werden sich wahrscheinlich stark verändern. In den USA lagen Verantwortung und Entscheidungsbefugnis für die Schulen traditionell bei den Kommunen. Sie verlieren jetzt aber diese Position, die teilweise von den Schulen selbst übernommen wird. Die Schulen werden z. B. in zunehmendem Maße für ihre Finanzen verantwortlich. In Chicago etwa werden zentrale staatliche Mittel an den Schulverwaltungen der Bezirke vorbei- und direkt zu den Schulen geleitet. Diese entscheiden dann selbst über die Einstellung und Bezahlung von Lehrern (WILLIAMS und HERITAGE 1988). Sie arbeiten auch innerhalb des vorgegebenen staatlichen Rahmens ihre Lehrpläne zum großen Teil selbst aus. Zusätzlich bewilligte staatliche Mittel dürfen sie nur nutzen, wenn sie einen eigenen Schulausschuß einsetzen.

In Amerika bedienen die Schulen traditionell bestimmte Wohngebiete, d. h. normalerweise besuchen Kinder die Schule, zu der sie den kürzesten Weg haben. Infolgedessen entwickelten sich alle Schulen, von der Primarstufe bis zum Sekundarabschluß, zu umfassenden Einheitsschulen, die allen Interessen und Begabungen gerecht werden und akademische ebenso wie berufliche Kompetenz vermitteln sollten. Sie konnten sich nicht auf *eine* Klientel konzentrieren, sondern sollten allen Bedürfnissen und Wünschen entgegenkommen. Wie konnten sie das leisten? Die Lösung war eine Art Cafeteria-Stil: Jeder Schüler darf seine Fächer und sein Pensum weitgehend selbst wählen.

Das Prinzip der wohnungsnahen Schule wurde in den siebziger Jahren etwas modifiziert. Der oberste Gerichtshof der USA (Supreme Court) bestimmte schon 1954, daß Rassentrennung in den Schulen ungesetzlich sei und jede Schule daher weiße *und* farbige Schüler aufnehmen müsse. So kam es seit den sechziger und verstärkt in den siebziger Jahren zur Integration der Rassen und zum vielberedeten Programm des *bussing*. Mit der Übernahme der Regierungsmacht durch die konservativen Präsidenten Reagan und Bush geriet die Bewegung aber ins Stocken und wird heute nur noch als Überbleibsel einer liberalen Vergangenheit betrachtet.

Die heutigen Reformbestrebungen haben konservative Wurzeln und sind deutlich marktorientiert. Ihre Wortführer sind an sozialen Problemen wie der Rassenintegration wenig interessiert. Sie wollen Schulen schaffen, die die Jugendlichen auf ein Leben in der freien Marktwirtschaft vorbereiten. Ähnlich wie in Großbritannien propagieren sie ein Marktmodell, nach welchem die Schulen selbst konkurrenzfähig und marktorientiert sein sollen. Die Eltern können die Schule für ihre Kinder selbst wählen. Dahinter steht die Idee, Konkurrenz werde die Qualität der Schulen und des Unterrichts heben; umgekehrt sei eine Schule, die ein Monopol habe und also keiner Konkurrenz ausgesetzt sei, nicht um ihre Verbesserung und Attraktivität bemüht. Wenn Schulen um Geldmittel, Ausstattung und Schüler konkurrieren müßten, würden die guten Schulen Schüler an sich ziehen und die schlechten an Schülermangel leiden und allmählich »wegsterben«. Um den Eltern eine in diesem Sinne wirklich freie Schulwahl zu ermöglichen, müssen die Protagonisten des Marktmodells das Prinzip der Distriktsbindung (an die wohnungsnahe Schule) bekämpfen. So erklärt sich ihre Behauptung, die Eltern wüßten am besten, welche Schulen für ihre Kinder die geeignetsten seien und was unter einer guten Ausbildung der Kinder zu verstehen sei (vgl. auch die Bemerkungen zur Diskussion in Neuseeland in den Kapiteln 4 und 5).

Bei dem Elternrecht der Wahl sind in Amerika drei Ebenen zu unterscheiden. Auf der ersten können die Eltern bestimmen, welche Schule innerhalb eines Bezirks ihre Kinder besuchen sollen. Zweitens dürfen sie eine Schule außerhalb des Bezirks wählen, sofern sie begründen können, daß diese den Fähigkeiten und Bedürfnissen des Kindes besonders entgegenkommt. Auf der dritten Ebene kämpfen Eltern für das Recht, ihre Kinder auf Privatschulen zu schicken, aber den Großteil des Schulgeldes aus öffentlichen Mitteln erstattet zu bekommen. Dies bricht radikal mit den historischen Traditionen. Kirche und Staat waren in den USA seit langem strikt getrennt, und da fast alle privaten Schulen von einer Glaubensgemeinschaft getragen werden, durften sie nie öffentliche Mittel entgegennehmen. Die Trennung hat ihre Wurzeln im 19. Jahrhundert, als alle Bundesstaaten Grundschulen einrichteten. Zu der Zeit hatten die meisten Staaten eine protestantische Mehrheit, aber zugleich setzte eine starke Einwanderung von Katholiken aus Europa ein. In dem Bestreben, den Einfluß der katholischen Kirche zu begrenzen, wurden die öffentlichen Schulen stark an protestantischen Werten ausgerichtet. Die Katholiken wurden so nach und nach gezwungen, ein eigenes privates Schulsystem aufzubauen. Nur so konnten sie ihren Kindern eine Ausbildung bieten, die nicht vom protestantischen Glauben geprägt war. Heute besuchen etwa 12 % aller Schüler private Schulen, von denen die meisten von der katholischen Kirche unterstützt werden. Da neuere Untersuchungen gezeigt haben, daß Absolventen privater Schulen oft bessere Abschlüsse erreichen als die öffentlicher Schulen, wollen die Wortführer der freien Schulwahl die Privatschule einer großen Zahl von Familien zugänglich machen, ohne daß diesen nennenswerte Kosten aufgebürdet werden (COLEMAN 1988).

Die Niederlande, Großbritannien und die USA, die wir als Beispiele anführten, sind Länder mit einer langen Tradition der lokalen Selbstverwaltung. Es gehört zu den bemerkenswerten Entwicklungen der letzten Jahre, daß auch Staaten, die diese Tradition nicht haben, mehr Dezentralisierung im Bildungswesen anstreben. Norwegen begann damit in den siebziger Jahren, und in jüngster Zeit hat auch Schweden einige Maßnahmen beschlossen, die ein Ende des extrem zentralisierten Systems bedeuten. Die wichtigste Begründung dafür war, daß die staatlichen Reformen der zweiten Jahrhunderthälfte zwar ein homogenes System mit annähernd gleichen Chancen für alle geschaffen, zugleich aber Kreativität und Individualismus in den Schulen erstickt hätten. Auch sei die Schulbürokratie unnötig aufgebläht. Seit Anfang der neunziger Jahre haben zentrale Behörden eine Richtungsänderung eingeleitet. Ein Beispiel dafür ist das sogenannte Uppsala-Projekt, in dem so gut wie alle Befugnisse den einzelnen Schulen übertragen wurden. Das implizierte eine Rollenveränderung der Behörden, die jetzt eine Hilfs- und Beratungsinstanz für die Schulen oder auch nur eine Art Resonanzboden sind. Die Reaktionen auf Schulebene sind überwiegend positiv. Problematischer ist die undeutlich gewordene Rolle der Lokalpolitiker, die sich manchmal aufführen wie ehedem die Zentralbehörden, indem sie die Schulen dirigistisch zu lenken versuchen. Dennoch steckt in der neuen Richtung ein großes Potential (ODMARK 1993).

Selbstverwaltung der Schulen: Ein wesentliches Merkmal der derzeitigen Bildungs- und Schuldebatte ist der Trend, den Schulen in vielerlei Hinsicht mehr Autonomie zu gewähren. In moderner Zeit hatten sie, gleichgültig ob das System im ganzen zentralistisch oder dezentralisiert war, nur wenig Möglichkeiten der Selbstbestimmung. Über Lehrpläne, Lehrmethoden, Schulbücher, Stundenplan, Prüfungen etc. wurde in der Regel auf regionaler oder nationaler Ebene entschieden. In den letzten Jahren hat sich das in Skandinavien, den USA, Deutschland und vielen anderen Ländern radikal geändert, indem den Schulen oder örtlichen Schulbehörden Entscheidungsbefugnisse übertragen wurden. Zwar sind diese immer noch begrenzt, aber die Tendenz ist klar und wird sich sicher in den kommenden Jahren weiter verstärken.

Die Demokratisierungsprozesse in mittel- und osteuropäischen Schulen werden stark beachtet. Erziehung zur Demokratie ist ein wichtiges Anliegen in allen Staaten, die früher zur Sowjetunion oder ihrem Machtbereich gehörten (RUST, KNOST und WICHMANN 1994). Am meisten Aufmerksamkeit gilt der administrativen Umstrukturierung und der autonomen Schulleitung (LÓRAND 1993). In Polen wird diese in enger Zusammenarbeit von Universitäten und einzelnen Schulen konzipiert (NIEMOZYNSKI u. a. 1993). Die Russen sehen in ihr »die ergiebigste Strategie des Schulmanagements«. Das kann sie nur sein, wenn möglichst viele Gruppen an den Entscheidungsprozessen mitwirken. In russischen Schulen ist das oberste beschließende Organ die sogenannte Schulkonferenz, die aus Lehrern, Schülern, Eltern und besonders interessierten Vertretern der Gemeinde besteht. Die Mitglieder werden von den einzelnen Gruppen gewählt. Die Schulkonferenz arbeitet eine Satzung für die Schule aus. Ausführendes Organ ist ein von der Konferenz gewählter Schulausschuß. Er sorgt für die Einhaltung der Satzung und des Lehrplans, kontrolliert das Budget, bemüht sich um externe Finanzierung, pflegt das Image der Schule nach außen etc. Es gibt auch eine Lehrerkonferenz, die über fachliche Dinge wie etwa Stundenpläne entscheidet (GAZMAN 1991).

Soll eine Schule demokratisch und autonom funktionieren, müssen die Lehrer als wichtige Akteure einbezogen werden. Das Projekt *Education for a Democratic Future* in Melbourne (Australien) steht für eine in dieser Hinsicht beispielhafte Initiative: Lehrer arbeiten mit der offiziellen Schulverwaltung in speziellen Kursen zusammen, deren Ziel es ist, ihnen mehr Einfluß auf die Lehrpläne und die Schulentwicklung zu geben. Dabei wird besonderer Wert auf die Prüfung zukunftsrelevanter, im derzeitigen Lehrplan aber noch zu wenig berücksichtigter Unterrichtsinhalte gelegt, z. B. Krieg, Armut, Ungerechtigkeit, ökologisches Ungleichgewicht, inhumane soziale Verhältnisse. Die Lehrer sollen für diese Themen sensibilisiert und zum Aufbruch aus einem konventionell nach Fächern gegliederten Unterricht ermutigt werden (KNIGHT 1987).

Ein anderer wichtiger Punkt ist das Engagement der Eltern. Früher sah man sie oft in einer nur dienenden Funktion: Sie sollten dazu beitragen, daß die Schüler taten, was die Schule wollte. Heute haben sie wirklichen Einfluß: auf Bildungsziele, Profile und Schwerpunkte, Schülermitbestimmung, Erziehungsfragen (z. B. was unter erwünschtem Schülerverhalten zu verstehen ist) etc. (MEADOWS 1993).

Demokratisches Verhalten lernen: Trotz der Versuche, die Schule als Organisation zu demokratisieren und den Eltern mehr Freiheit bei der Schulwahl zu lassen, ist für die Demokratisierung des Schüleralltags bisher überraschend wenig getan worden. Wie sollen also die Schüler demokratische Werte verinnerlichen und demokratisches Verhalten lernen? Ein erster Schritt wäre ein funktionierender Schülerrat, in dem die Schüler als Gruppe an Entscheidungsprozessen mitwirken (DIXON 1994). Oder man sucht Empathie, Mitgefühl, Achtung anderer, Zusammenarbeit und die Fähigkeit zu ethisch begründeten Entscheidungen zu fördern. Polly Greenberg hat z. B. ein Programm entwickelt, in dem durch Gruppenübungen und andere Verfahren Kinder mit besonderen Talenten zur Durchführung bestimmter Aufgaben ermittelt werden sollen. Dabei lernen die Kinder, sich in eine Gruppe produktiv einzuordnen und sich bei der Arbeit an einer gemeinsamen Aufgabe aufeinander zu verlassen (GREENBERG 1992).

Beispiele für Erziehung zur Demokratie in Schulen und Klassenräumen werden in mehreren Fallstudien vorgestellt. Erwähnenswert ist ein australisches Projekt, das sich an Grundschüler wendet (KNIGHT 1988). Es geht aus von der Annahme, daß demokratisches Verhalten schrittweise, in einem lebenslangen Prozeß, und dennoch niemals vollkommen erlernt wird. Das Programm ist zweistufig. Im ersten Stadium (für die Klassen 1 bis 3) wird viel Zeit darauf verwandt, das Thema logisch zu begründen. Es wird betont, daß Demokratie nur in einer vernünftigen und gerechten Gesellschaftsordnung funktionieren kann. Folglich muß auch das Zusammenleben in der Schule vernünftig und gerecht geregelt sein. In den untersten Klassen hat die Lehrerin meist die Situation im Klassenraum völlig unter Kontrolle; aber das Projekt legt Wert darauf, daß die Kinder lernen, warum es bestimmte Verhaltensregeln geben muß und daß ein Bruch dieser Regeln Konsequenzen hat. Daran anknüpfend werden die Rechte der Schüler erklärt, und zwar werden die individuellen Rechte zu den Verpflichtungen gegenüber der Gemeinschaft in Beziehungen gesetzt. Auf dieser Altersstufe definieren die Lehrer, was Demokratie ist, indem sie Normen setzen und die Folgen von Regelverletzungen festlegen. Die Schüler werden ständig daran erinnert, daß sie zwischen Einhaltung und Verletzung der Regeln wählen können, und ihnen wird gesagt, wann sie sich innerhalb und wann außerhalb des Zulässigen bewegen. Ihre Entscheidungen haben vorhersagbare Konsequenzen.

Im nächsten Stadium (für die Klassen 4 bis 6) beginnen die Schüler mit der Selbstbestimmung und Selbstverwaltung zu experimentieren, wenngleich zunächst noch von den Erwachsenen »beschattet«. Sie nehmen an der Erarbeitung von Regeln teil; das bedeutet, daß sie auch Beschlüsse über die Folgen von Regelverletzungen mitverantworten. Ferner gehören zu diesem Stadium Meinungsbefragungen, die Wahl von Vertretern, eine Einführung in Verfahren der Problemlösung und in die Leitung von Versammlungen und Diskussionen. Bei alledem wird stets betont, daß Freiheit nicht Zügellosigkeit, sondern gemeinsame Verantwortung und Verpflichtung ist.

In den USA hat Mary Hepburn für den *National Council for Social Studies* eine Reihe Fallstudien über gelebte Demokratie an einzelnen Pionierschulen gesammelt. Ein besonders eindrucksvolles Beispiel ist ein Projekt an der Parker High School, bei dem die Schüler durch Mitwirkung in wichtigen Angelegenheiten (Ausarbeitung einer Schulsatzung, Festlegung von Rechten und Pflichten, Arbeit am Budget) lernen, was »repräsentative Demokratie« bedeutet. Die St. Paul Open School beteiligt die Schüler an Beratungen über Selbstverwaltung, über Lehrpläne und ihre Fortschreibung und sogar über so heikle Themen wie Abschlußprüfungen etc. Die Northport Union Free School in New York hat einen Ombudsmann, der den Schülern bei der Lösung von Konflikten und der Behandlung von Mißständen helfen soll (HEPBURN 1983). Diese und andere Fallstudien illustrieren, wie demokratische Prinzipien durch die Praxis vermittelt werden können.

Eine der in diesem Zusammenhang anregendsten Institutionen ist das
»Versuchsgymnasium« *(Forsøksgymnasiet)* in Oslo, dessen Gründung zu-
rückging auf den Wunsch junger Menschen nach einem Lernmilieu, das die
persönliche Initiative ermutigte und von gegenseitigem Respekt geprägt war.
Das Versuchsgymnasium diente als Modell für andere alternative Schulen in
Dänemark und Schweden, an denen demokratische Grundsätze im Schul-
alltag praktiziert werden.

7.3 Schulen im Dienste des multikulturellen Lebens

Zum jetzigen Zeitpunkt ist multikultureller Unterricht in den meisten Ländern noch eine Zukunftsidee. In einigen wenigen Ländern ist die Idee in
manchen Großstädten aber schon Wirklichkeit geworden. An einigen deutschen Gymnasien besteht die Möglichkeit, das Abitur auf türkisch ab-
zulegen. In Kalifornien ist jeder sechste Schüler nicht in den USA geboren,
und zwei Drittel der Schüler sprechen zu Hause eine andere Sprache als
Englisch (GRAY 1993, S. 69). Da die Mobilität in der Welt immer mehr zunimmt, ist die Wahrscheinlichkeit groß, daß das demographische Profil Ka-
liforniens kein Sonderfall bleibt. Anders gesagt: Die Schulen werden multikulturell, weil die Schüler es sind. Die Frage ist, ob die Schulen zu der multikulturellen Entwicklung etwas Positives beitragen wollen oder ob sie bloß
die Probleme reflektieren, die es in einer multikulturellen Gesellschaft gibt.
In Kalifornien haben viele Lehrer ihre Antwort schon gegeben. Die Schulen
müssen die ethnische Vielfalt in den Klassenzimmern ganz einfach als eine
erzieherische Herausforderung sehen. Die Schüler wie die Lehrer sind lebende Zeugen kultureller Vielfalt, und diese kann in Erdkunde, Geschichte
und den Fremdsprachen für den Unterricht fruchtbar gemacht werden. Die
verschiedenen Sprachen und Kulturen können auch in der Kantine oder
Cafeteria, im Bücherangebot der Schulbibliothek, auf dem Sportgelände, in
den Pausenspielen, in der Kleidung etc. zum Ausdruck kommen. Und nicht
zuletzt kann die multikulturelle Orientierung in der Beratung von Schülern,
in den Lehrplänen, den Unterrichts- und Lernmethoden, den Kontakten zum
Umfeld und den Methoden der Leistungsbewertung kreativ genutzt werden.

Der Weg zu solchem multikulturellen Denken in den Schulen war schwierig
und ist es noch immner. Nach James Banks läßt er sich in wenigstens vier
Phasen gliedern. In der ersten Phase, als Mexikaner, Schwarze und andere
ihre Rechte in den Schulen einforderten, antworteten diese mit einem – so
Banks – »mono-ethnischen Kurs«, d. h. sie boten den Minderheiten Klassen
und Workshops über ihren eigenen ethnischen Hintergrund an. In der
Grundschule Victor Berger z. B., die überwiegend von afroamerikanischen

Kindern besucht wird, sind alle Lerninhalte afroamerikanisch orientiert (SCHERER 1992). Als immer mehr Gruppen diese Anerkennung durch die Lehrpläne forderten, wurde es unmöglich, die Wünsche durch Einrichtung immer neuer spezieller Klassen zu erfüllen, und damit begann die zweite Phase. Es wurden Kurspläne erarbeitet, die zwar den ethnischen Minoritäten angepaßt, aber doch allgemeiner waren als die der ersten Phase.

In der dritten ging man noch einen Schritt weiter und verließ in neuen Programmen den rein ethnischen Aspekt. Aus Untersuchungen von Schülerleistungen ging nämlich hervor, daß die ethnisch homogenen Klassen viele junge Menschen zwar zu mehr Selbstverständnis und Selbstachtung, nicht aber zu besseren Leistungen führten. Um dies zu erreichen, bedurfte es eines breiter angelegten, das ganze Schulmilieu und alle Aspekte des Unterrichts einbeziehenden Konzepts. Im Schulbezirk Shoreham-Waking z. B. hat man den Schwerpunkt Menschenrechte gewählt, um die Schüler zunächst zu besserem Verständnis der eigenen Kultur, dadurch mittelbar aber auch zum Verständnis und zur Wertschätzung fremder Kulturen zu führen (ADAMS, PARDO und SCHNEIDEWIND 1992).

Die vorläufig letzte Phase begann, als amerikanische Lehrer den Denkansatz noch mehr erweiterten. Sie machten darauf aufmerksam, daß andere Gruppen, wie etwa Mädchen, Behinderte, religiöse Minderheiten, verarmte Weiße, in einer ähnlich benachteiligten Lage waren wie die ethnischen Minoritäten. Dies führte zu einer Erweiterung des Begriffs der multikulturellen Erziehung, der jetzt alle diese nicht-ethnisch definierten Gruppen einschließt (BANKS 1988).

In Europa scheinen sich zwei Modelle multikulturellen Unterrichts durchzusetzen (ROOSENS 1994). Das eine sind die der Idee des vereinigten Europa verpflichteten sogenannten Europaschulen, an denen etwa 15 000 Schüler von 1000 Lehrern unterrichtet werden. Sie führen zu einem eigenen Abitur, dem *European Baccalaureate*, das an allen Universitäten der EU-Mitgliedstaaten sowie in Österreich, der Schweiz und den USA als Nachweis der Hochschulreife anerkannt wird. Zum andern gibt es eine Reihe Schulen, deren besondere Zielgruppe die Kinder von Gastarbeitern und Flüchtlingen sind. Ein gutes Beispiel ist das sogenannte Foyer-Modell in Brüssel, das die Kinder zur Identifikation sowohl mit ihrer eigenen Kultur als auch mit anderen Kulturen führen will. Im Kindergarten verbringen die Kinder in der eigenen ethnischen Gruppe genau ebensoviel Zeit wie in Gruppen mit Kindern aus anderen Kulturen. Im ersten Jahr der Grundschule erhalten sie etwa 60 % des Unterrichts in einer einheitlichen Gruppe in ihrer Muttersprache, 30 % in einer für sie neuen Sprache, und 10 % sind für integrierte Aktivitäten vorgesehen. Im zweiten Jahr wird der separate Unterrichtsanteil auf

50 % reduziert, und im dritten werden die Kinder schon in 90 % aller Stunden in integrierten Gruppen unterrichtet, während nur ein kleiner Rest in der Muttersprache gegeben wird.

Ein Repräsentant des Netzwerks *School Year 2020*, Prentice Baptiste jr., ein Vorkämpfer des multikulturellen Unterrichts, hat zusammen mit einer Kollegin aus Houston, Karen Hughes, die folgenden Ziele multikulturellen Unterrichts proklamiert (BAPTISTE und HUGHES 1993):

1. Wertschätzung und Achtung kultureller Vielfalt
2. Förderung des Verständnisses kultureller und ethnischer Traditionen
3. Förderung kulturellen Verständnisses und kultureller Verantwortung im Lehrplan aller Fächer
4. Aneignung von Haltungen, Fertigkeiten und Kenntnissen als Bedingung des Zusammenlebens und der Zusammenarbeit der Kulturen
5. Kampf gegen Rassismus und Diskriminierung sowohl überall in der Schule als auch in der übrigen Gesellschaft
6. Einsatz für gleiche Rechte aller in Bildung, Politik, Wirtschaft und Gesellschaft

Von Baptiste stammt auch eine Typologie der multikulturellen Entwicklung. Danach durchlaufen Individuen und Gruppen, die sich mit multikulturellem Unterricht vertraut machen, drei progressive Niveaus. In mancher Hinsicht ähneln diese den obenerwähnten historischen Phasen nach Banks, aber Baptiste geht weiter. Die erste Ebene ist additiv in dem Sinne, daß zusätzliche Inhalte, die auf bestimmte Ethnien bezogen sind, dem regulären Lehrplan angefügt werden. Dadurch soll die Kompetenz dieser Gruppen erweitert werden, und zugleich sollen sie ihre Kultur stolz und selbstbewußt vertreten lernen. Das wäre ein Fortschritt, denn das Verhältnis ethnischer Minderheiten zu den Erwartungen der Mehrheitskultur würde durch ein adäquateres Verhalten verbessert. Veränderungen der Mehrheitskultur werden auf dieser Ebene noch nicht vorgeschlagen oder erwartet.

Auf der zweiten Ebene ist das multikulturelle Interesse breiter angelegt. Einzel- und Rahmenthemen, Begriffe sowie diverse Aktivitäten werden unter verschiedenen kulturellen und ethnischen Perspektiven betrachtet. Das additive Prinzip ist aufgegeben; die Inhalte – zumeist Information über eine Vielfalt von Kulturen und ihren Beitrag zur allgemeinen Gesellschaftsentwicklung – sind Teil des regulären Lehrplans. Es geht nicht nur um ethnospezifische Themen, sondern auch um Rollen der Geschlechter, Probleme der Behinderten und Klassengegensätze.

Die dritte Ebene setzt die beiden ersten voraus. Sie hat zum Ziel, daß die Schüler positive Einstellungen zu einer pluralistischen Gesellschaft verinnerlichen. Die Legitmität des Multikulturellen steht nicht mehr in Frage; es geht jetzt um die Strategien zur Erreichung der idealen multikulturellen Gesellschaft. Dabei ist nicht beabsichtigt, die jungen Menschen multikulturell in dem Sinne zu machen, daß sie in einer anderen Kultur ebenso heimisch werden wie in ihrer eigenen. Wohl aber sollen sie mehr als eine Kultur *verstehen* können. Viele Menschen können in einer Kultur leben und funktionieren, ohne sie zu verstehen. Andererseits kann man eine Kultur verstehen und in ihrer Bedeutung anerkennen, ohne zugleich die für sie typischen Verhaltensweisen zu übernehmen (FEINBERG 1993).

Dieses Konzept von Baptiste ist in vielen verschiedenen Institutionen erprobt worden. Seine Kollegin Karen Hughes hat in Houston (Texas) versucht, es den Bedürfnissen von Vorschulen anzupassen, indem sie sehr kleine Kinder eine Reihe von Erfahrungen machen ließ: das Feiern ethnischer Festtage und Tänze, Zuschauen bei Vorführungen kultureller Gruppen etc. Danach werden die Kinder mit verschiedenen konkreten Materialien vertraut gemacht, die die Vielfalt der Kulturen demonstrieren. Schließlich sollen sie durch weitere Erlebnisse und Erfahrungen dahin kommen, Selbständigkeit und eine positive Gruppenidentität auszudrücken. Zu den Materialien gehören auch solche, die Vorurteile und negative Einstellungen enthalten, und die Kinder lernen, diesen entgegenzuwirken. Sie erfahren kulturelle Vielfalt als etwas Gutes, bei dem alle Kinder gleich viel wert sind (BAPTISTE und HUGHES 1993, S. 41).

Ermutigung zur Selbständigkeit ist ein wesentliches Merkmal multikulturellen Unterrichts. Es gibt mehrere Programme, die den traditionell marginalisierten Gruppen helfen wollen, ihre Position in der Gesellschaft besser zu verstehen und die Selbstachtung zu gewinnen, die sie brauchen, wenn sie in einer multikulturellen Gesellschaft eine aktive Rolle spielen wollen (SLEETER 1991).

Multikulturelle Erziehung hat jetzt einen Punkt erreicht, an dem sie sich als akademische Disziplin zu etablieren beginnt (BANKS 1993). Konkret zeigt sich das darin, daß einige ihrer führenden akademischen Vertreter sich selbst als Spezialisten für multikulturelle Erziehung definieren und fachliche Standards zu formulieren beginnen. Bisher gibt es solche Standards noch nicht, obwohl etliche hervorragende Lehrpläne für Schulen existieren. Am deutlichsten wird das in Städten wie Los Angeles, die man wohl als von Natur aus multikulturell bezeichnen muß und die sich mit diesem Umstand produktiv und direkt auseinandersetzen müssen. Nahezu jede Sekundarschule der Stadt bietet eine breite Skala von Aktivitäten an, die speziell auf die verschiedenen in der Schülerschaft vertretenen Ethnien und Kulturen gemünzt sind. Dazu gehören das Feiern besonderer Fest- und Gedenktage der einzelnen Gruppen, wie z. B. *Cinco de Mayo* und Martin Luther Kings Geburtstag, oder Darbietungen von Musik und Tänzen der Nationen und Ethnien.

Es gibt auch viele spezielle Lernprogramme. Lehrer und Schüler trainieren z. B. Konfliktlösung oder beschäftigen sich im Sprachunterricht mit multikulturellen Themen in der Literatur. Lehrer erarbeiten Unterrichtseinheiten zur Ergänzung von Lehrbüchern, in denen der multikulturelle Aspekt unzulänglich berücksichtigt ist. Die meisten Schulen haben mehrere selbstverwaltete Schülerklubs und -organisationen, z. B. jüdische, koreanische und iranische Kulturvereine, Amnesty Interntional und WISH (World in Search of Harmony). Viele Schulen haben eigene Projekte gestartet. In Los Angeles gibt es ein Projekt namens »Hands Across the Campus«, dessen Initiatoren seinen humanistischen Ansatz betonen, da es auf anthropologischen Kategorien wie Kultur, Rasse und Volk basiere. Wenn Schüler ihren eigenen Hintergrund besser verstünden, würden sie auch andere kulturelle, rassisch oder ethnisch definierte Gruppen eher verstehen und respektieren. Ferner würden sie ihr Englisch und ihre kommunikativen Fähigkeiten verbessern und lernen, für ihre Werte einzutreten und so als Bürger am Leben einer demokratischen Gesellschaft teilzunehmen (LAUSD 1993). Das Projekt kennt viele verschiedene Vorgehensweisen, u. a. diverse Methoden der Entwicklung der Sprachkompetenz, z. B. Tagebuchschreiben, Podiumsdiskussionen, »Flüstergruppen«, mündliche Berichte, darstellendes Spiel, Simulationen von Talkshows und Nachrichtensendungen, Rollenspiele, Lernspiele und andere Erfahrungsübungen. In San Francisco und Umgebung hat man ein sogenanntes DARE-Programm entwickelt (Diversity Awareness Resource Education), das viele Lehrer in großstädtischen Regionen übernommen haben. Sein wichtigstes Ziel ist, die Kommunikation zwischen verschiedenen ethnischen Gruppen zu erleichtern, stereotype Haltungen zu Rassen, Religionen und Nationalitäten aufzubrechen und über die Gruppengrenzen hinweg persönliche Beziehungen zu schaffen. Viele Schulen haben ein Programm, das »Großer Bruder/Große Schwester« heißt; dabei »adoptieren« ältere Schüler oder Mitglieder des Lehrkörpers einen neu hinzukommenden Immigranten bzw. eine Immigrantin als Bruder oder Schwester, um eine längerdauernde persönliche Beziehung aufzubauen. Wo es starke ethnische Konflikte gibt, kann ein »Blue and Red Ribbon«-Programm zweckmäßig sein, das den Gemeinschaftssinn in der Schule stärken soll. Dabei wird aus der Schülerschaft ein Team rekrutiert, das Krisenmanagement betreibt und rassisch und ethnisch bedingten Streitigkeiten vorbeugen und entgegenwirken soll.

7.4 Neue Technologien in der Schule

Schulen sind in einem bestimmten Sinne den neuen Medien verpflichtet. Denn sie müssen die Schüler in die Lage versetzen, die Informationstechnologie und die neuen Kommunikationsmöglichkeiten zum eigenen Vorteil zu nutzen. Der technische Fortschritt auf dem Gebiet erfolgt jetzt mit einer solchen Geschwindigkeit, daß bald jeder Interessierte, wann und wo immer er will, die jeweils benötigten Informationen abrufen kann. Schon jetzt gibt es große Projekte, die das ermöglichen sollen. Die EU z. B. hat das sogenannte DELTA-Projekt initiiert, das den Nutzern Informationen durch direkte Datenkommunikation in ganz Europa sichern soll. Es bindet 174 Organisationen in über 300 Teilprojekten in einem Netzwerk zusammen. Allein 1994 standen dafür 100 Millionen Dollar bereit (COLLIS und DE VRIES 1994).

So erstaunlich das DELTA-Projekt ist, es ist doch regional begrenzt. Die neue Technologie macht aber an den Grenzen der Kontinente nicht halt. Den Durchbruch in die globale Dimension der Telekommunikation brachte das sogenannte Internet, das derzeit über 5000 Netzwerke in allen Kontinenten umfaßt. 1994 hatten etwa 30 Millionen Menschen in aller Welt, darunter über 50 000 Lehrer, eine Internet-Adresse. Mit Hilfe von Internet kann man – dies ist *einer* der angebotenen Dienste – mit einer Person irgendwo in der Welt ebenso leicht Kontakt aufnehmen, wie wenn sie im gleichen Zimmer wäre. In den Schulen mancher Länder wird diese Möglichkeit schon genutzt. In Finnland z. B. gebraucht man Mailboxen im Fremdsprachenunterricht, so daß die Schüler direkt mit Kindern kommunizieren können, die die Zielsprache als Muttersprache haben (TELLA 1994). Die Bedeutung dieses Mediums für den Unterricht ist kaum zu überschätzen. Endlich kann von wirklicher Gleichheit der Bildungschancen gesprochen werden, zumindest was den Zugang betrifft. Die früher benachteiligt waren, weil sie zu weit vom Unterrichtsort entfernt wohnten, können jetzt mit ihm direkten Kontakt aufnehmen. In New Mexico z. B. erhalten die Schüler entlegener High schools Unterricht in allen gängigen Fächern durch interaktive, über zweiseitigen Videokontakt hergestellte Kommunikation mit einem College (Technology in Education Act 1993). In manchen Schulbezirken der USA können Schüler, die krankheitshalber zu Hause sind, dank direkter elektronischer Kommunikation mit der Schule am Unterricht im Klassenzimmer teilnehmen (DYRLI 1993). Es ist ein wirklicher Durchbruch, daß die Stätten weiterführenden Unterrichts keine entfernten Einrichtungen mehr sind, sondern in zunehmendem Maße einfach zum alltäglichen Umfeld der Schüler gehören. Ein Beispiel dafür ist die Appalachian State University in North Carolina, die in Zusammenarbeit mit privaten Betrieben der Telekommunikation ländliche High schools über Datenbanken mit Informationen versorgt (RIEDL und CARROLL 1993).

Heute sind Computer in den Klassenzimmern schon etwas so Normales, daß sie in den Sprachen, in Mathematik, Naturwissenschaften, den gesell-schaftswissenschaftlichen, musischen und technischen Fächern zum selbst-verständlichen Hilfsmittel im Unterricht geworden sind. Daß der gesamte Unterricht einer Schule in ein und demselben Gebäude stattfinden muß, ist im Zeitalter moderner Telekommunikation eine veraltete Auffassung. Men-schen überall auf der Welt können direkten Kontakt miteinander auf-nehmen, und die Schule am Ort mit ihren Klassenräumen erscheint bereits allzu abgegrenzt in einer Welt, die für alle offen ist. Schon können wir mit Menschen auf der anderen Seite des Globus ebenso schnell und zu fast ebenso geringen Kosten kommunizieren wie mit einem Freund von gegen-über.

Neil Postman meint, die Amerikaner hätten sich in die Technik verliebt. Mit diesem Begriff deutet er an, sie seien so besessen, daß sie die Schattenseiten nicht mehr sähen. Die moderne Technologie blende und fasziniere, und die Menschen erlägen ihrer Verführungskraft in einem Maße, daß sie unfähig würden, sich von aufregenden Innovationen zu distanzieren. In Zukunft sei es wichtig, im Verhältnis zur Technik zwei teilweise gegensätzliche Fähig-keiten zu entwickeln: erstens, sie zu beherrschen, und zweitens, kritisch zu ihr zu sein, zumindest in dem Sinne, daß sie nicht die Wertorientierung, die Ambitionen, ja überhaupt die Gedanken total bestimmt (POSTMAN 1987).

Das Streben nach Beherrschung der Technik setzt sich in der Schule immer mehr durch. Wir beschränken uns hier auf das Beispiel der elektronischen Datenverarbeitung. Wie Computer in den Unterricht integriert werden kön-nen, ist in mehreren Projekten untersucht worden. Nach Ragsdale sollen sich die Schulen dabei auf drei Dinge konzentrieren: eine allgemeine Einführung in die EDV, den Computer als »Lehrer« und den Computer als Werkzeug (RAGSDALE 1987). Die größte Herausforderung liegt vielleicht darin, daß die Lehrer oft weniger von der EDV, speziell den neuesten Entwicklungen, verstehen als ihre Schüler. In San Marcos in Texas hat man allerdings de-monstriert, daß dieses Hindernis ausgeräumt werden kann. Mehrere In-stitutionen, darunter eine Universität und eine Telephongesellschaft, haben ein Konsortium gebildet, das alle Unterrichtsräume mit untereinander ver-bundenen Computern und der neuesten gängigen Software ausstattet. Zur Hardware gehören interaktives Fernsehen, Videokamera und -recorder und CD-Player einschließlich CD-ROM. Alle Lehrer, angehenden Lehrer, Eltern und Schüler können sich in den Umgang mit den Geräten einweisen lassen; die Lehrer können zusätzlich zwei wöchentliche Fortbildungsstunden belegen. Das Projekt hat alle Nutzer sicherer gemacht und Begeisterung für die Sache geweckt. Es fördert einen schülerzentrierten Unterricht und stärkt das Interesse für die Schulen bei den Bewohnern der Einzugsgebiete (CURTIN u. a. 1994).

In Finnland wird schon seit vielen Jahren mit der EDV im Unterricht experimentiert. An der Universität Jyväskylä hat man Versuche mit Computern als vielseitig einsetzbaren Hilfsmitteln im Klassenzimmer gemacht. Die Versuche erstreckten sich u. a. auf Textbehandlung im muttersprachlichen Unterricht, besseres Verständnis finnischer Literatur, Französischunterricht, Aufbau von Datenbanken für Geschichtskurse, Gebrauch digitalisierter Zeichnungen und Bilder im Kunstunterricht, computergesteuerte Komposition und Harmonielehre im Musikunterricht (KONTTINEN 1987). Die Universität Joensuu hat in einem ungewöhnlichen Experiment, dem sogenannten KONTI-Projekt, moderne Computertechnik auf das flache Land gebracht. Kleine ländliche Schulen dienen als EDV-Informations- und Trainingszentren. Darüber hinaus bauen sie eine Datenbank über den regionalen Arbeitsmarkt auf, von der existierende und offene Stellen abgerufen werden können. Indem sie so als Clearingstelle und Arbeitsvermittlungsinstanz dient, wird die Schule zum Partner des ganzen ländlichen Wirtschaftslebens. Der Nutzen ist beiderseitig; denn auch die Schule profitiert, da sie ständig über die verfügbaren Arbeitsplätze und die dafür erforderliche Ausbildung informiert ist.

In Kanada hat man mit verschiedenen Methoden – Unterweisung, Erfahrungsaustausch, gegenseitige Hilfe, Ausarbeitung von Unterrichtseinheiten – ein Netzwerk zu schaffen versucht, das »normalen« Lehrern zu kreativerem Umgang mit der Computertechnik verhelfen sollte. Eine wichtige Erfahrung dabei war, daß starke Lenkung durch den Lehrer die Schüler hindert, mit der Technik kreativ umzugehen, einfach weil die Lehrer ihr nicht mit der gleichen Neugier und Sicherheit gegenübertreten (RAGSDALE und DURRELL 1994).

Eine wichtige Triebkraft des Unterrichts in EDV war das Interesse der privaten Wirtschaft an der Softwareentwicklung. Manche Firmen haben ihre eigenen Beschäftigten als Zielgruppe, so z. B. Nokia in Finnland (LAAKSONEN 1987). Die Schulen können insofern profitieren, als sie die Software als Material zum Unterrichten und Üben bekommen. Zu den Firmen, die ihre Forschung und Produktentwicklung direkt auf die Schule ausgerichtet haben, gehört Apple mit der Projektserie Classroom of Tomorrow (ACOT). Eines der größten ACOT-Projekte bezog sich auf ein entlegenes ländliches Gebiet in Minnesota. Fast alle Klassenstufen nahmen teil, doch lag der Schwerpunkt auf den Klassen 4 bis 6. Z. B. teilten sich je zwei Sechstkläßler einen Computer in der Schule, und jeder hatte das ganze Schuljahr hindurch einen Computer zu Hause. Die Ergebnisse waren beeindruckend. Es wurden z. B. neue Mathematik- und Sprachprogramme eingeführt, nach denen der einzelne Schüler sein Lerntempo ganz seinen Fähigkeiten und seiner Motivation gemäß einrichten kann. Man hat einen Kurs in Problemlösung entwickelt, der die Schüler förmlich zwingt, bei der Arbeit an örtlichen Problemen zugleich global zu denken. Er beruht auf einer umfassenden Datenbank, von der die Schüler Informationen zu dem jeweiligen Problem aus der ganzen Welt abrufen können. Die ACOT-Programme fördern die Kreativität, da sie gute Graphiken verwenden und den Einsatz vieler Möglichkeiten des Computers verlangen. Die Schüler müssen sich neue Fertigkeiten aneignen: die Bedienung der Tastatur, den Umgang mit Textverarbeitungs- und Graphikprogrammen, die Nutzung von Datenbanken. An der West High School in einem großstädtischen Slum in Ohio ging das Schuleschwänzen im Laufe von vier Jahren dank der ACOT-Programme drastisch zurück.

Weil Computer für viele Schüler so attraktiv sind, könnten die Lehrer versucht sein, sie soviel wie möglich im Unterricht einzusetzen, auch auf Kosten anderer wichtiger Lerninhalte. Eine solche Entwicklung wäre nicht wünschenswert, ja sogar gefährlich. Wir kommen damit auf die zweite Fähigkeit, die Postman im Verhältnis zur Technik fordert, nämlich den kritischen Blick auf Neuerungen. Im folgenden nennen wir sieben kritische Punkte, die nach Postman von technisch interessierten Jugendlichen bedacht werden sollten:

1. Jedem Vorteil, den die Technik bringt, steht ein Nachteil gegenüber. Eine Gesellschaft muß für technische Neuerungen stets einen Preis zahlen.
2. Neue Technologien sind nicht allen Mitgliedern einer Gesellschaft gleichermaßen zugänglich. Was für den einen vorteilhaft ist, kann für einen anderen von Nachteil sein. Neue Medien brechen tendenziell das Monopol der älteren. Z. B. könnte das Fernsehen dem schulischen Lernen schaden, da in der Institution Schule das geschriebene Wort das wichtigste Medium ist.
3. Jede Technologie hat eine ideologische Grundlage, in die auch Vorurteile und Perspektiven eingehen können, die anderen Perspektiven diametral entgegengesetzt sind. Das geschriebene Wort kommt dem Logischen, der systematischen Analyse entgegen, während beim Fernsehen das Hier und Jetzt und das Tempo vor dem Bemühen um Einsicht rangieren. Auch im Umgang mit dem Computer tritt dieses Bemühen in den Hintergrund; herausgefordert wird das Kalkül.
4. Die ideologische Grundlage einer neuen Technologie steht in Opposition zu der einer alten. In den Schulen stehen Phantasie, Sprachvermögen, Präsenz, Simultanität, gefühlsmäßige Reaktionen und das Streben nach

soforttiger Befriedigung im Gegensatz zu der traditionellen Betonung von Logik, Ordnung, Erklärung, Geschichte, Objektivität und Disziplin.

5. Technologie ist nicht additiv, sondern ökologisch. Sie kommt nicht als Zusatz zu irgend etwas, sondern verändert alles. Die Buchdruckerkunst etwa veränderte Europa von Grund auf. Ebenso hat das Fernsehen die moderne Welt verändert; es hat mehr Einfluß als die Philosophen und Gesellschaftskritiker unserer Zeit.

6. Die Medien werden nahezu etwas Mystisches. Unvermerkt besetzen sie unser Bewußtsein, als hätte es sie als etwas Gottgewolltes schon immer gegeben. Für Amerikaner ist es schon ganz selbstverständlich, 60 Fernsehkanäle einschalten zu können; dies nicht zu können wäre ganz undenkbar.

7. Technologie und Medien sind zwei verschiedene Dinge; aber sie sind allmählich zu Synonymen geworden. Die Medien gelten als ein Mittel, ebenso die Technologie. Aber sie ist viel mehr. Sie ist im Begriff, unser Leben zu kontrollieren und zu diktieren. Es ist wichtig, daß wir uns dieser Gefahr bewußt werden und die Kontrolle über unsere soziale Entwicklung zurückgewinnen.

Die große Herausforderung liegt nach Postman darin, daß die Schulen der Technologie nicht dienen dürfen. Sie müssen den jungen Menschen helfen, eine kritische Einstellung zu ihr zu gewinnen, ihr Wesen einschließlich der negativen Elemente zu verstehen und sie konstruktiv zu verwenden. Derzeit gibt es im Unterricht am Computer erst wenige Beispiele für diese Haltung. Ein innovatives Projekt an der Universität Helsinki, das 1992 begonnene sogenannte Utopia-Projekt, sucht die Attraktivität der Computertechnologie in den Dienst der Veränderung zu stellen, indem die Lehrer ermutigt werden, beim Unterricht in EDV ein offeneres Lernmilieu zu schaffen (TELLA 1994).

Nur in einem Umfeld, in dem beim Lehren und Lernen auf Problemlösungen und kritische Evaluation über die Fächergrenzen hinweg Wert gelegt wird, können die jungen Menschen zu einer kritischen Einstellung gelangen. Ein solches Umfeld kann man für alle Altersstufen schaffen. Die Schüler der Vorschule Perry in Ypsilanti im Staate Michigan beginnen z. B. jeden Morgen damit zu entscheiden, was sie an dem jeweiligen Tage machen wollen. So lernen sie, zu planen zu durchdenken, was getan werden muß, wenn ein bestimmtes Ziel erreicht werden soll. Am Ende des Tages prüfen sie, was sie getan haben, und beschließen, welche Änderungen beim nächsten Mal vorgenommen werden sollen (JONES 1988).

7.5 Schulen im Dienste des Überlebens

Wer für das nächste Jahrhundert plant, muß viele Problemfelder bedenken. Mit der Rolle der Frauen, der Eindämmung von Gewalt, dem Wachstum von Banden und Subkulturen sind nur einige besonders wichtige genannt. Im folgenden betrachten wir vier für das Überleben der Menschheit entscheidende Probleme und fragen nach ihrer Relevanz für Erziehung und Bildung. Wir benennen sie einstweilen mit den Stichworten *Umwelt, Friede, Gesundheit, Armut*. Umwelterziehung ist wichtig, weil es zu verhindern gilt, daß die Menschen die Bedingungen ihrer Existenz auf der Erde zerstören. Friedenserziehung ist wichtig, weil die Nationen und Völker lernen müssen, friedlich miteinander auszukommen und sich der Gewalt zu enthalten. Gesundheitserziehung ist wichtig, weil sie dem destruktiven Lebensstil vieler Menschen in den Industrieländern entgegenwirken kann. Der Kampf gegen Armut ist wichtig, weil sonst die Kluft zwischen arm und reich immer größer wird – auch die Armen haben ein Recht auf Befriedigung ihrer Grundbedürfnisse.

Umwelterziehung: Nach Al Gore braucht die Welt als Ganzes eine Art Marshallplan; andernfalls läuft die Menschheit Gefahr, ihre wirtschaftliche und technologische »Entwicklung« nicht zu überleben (GORE 1993). Jeder Mensch muß ein ökologisches Bewußtsein entwickeln, und eine darauf abzielende Erziehung muß bei dem einzelnen Schüler, in dem einzelnen Klassenraum und Bezirk anfangen. Umwelterziehung muß als ein wichtiger und selbstverständlicher Teil in alle Lehrpläne und die Erziehung überhaupt eingehen. Das kann so einfach geschehen wie an der Grundschule Coombes bei Reading in England, wo alle Schüler, schon die fünfjährigen Erstkläßler, an der Schaffung und Erhaltung eines gesunden physischen Schulmilieus aktiv mitwirken. Die vorhandene Flora wird durch wohlüberlegte Anpflanzungen verschiedener Bäume und Blumen im Sinne größerer Vielfalt phantasievoll ergänzt. Die Kinder lernen so nicht nur, daß alles von der Erde kommt, sondern auch, daß sie für die Bewahrung des Lebens etwas tun müssen. Sie lernen den natürlichen Zyklus der Gewächse kennen; sie erfahren, wie und wann man pflanzt und erntet. Sie lernen, daß man der Erde nicht immer nur etwas abverlangen kann, sondern ihr auch etwas zurückgeben muß. Die Schule versucht in Harmonie mit ihrer Umgebung zu leben und ein Zentrum des Umweltbewußtseins zu sein.

Viele der Unterrichtseinheiten, die zur Umwelterziehung erarbeitet wurden, exemplifizieren die Verschmelzung regulären Unterrichts und nicht-förmlicher Erziehung, wenngleich sie gewöhnlich von dem einen oder anderen ausgehen. Teilweise findet Umwelterziehung im Rahmen thematischer Einheiten über Ökologie statt, die zum normalen Fachunterricht gehören. Ein

Beispiel dafür ist ein Projekt, an dem sich im Spätwinter und Frühjahr Hunderte von Schulen in den westlichen Staaten der USA beteiligen. Sie verfolgen die Wanderung der Monarch-Schmetterlinge aus ihren Winterquartieren in Mexico in die nördlichen US-Staaten. Wenn die Schmetterlinge in einem Schulbezirk ankommen, stellen die Schüler ihre Zahl und Richtung fest und speisen diese Informationen in ein EDV-Netz ein. So wird die Route der Schmetterlinge elektronisch registriert, und über die Millionen anderen an das Projekt angeschlossenen Computer kann sie abgerufen werden. Das ist nicht nur ein einzigartiges Unterrichtsprojekt; es ist auch von Bedeutung für die Umwelt, da es dazu beiträgt, die Ausrottung dieser Schmetterlingsart zu verhindern (BRANDT 1994). Das Projekt ist außerdem insofern wichtig, als es beispielhaft zeigt, wie das Problem des Zusammmentragens von Informationen gelöst werden kann.

Eines der Probleme, mit denen die Menschen sich künftig auseinandersetzen müssen, ist die Überlastung mit Informationen. Deren riesige Menge kann nicht mehr verarbeitet werden. Der Landsat-Satellit z. B. kann jeden Quadratzentimeter der Erdoberfläche im Laufe von 18 Tagen photographieren. Der allergrößte Teil dieser Informationen wird nie von einem menschlichen Auge betrachtet, einfach weil sie zu unübersehbar sind. Folglich werden auch die eigentlich benötigten umweltrelevanten Daten nicht ausgewertet. Die Welt könnte in puncto Informationen einen gefährlichen Sättigungs- oder »Verunreinigungspunkt« erreichen, es sei denn, es werden effektive Methoden der Verarbeitung gefunden. Bisher hat man Ausbildung zu oft als einen Prozeß der Aneignung wiederverwertbaren Wissens begriffen, d. h. Kenntnisse wurden von einer Generation an die nächste weitergegeben. Das Lernen als ökologisch bedeutsame Tätigkeit muß in viel stärkerem Maße auf das Sammeln und Bearbeiten roher Daten abgestellt werden. Das Schmetterlingsprojekt ist ein Beispiel dafür, wie die Überlastung mit Informationen eingedämmt und ins Positive und Nützliche gewendet werden kann.

In Finnland läuft seit 1986 das sogenannte OKO-Projekt. Eine kleine Gruppe von Lehrern aller Schulstufen in Lappland entwickelte ein Programm, das Schüler in die Lage versetzen sollte, »die zum Verständnis und zur Kontrolle ihrer konkreten täglichen Umwelt nötigen Fertigkeiten zu erwerben und damit verbundene Probleme zu behandeln« (KURTAKKO 1988, S. 1). Es zeigte sich dabei bald, daß die Schulen den in Fächern organisierten Unterricht zugunsten eines problem- und menschenorientierten revidieren mußten. Diese Verschiebung ist im Einklang mit der neuesten Literatur zur Umwelterziehung, die zwischen Umweltlehre und Umwelterziehung unterscheidet. Die Lehre soll Kenntnisse vermitteln und ein Umweltbewußtsein wecken, die Umwelterziehung soll die Menschen befähigen, in schwierigen Situationen vernünftig zu reagieren (HUNGERFORD und VOLK 1990).

Auch außerhalb des Unterrichts können junge Menschen wichtige Erfahrungen machen, durch die sie ihre Umwelt besser kennenlernen. So können sie etwa bei Landheimaufenthalten, Sommerlagern, Exkursionen oder Workshops vor Situationen gestellt werden, die ihre ökologische Neugier wecken. Camp Earth Options (EO) z. B. ist ein Tages- und Sommerlager im südlichen Kalifornien, in dem Kinder, während sie spielen und sich erholen, eine bewußtere Haltung zu ihrer Umwelt gewinnen sollen. Im Laufe eines längeren Sommerlagers haben typische Großstadtkinder Gelegenheit zu Aktivitäten, die ihnen echte Naturerlebnisse vermitteln. Sie spielen, singen, bilden für bestimmte Aufgaben Gruppen, machen Exkursionen und hören Vorträge (CLENDON 1993).

Zur nicht-förmlichen Erziehung gehören einige Initiativen, bei denen Schüler die Verantwortung für umweltrelevante Arbeiten übernehmen, die nicht nur ihnen selbst, sondern dem ganzen Umfeld der Schule zugute kommen. Einige Schulen verstehen sich geradezu als »Wachhunde« der örtlichen Umwelt. Da ist z. B. eine Lehrerin, die in der Nähe der Schule eine illegale Giftmülldeponie entdeckt, sich deswegen um die Gesundheit und Sicherheit der ihr anvertrauten Kinder sorgt und sich verpflichtet fühlt, sie auf solche Bedrohungen aufmerksam zu machen. Diese Lehrerin hat erkannt, daß jeder Bürger dazu beitragen sollte, die Gesellschaft voranzubringen und zu verbessern, mag dies auch langsam, unstet und unvollkommen geschehen. Solche Vorkämpfer einer gesunden Umwelt zeigen, wieviel Einfluß eine kleine Gruppe selbst in scheinbar festgefahrenen Situationen haben kann. Schulen sollten sich vornehmen, in diesem Sinne für die Umwelt zu wirken.

Friedenserziehung: Es ist eine Überlebensfrage der Menschheit, wie der Friede geschaffen und erhalten werden kann. Es gehört daher zu den wichtigsten Aufgaben der Schule, durch ihren Unterricht dazu einen Beitrag zu leisten. Sie muß den Schülern den Glauben vermitteln, daß die Menschen heute und in Zukunft für den Frieden in der Welt eintreten können und wollen. Wenngleich die Spannungen zwischen Ost und West abgenommen haben, bleibt die Kriegsdrohung eines der größten Weltprobleme. Die ehemalige Sowjetunion reduziert offenbar ihr Atombombenarsenal, aber die USA haben noch immer einen Vorrat, der ausreicht, alles Leben auf der Erde viele Male zu vernichten.

Es gibt schon mehrere Unterrichtseinheiten, deren Hauptziel die Erziehung zum Frieden ist. In den USA gehört sie zum Lehrplan der meisten Colleges und Universitäten, in der Regel als Unterdisziplin der Politikwissenschaft, Geschichte, Soziologie und Psychologie. In der jünsten Ausgabe der *Peace and World Order Studies: A Curriculum Guide* werden nicht weniger als 93 einschlägige Lehrpläne erwähnt (THOMAS und KLAARE 1989). Dieses weitgespannte Interesse hat noch nicht im wünschenswerten Maße auf die Schule durchgeschlagen. Dort wird die Friedenserziehung noch immer als ziemlich peripher angesehen, doch wird sie wahrscheinlich nach und nach in den meisten Schulen zu einem Kernstück des Lehrplans werden (SLOAN 1982).

In Europa gibt es bereits bemerkenswerte Ansätze. Hermann Röhrs hat ein Programm entwickelt, das Vorschüler auf die Gefahren von Krieg und Gewalt aufmerksam machen soll (RÖHRS 1983). Magnus Haavelsrud von der Universität Tromsø in Norwegen unterscheidet vier Perspektiven von Friedensstudien: die idealistische, die wissenschaftliche, die ideologische und die politische. Entsprechend verschieden sind die Denkansätze.

–   Nach dem idealistischen Ansatz ist Krieg etwas, das im Bewußtsein der Menschen existiert, und der einzige Weg zur Sicherung des Friedens ist die Schaffung einer mehr auf Vernunft und Reflexion gegründeten Gesellschaft, in der die Menschen einander zu tolerieren und zu akzeptieren lernen.
–   Der wissenschaftliche Ansatz konzentriert sich auf Friedensforschung auf internationaler Ebene; der wichtigste Untersuchungsgegenstand ist der Rüstungswettlauf in der Welt.
–   Nach dem ideologischen Ansatz sollen Schulen als »Makler« zwischen Machtgruppen vermitteln, die aus Eigeninteresse Konflikte anheizen. Sie sollen also nach bestem Vermögen in der Gesellschaft dem Krieg entgegenarbeiten.
–   Der politische Ansatz hat eine Sonderstellung. Während die drei anderen sich auf die Vermittlung von Kenntnissen und Informationen an Schüler konzentrieren, geht es bei dem politischen Ansatz um Strategien zur Erreichung erwünschter Ziele. Die jungen Menschen brauchen nicht nur Kenntnisse, sondern auch Fertigkeiten, die sie in die Lage versetzen, zu handeln und mit Hilfe der Kenntnisse die gesetzten Ziele zu erreichen (HAAVELSRUD 1981, S. 100–113).

Wie gesagt hat Friedenserziehung bisher hauptsächlich außerhalb der Schulen stattgefunden. Kirchen, Ärzte, wissenschaftliche Organisationen, Frauengruppen und andere warnen seit langem vor den Gefahren der Weiterverbreitung von Atomwaffen und der Ausdehnung militärischer Konflikte. Bezeichnenderweise waren die Wissenschaftler, die die Atombombe entwickeln halfen, zugleich die ersten, die als Lehrer vor der Bedrohung durch einen Atomkrieg warnten (TOTTEN 1982, S. 200). Feministische Gruppen behaupten, ein großer Teil der Gewalt in der Welt gehe auf die Dominanz der Männer in der Gesellschaft zurück; daher müsse eine Institution wie die Schule gegensteuern und sich an weiblichen Perspektiven orientieren (BROCK-UTNE 1985).

Außerhalb der Schulen und Hochschulen gibt es in vielen Ländern der Welt noch eine Reihe weiterer Initiativen zur Friedenserziehung. In Israel bemühen sich seit 1979 sogenannte Buber-Lerngruppen um einen Dialog zwischen Juden und Arabern. Sie fanden aber bald, daß ein Verharren auf der Ebene des Dialogs zu wenig war. Sie mußten anfangen, Einsicht in Verantwortung umzusetzen, d. h., den Frieden in ihrer Region aktiv fördern (GORDON und DEMAREST 1982). In den USA haben Glaubensgemeinschaften wie die Old Pine Presbyterian Church die Friedenserziehung zu ihrem Anliegen gemacht. Sie konzentrierten sich dabei auf die Familie; denn ihr Grundgedanke ist, daß Friede bei dem einzelnen Menschen anfängt und bei gesunden und positiven Beziehungen in der Basisinstitution der Gesellschaft: eben der Familie. Eine gewaltfreie Gesellschaft wird als vielfältige Ausweitung intimer und örtlich beschränkter Institutionen gesehen (GLASS 1982).

Es gibt aber auch Schulen, freilich noch nicht viele, die die Herausforderung angenommen haben. Gleich nach dem Zusammenbruch der SED-Herrschaft in der DDR im Herbst 1989 begannen Pädagogen mit der Ausarbeitung neuer Lehrpläne. In Erkenntnis der furchtbaren Ost-West-Spannungen, die die Jahrzehnte seit dem Ende des Krieges geprägt hatten, legte die Schule Blenheimstraße in Ost-Berlin unter dem Motto »Europäische Friedensschule« einen neuen Lehrplan für die Klassen 1 bis 10 vor. Er gab dem Gefühl der Zugehörigkeit zu Europa einen höheren Rang als dem Nationalgefühl und sah eine Friedenserziehung in diesem Sinne vor. Der Unterricht sollte eine harmonische multikulturelle Gesellschaft fördern, daher waren verschiedene Methoden der Problemlösung Bestandteil der Fachpläne. Ferner war eine Erweiterung der Wahlmöglichkeiten bei den Fremdsprachen intendiert (RUST 1994).

Gesundheitserziehung: Gesundheitserziehung muß in Vorschulen, Grund- und Sekundarschulen Teil des regulären Unterrichts sein. Auch in Hochschulen und in der Erwachsenenbildung ist sie noch wichtig. Natürlich muß sie durch Bemühungen der Familien, der Gemeinden und der für Kinder und Jugendliche wichtigen Institutionen wie der Kirche, Klubs etc. ergänzt werden.

Die Gesundheitserziehung, die bisher betrieben wurde, war nicht besonders erfolgreich, doch einige der neuen Lehrpläne versprechen Besserung. Die älteren Pläne betonten stark den Zusammenhang zwischen Rauchen und Krebs, Homosexualität und AIDS etc. und setzten damit auf Angst oder gar Panik. Die neuen zeigen nicht nur die Folgen destruktiven Verhaltens, sondern bieten auch Strategien zum Widerstand gegen Versuchungen und zur Ablehnung von Aufforderungen zum Mitmenschen an. Sie gehen davon aus, daß Menschen gestützt werden müssen und daß jeder ein umfassendes Lebensfähigkeitstraining braucht. Ein gutes Beispiel für die neuen Pläne ist ein solches Training nach Botvin und Eng, die vor allem am Problem des Rauchens interessiert waren. Es besteht aus mehreren Komponenten, entsprechend den verschiedenen Motivationen der Klienten. Die Ansatzpunkte sind zum einen solche, deren Nutzen auf der Hand liegt, wie Vermittlung von Kenntnissen (der Humanbiologie) und Stärkung der sozialen Kompetenz (Kommunikationsfähigkeit, Körpersprache, Empathie), zum anderen die Bewußtmachung von Faktoren, die das Verhalten beeinflussen (soziales Milieu, positives Denken) (BOTVIN und ENG 1982). – Ein weiteres Beispiel ist ein von Spivack und Shure vorgelegtes Programm, das vor allem auf die kognitiven Fähigkeiten (kritisch denken, überlegt argumentieren) setzt. Es bedient sich einer Dialogtechnik von Frage und Antwort, mit deren Hilfe der Klient verschiedene Optionen erkennen und einfache Denkweisen verwerfen soll (SPIVACK und SHURE 1982). – Ein drittes Beispiel enthält eine Entscheidungskomponente. Das *Midwestern Prevention Project* in den USA ist ein großangelegtes, von Schulen und Kommunen getragenes Programm, das die Medien (Zeitungen, Fernsehen), behördliche Erhebungen, die kommunale Verwaltung und die Eltern in den Dienst der Gesundheitserziehung stellt (PENTZ u. a. 1989).

Vielversprechend ist ein humanbiologisches Programm der Universität Stanford in Kalifornien. Es wendet sich an jüngere Sekundarstufenschüler, könnte aber mit geringen Abwandlungen auch auf andere Altersgruppen bezogen werden. Indem es die körperlichen, sozialen und Verhaltensänderungen berücksichtigt, die die Heranwachsenden durchmachen, stellt es den Biologieunterricht auf eine ganz neue Basis. Durch sie erreichen die Schüler einen höheren wissenschaftlichen Kenntnisstand und können besser informiert über ihre Gesundheit und Lebensführung entscheiden. Ihre Motivation wird gestärkt, und letztlich werden sie zu klügeren Entscheidungen über ihr Leben insgesamt befähigt (HELLER und KIELY 1994).

Bekämpfung der Armut: Bei dem bloßen Gedanken, die Armut auf der Welt bekämpfen zu wollen, könnte man resignieren und verzweifeln. Was kann man schon tun angesichts einer Milliarde Menschen, die die elementarsten physischen Bedürfnisse nicht befriedigen können, angesichts der fast ebenso vielen Analphabeten, der 14 Millionen Kleinkinder, die jedes Jahr verhungern, oder der 100 Millionen Obdachlosen (SIVARD 1987)? Das Bildungswesen müßte zumindest einen *Versuch* machen, Verhaltensweisen aufzuzeigen, die den armen jungen Mitgliedern der Weltgesellschaft angemessen sind; aber paradoxerweise befinden wir uns in einer Zeit, da Hilfen für junge Menschen weltweit zurückgefahren werden. Seit 1983 sammelt UNICEF Daten zur Situation von Kindern und Jugendlichen in den Entwicklungsländern. Diese hat sich im Laufe der achtziger Jahre in mindestens 30 Staaten erheblich verschlechtert. Eine genauere Untersuchung zehn ausgewählter Staaten ergab, daß Ernährungsmängel in fünf, die Kindersterblichkeit in drei Staaten zugenommen hatte, während die Zahl der Kinder, die eine Schule besuchten, in acht von ihnen zurückgegangen war (UNICEF 1988).

Ein Charakteristikum der Moderne war das Streben vieler Nationen nach Chancengerechtigkeit für Kinder und Jugendliche. Alle sollten die gleichen politischen, wirtschaftlichen und sozialen Rechte haben. Den Schulen wurde die Verantwortung für die Gleichheit der Bildungschancen übertragen. Dabei lassen sich nach Levin vier Ebenen unterscheiden (LEVIN 1976):

1. zunächst die Idee des Rechts auf *gleichen Zugang* zur Bildung;
2. die Sicherstellung *gleicher Teilhabe* an den Bildungschancen;
3. der Versuch, *gleiche Ergebnisse* zu erreichen;
4. (in erweiterter Perspektive) die Herstellung *gleicher Chancen in Leben.*

In den USA haben sich Maßnahmen der letzten Jahre zugunsten armer, benachteiligter oder behinderter Jugendlicher auf die erste Ebene konzentriert: durch erzwungenes *busing* und Garantien der Wahlfreiheit gleichen Zugang zu allen Schulen zu sichern. Allerdings hat man, wenn die Kinder erst einmal auf der Schule waren, auch das zweite versucht, nämlich durch Bildung besonderer kleiner Klassen und durch Förderunterricht denjenigen zu helfen, die mit dem normalen Unterricht überfordert waren (LEVIN 1993, S. 6). In Europa haben es wahrscheinlich die skandinavischen Länder in puncto Gleichheit der Bildungschancen am weitesten gebracht. Bis vor kurzem galt dort, daß gleiche Rechte für alle nur in einer hochqualifizierten Gesellschaft hergestellt werden könnten. Am Anfang der achtziger Jahre hatte z. B. ein durchschnittlicher erwachsener Norweger fast 13 Jahre lang die Schule besucht (RUST 1989, S. 250). Ein zweites wichtiges Mittel im Dienste der Gleichheit war in Skandinavien das Prinzip der Einheitsschule. Es besagt, daß alle möglichst lange die gleiche Schule besuchen und nach den gleichen Lehrplänen unterrichtet werden sollen. Gleichberechtigung wird so formal zur Gleichheit. Alle sollten die gleiche Grundbildung erhalten, und folgerichtig hat man in Schweden und Norwegen mehr als in anderen Ländern Wert darauf gelegt, daß alle Kinder das gleiche Schulangebot erhielten. Doch trotz dieser rigorosen Politik wird in Skandinavien heute allgemein anerkannt, daß man völlige Gleichheit nicht erreicht hat, daß die Lernerfolge schon in der Grundschule und erst recht in der Sekundarstufe II individuell verschieden sind. Das Schulsystem ist ganz einfach nicht in der Lage, die durch das Elternhaus, das Milieu und andere soziale Faktoren bedingten Unterschiede auszugleichen (HERNES und KNUDSEN 1976). Auch die unterschiedlichen Schulerfolge von Jungen und Mädchen hat die Schule nicht beseitigen können. Noch immer erzielen die Mädchen in der ganzen neun Jahre dauernden Grundschulzeit die besseren Lernergebnisse – ein Unterschied, der auf den höheren Stufen des Bildungssystems offenbar abnimmt und sich ins Gegenteil verkehrt.

Obwohl die Schulen somit den Intentionen der Politiker und Behörden nicht ganz haben folgen können, ist in ihnen mehr Gleichheit verwirklicht als in anderen Institutionen. Noch immer ist unklar, was an die Stelle der Einheitsschule treten wird. Mehr organisatorische Fragmentierung des Systems kann zu größeren sozialen Unterschieden führen. Trotzdem meinen wir, daß die Schulen jeden Schüler fördern und ihm zu einem positiven Selbstgefühl verhelfen können. Man kann von der Schule wohl nicht mehr verlangen, als daß sie das Weltbild der Schüler und ihre Möglichkeiten der Lebensgestaltung erweitert. Doch bleibt auch das Eintreten für Gleichberechtigung und soziale Gerechtigkeit eine Aufgabe der Schule. Das gilt für die Zukunft noch mehr als heute.

7.6 Schulen im Dienste der Arbeit

In Kapitel 4 war davon die Rede, daß der Begriff Arbeit wahrscheinlich neu definiert werden muß und in der postmodernen Gesellschaft drei Dinge bezeichnen wird (vgl. S. 106): Erwerbsarbeit im bisherigen Sinne, gesellschaftliche Betätigung (z. B. im nahen Umfeld), häusliche Arbeit zum eigenen Nutzen oder dem der Familie. Es ist sogar denkbar, daß alle drei Arten Arbeit entlohnt werden. Auf alle drei wird das Bildungswesen der Zukunft vorbereiten müssen. Im folgenden wollen wir skizzieren, wie eine solche Vorbereitung aussehen und organisiert werden könnte.

Traditionelle Berufsausbildung: Es liegt auf der Hand, daß Schulen dem herkömmlichen Arbeits- und Wirtschaftsleben am besten durch eine zweckgerichtete Ausbildung dienen. Dies scheint die allgemeine Auffassung zu sein. Wenn jemand keine Arbeit findet, so sollte das nicht an einer fehlenden oder mangelhaften Ausbildung liegen. Eben darin aber sehen Politiker und Regierungen oft die Ursache von Arbeitslosigkeit. Ganz eindeutig ist das bei der US-Regierung unter Präsident Clinton der Fall. Aber auch in Deutschland hält man daran fest, daß jeder eine Berufsausbildung abschließen sollte, obwohl deutsche Fachleute meinen, daß etwa ein Viertel aller Arbeitsplätze keine besondere Ausbildung erfordert (SOLMON 1990). Knight nennt zusammenfassend die folgenden Wege zur Schaffung von Arbeitsplätzen:

1. direkte Auszahlung von Lohnsubsidien an die Beschäftigten;

2. Hilfen für Arbeitgeber, die Ausbildungsplätze anbieten;
3. Verbesserung der beruflichen Qualifikation und »Lebensqualifikation« arbeitsloser Jugendlicher;
4. Programme für kurzzeitige Beschäftigung in den Kommunen;
5. Programme für Arbeitssuche, Praktika und Arbeitstraining (KNIGHT 1993, S. 4).

Allen fünf Methoden liegt die Annahme zugrunde, daß junge Leute einen Arbeitsplatz bekommen können, wenn sie bestimmte Qualifikationen haben. Fachleute haben in verschiedenen Ländern vergleichend untersucht, welche Art Ausbildung und Praxis den Arbeitnehmern der Zukunft am meisten nützt. In einer dieser Studien stellte Knight fest, daß diese Frage in Australien, Großbritannien und den USA ganz übereinstimmend beantwortet wird. Die drei untersuchten Qualifikationsprogramme legten gleichermaßen Wert auf Fähigkeiten in folgenden Bereichen: Kommunikation, Planung und Organisation, Mitmenschlichkeit, grundlegende Kulturtechniken (Rechnen, Lesen, Schreiben), Problemlösung, Urteilsvermögen, Technologie (KNIGHT 1993). Auf diese Kompetenzen werden vermutlich auch die Ausbildungsgänge, Kurse und Trainingsprogramme der Zukunft vor allem abzielen. Sicher werden die einzelnen Länder aber in der Art und Weise der Vermittlung unterschiedliche Schwerpunkte setzen. Z. B. wird Berufsausbildung in den USA wahrscheinlich weiterhin vor allem im privaten Sektor stattfinden und nicht Bestandteil des öffentlichen Bildungswesens sein. Dennoch werden auch die Amerikaner diskutieren, ob sie nicht das deutsche *duale System* der Berufsausbildung in abgewandelter Form übernehmen sollen (HAMILTON und HAMILTON 1992).

Deutschland hat eine lange Tradition der Berufsausbildung, die im Schulwesen eine zentrale Stellung einnimmt. In der Heranbildung tüchtiger Fachkräfte für die herkömmliche Arbeitswelt ist das deutsche System wahrscheinlich das beste der Welt, und sicher wird es als Modell die Planungen anderer Länder beeinflussen. Sein Kern ist das *duale System*, dessen Grundgedanke besagt, daß junge Menschen nach mindestens zehnjährigem Besuch allgemeinbildender Schulen direkt eine Berufsausbildung beginnen können. Annähernd 60 % der heutigen deutschen Jugendlichen ziehen diesen Weg dem weiteren Besuch einer Vollzeitschule vor. Ausbildungsplätze werden aufgrund einer schriftlichen Bewerbung und eines anschließenden Interviews vergeben, und zwar von Betrieben aller Größenordnungen, von kleinen Familienbetrieben ebenso wie von großen Industriekonzernen. Die Auszubildenden werden systematisch auf einen bestimmten Beruf vorbereitet. Die Ausbildung ist zweiseitig (dual) insofern, als die praktische Unterweisung am Arbeitsplatz und die Vermittlung der Theorie in einer Berufsschule parallel laufen; dabei entfallen 75 bis 80 % der Zeit auf die

Praxis und 20 bis 25 % auf die Theorie. Die Ausbildung erfolgt nach zentralen behördlichen Richtlinien, aber die Fachpläne werden in Zusammenarbeit mit Berufsschullehrern und den Organisationen der Wirtschaft (den Industrie-, Handels- und Handwerkskammern) erstellt. Die Auszubildenden erhalten im Betrieb einen tariflich festgesetzten Lohn. Ihre Arbeit wird während der ganzen meist dreijährigen Lehrzeit genau beaufsichtigt und begleitet.

Deutsche Firmen haben seit Generationen eine Betriebskultur entwickelt, in der sie auf die Ausbildung von Lehrlingen viel Wert legen. Wer als junger Mensch eine Ausbildung beginnen will, sucht sich zuerst einen Betrieb und schließt mit diesem einen Vertrag. Von der Berufswahl und der Lage des Betriebes hängt es dann ab, welche Berufsschule er besuchen muß. Die Bedeutung der betrieblichen Ausbildung zeigt sich auch an ihren Kosten. Über drei Jahre belaufen sie sich für einen großen Betrieb netto auf etwa 110 000 DM. Während große Betriebe ein besonderes Ausbildungsprogramm und eigene Lehrwerkstätten haben und sich damit stets qualifizierte Nachwuchskräfte sichern, müssen kleine Betriebe, die die nötige Breite der Ausbildung allein nicht vermitteln können, mit anderen zusammen überbetriebliche Berufsbildungszentren unterhalten, die diese Lücke schließen.

Die wichtigsten Vorteile des Systems sind, daß die Ausbildung direkt am Arbeitsplatz und in direktem Bezug auf ihn erfolgt, daß die Arbeitsprozesse und die Ausstattung der Betriebe stets auf dem neuesten Stand sind, daß die Lehrlinge produktiv mitarbeiten und eine hochwertige Ausbildung erhalten, auf die sich Arbeitgeber bei der Einstellung von Fachkräften verlassen können.

Wir erwarten, daß das deutsche System auch im nächsten Jahrhundert noch seinen Modellcharakter behalten wird und daß seine Grundstrukturen von vielen Ländern übernommen werden. Sogar Staaten, denen es ganz fremd ist, haben schon Interesse an einigen Aspekten bekundet und entsprechende Versuche gestartet. So hat die Cornell University im Staate New York 1991 ein sogenanntes *Youth Apprenticeship Demonstration Project* initiiert. Eine kleine Gruppe 18jähriger aus fünf verschiedenen Schulen wurde auf vier Arbeitsplätze verteilt: eine Kleiderfabrik, zwei Einrichtungen der Gesundheitspflege und eine Versicherung. Das Programm bereitet nicht auf einen bestimmten Beruf, sondern nur auf eine Berufsrichtung vor.

Es setzt darauf, daß die Arbeitgeber am Arbeitsplatz Bedingungen schaffen, die ein Lernen ermöglichen, und daß sie die Lehrlinge als normale bezahlte Arbeitnehmer führen, sie zugleich aber anleiten und beaufsichtigen. Das Programm ist auf vier Jahre angelegt, von denen zwei auf den Schulbesuch entfallen. Die Absolventen erhalten ein Zertifikat, das ihnen sowohl Zugang zum Arbeitsmarkt als auch ein Recht auf weitere Ausbildung gibt (HAMILTON und HAMILTON 1992).

Es gibt noch mehr Beispiele für hochwertige Berufsausbildungen. Eine wenigstens ebenso wichtige Aufgabe sind aber Qualifikationsprogramme für *ungelernte* Arbeitnehmer, besonders im Dienstleistungssektor.

Qualifikation Ungelernter im Dienstleistungssektor: Während die Produktivitätssteigerung in Landwirtschaft und Industrie zu einer starken Abnahme der Zahl der Beschäftigten geführt hat, ist dies in den Intelligenz- und Dienstleistungsberufen nicht der Fall. Denn komplizierte Tätigkeiten wecken ein Bedürfnis nach mehr Effizienz, und dies wiederum führt zu mehr Beschäftigung. Z. B. haben Krankenhäuser erhebliche Summen in neue, effizientere Geräte investiert, zu deren Bedienung und Wartung qualifizierte, teure Fachkräfte und weiteres Servicepersonal erforderlich wurden. Und im Gegensatz zu der Annahme, daß die Computertechnologie zu einer drastischen Verminderung des Büropersonals führen würde, sind in dem Maße, wie Computer nach und nach für fast jedes Büro angeschafft wurden, auch hier zahlreiche EDV-Fachleute und Hilfskräfte eingestellt worden. Wie Drucker betont, haben Ökonomen entdeckt, daß in den Intelligenz- und Serviceberufen »Kapital nicht durch Arbeit (d. h. Menschen) ersetzt werden kann« (DRUCKER 1993, S. 95 f.).

Dennoch spricht wenig dafür, daß die Produktivität der Dienstleistenden zugenommen hat. Jedenfalls deuten die Bezahlung und die Konkurrenzfähigkeit nicht darauf hin. Das Bildungssystem muß es sich zur Aufgabe machen, die im Dienstleistungssektor Beschäftigten zu größerer Produktivität zu befähigen. Dies ist eine neue Zielsetzung, während die Förderung der Produktivität der Facharbeiter schon immer als selbstverständlich galt. Das Wachstum der Dienstleistungen führt offenbar hauptsächlich zu mehr Beschäftigung von Ungelernten, also denen, die hinter Ladentischen stehen, in Supermärkten an der Kasse sitzen, in Krankenhäusern und Hotels die Betten machen, Gebäude reinigen, in den Parks Rasen mähen, Fenster putzen etc. Die Gesellschaft muß sich bemühen, diese Tätigkeiten interessanter, attraktiver und produktiver zu machen.

Ein merkwürdiges Phänomen ist die Unfähigkeit vieler moderner Manager zu erkennen, daß unqualifizierte Arbeitnehmer ebenso Anleitung und Hilfe brauchen wie andere Beschäftigte. Zum Teil allerdings ändert sich das jetzt. Tom Peters nennt beispielhaft einige amerikanische Betriebe, wie Federal Express und Disney, die ihren jungen, meist erst vor kurzer Zeit eingestellten Mitarbeitern viel Aufmerksamkeit widmen. Disney etwa läßt 17- und 18jährigen Straßenkehrern ebensoviel Ausbildung angedeihen wie andere

Betriebe qualifizierten Maschinisten. Die Ausbildung erstreckt sich vor allem auf persönliches Auftreten und den Umgang mit Menschen. Milliken bildet 22 Wochen lang Angestellte aus, die an einem Ladentisch Handtücher verkaufen. Als der Nissan-Konzern im Staate Tennessee eine Automobilfabrik baute, wurde vor Aufnahme der Produktion für ungefähr 2000 ungelernte Arbeiter pro Person 30 000 Dollar für das Anlernen ausgegeben, und dieselben Arbeiter wurden später weiter fortgebildet.

Manch einer wird bezweifeln, daß Investitionen in Beschäftigte, die am unteren Ende der Qualifikationsskala stehen, sich überhaupt rentieren. Die genannten Firmen wissen aber genau, was Erfolg verspricht. Bill Wiggenhorn, Ausbildungsleiter bei der Firma Motorala, veranschlagt den Nutzen auf das Dreißigfache der Investition. Disney, Motorala und Milliken haben erkannt, daß hervorragender Service sich bezahlt macht. Der Kunde sieht weder den Besitzer noch das Verwaltungspersonal oder die Techniker; er trifft die Verkäuferin, den Hausmeister, den Pförtner, den Lagerarbeiter. Diese Leute sind es, die für einen guten oder schlechten Ruf der Firma sorgen. Das ergibt sich klar aus Erfahrungen erfolgreicher Firmen, wie z. B. Nordstrom, Federal Express, McDonald und Disney. Nach Tom Peters sollte ein gutes Ausbildungsprogramm für die genannte Zielgruppe folgende Merkmale aufweisen:

1. Alle Anfänger werden gründlich und umfassend angelernt; dabei stehen die vom Betrieb vor allem gewünschten Fertigkeiten im Mittelpunkt.
2. Alle Mitarbeiter werden wie langfristig Beschäftigte behandelt, auch wenn viele tatsächlich nur vorübergehend oder mit halber Stelle beschäftigt sind.
3. Es gibt eine kontinuierliche Fortbildung.
4. Zeit und Geld werden großzügig bemessen; die Ausbildungszeit gilt als Arbeitszeit.
5. Auch später findet während und bei der Arbeit immer wieder Fortbildung statt.
6. Die Zahl der Fertigkeiten, für die auszubilden sich lohnt, ist prinzipiell unbegrenzt.
7. Die Ausbildung dient auch dazu, die Verpflichtung auf einen neuen strategischen Vorstoß zu unterstreichen.
8. In Krisenzeiten wird auf Ausbildung ganz besonderer Wert gelegt.
9. Ausbildung erfolgt stets in Bindung an die wirkliche Arbeitssituation, es wird nichts simuliert. Es bilden die aus, die die jeweilige Arbeit selbst verrichten.
10. Die Ausbildung soll die Philosophie und die Visionen des Unternehmens vermitteln (PETERS 1987).

Peter Drucker würde die Wichtigkeit der Ausbildung zweifellos genauso betonen wie Peters. Bei einer Untersuchung ganz anderer Betriebe, nämlich multinationaler Gesellschaften, stellte er fest, daß die Produktivität ungelernter Arbeiter durch die folgenden Maßnahmen gesteigert werden konnte:

1. Jede einzelne Arbeitsoperation ist genau zu definieren.
2. Die Mittel und Wege zu bestimmten Zwecken müssen genau festgelegt werden.
3. Der Arbeiter muß bei allen Maßnahmen zur Verbesserung der Produktivität als Partner behandelt werden; denn er kann oft am besten beurteilen, was geht und was nicht geht.
4. Die Arbeit wird kontinuierlich von Fortbildung, Lernen und dem Bemühen um Optimierung begleitet (DRUCKER 1992, S. 111).

Diese Einsichten haben sich an einer Reihe von Arbeitsplätzen durchgesetzt und gute Erfolge gezeitigt; aber auf der Tagesordnung der Schule stehen sie noch nicht. Genau das müßte aber geschehen. Andernfalls kommt es zu einem immer krasseren sozialen Gegensatz zwischen einer wachsenden Zahl Ungelernter mit schlechter Schulbildung und den Qualifizierten und Gebildeten, die sich von jenen bedienen lassen. Verhindert werden kann eine solche Entwicklung nur durch eine Produktivitätssteigerung in den Dienstleistungsberufen. In dem Maße, wie die Zahl der Dienstleistungsbeschäftigten wächst, werden sie sicher durch ihre Gewerkschaften auch mehr Einfluß gewinnen; aber Lohnsteigerungen ohne eine entsprechende Entwicklung der Produktivität sind unmöglich und letzten Endes auch schädlich.

Wenn Schulen dazu beitragen wollen, daß die vielen jungen Leute, die ungelernte Arbeiter bleiben, im Berufsleben gut zurechtkommen, müssen sie zu einer Unterrichtsform finden, die die Arbeitswelt mit einschließt. Aus verschiedenen Gründen haben sie sich gegen diese bisher eher abgeschottet. Die Lehrer wissen in der Regel wenig über die Berufswelt außerhalb der Schule. Das war sowohl in den kapitalistischen wie in den sozialistischen Ländern der Fall. Studien aus den früheren Ostblockländern zeigen sogar, daß die dortigen Schulen noch weniger Kontakt zur Arbeitswelt hatten als Schulen im Westen (STANEK 1993).

In jüngster Zeit gab es erste Anzeichen einer Veränderung. In manchen Ländern erhalten Schüler Gelegenheit, die sie umgebende Arbeitswelt kennenzulernen. Ein Beispiel ist eine Grundschule in der kleinen schwedischen Stadt Molkom, die seit 1986 mit der technischen Industrie am Ort eng zusammenarbeitet. Jede Woche verbringen kleine Gruppe von vier bis sechs Schülern ab der vierten Klasse einige Zeit in einem Betrieb. Die Schule ihrerseits behandelt im Unterricht Gebiete und Themen, die einen direkten

Bezug zu den örtlichen Betrieben haben. Dazu gehören etwa technische Vorschriften, Sicherheitsbestimmungen, Elektronik, technische Mathematik und EDV (BERGH 1993). Solche Projekte sind wichtig, nicht nur für die später auf der untersten Ebene Beschäftigten, sondern für alle und auch für die Betriebe.

In einigen Orten können Schüler eine Zeitlang in Laboratorien »Assistenten« von Wissenschaftlern sein oder andere Spezialisten bei ihrer Arbeit begleiten (WALTNER 1992). In den USA hat die *National Alliance of Business* einige Partnerschaftsprojekte zur geschäftlichen Ausbildung zwischen Schulen und Firmen (zu denen u. a. die Bank von Amerika gehörte) finanziert. Angestellte der Firmen leiten die Schüler an und prüfen dabei, inwieweit deren Ausbildung der Wirklichkeit und den Erfordernissen des jeweiligen Arbeitsplatzes dient (BYRNE u. a. 1992).

In einigen Ländern werden Kenntnisse des Arbeitslebens im obligatorischen Unterricht vermittelt. In deutschen Hauptschulen gibt es *Arbeitslehre* als Unterrichtseinheit oder als eigenes Fach für alle Schüler der siebten und achten Klasse. Dabei handelt es sich um eine systematische Einführung in das Wirtschaftsleben, zu der u. a. Technologie, Technisches Zeichnen, Verbraucherverhalten und das Geldsystem gehören. In der neunten und zehnten Klasse werden Themen wie Arbeitsmöglichkeiten, die deutsche Berufsausbildung, Bestimmungen über Lehrlinge, Budgetfragen etc. behandelt. Die Realschulen haben das Fach ab Klasse 9. Ferner machen die Schüler aller allgemeinbidenden Schulen in der neunten, zehnten oder elften Klasse ein dreiwöchiges Betriebspraktikum; in dieser Zeit ist kein Unterricht.

Eine neuartige Regelung des Verhältnisses von Schule und Arbeitsleben gibt es in Großbritannien, wo die konservative Regierung die Verantwortung für das öffentliche Schulwesen dem Unterrichtsministerium systematisch entzogen hat. Eine ihrer wichtigsten Maßnahmen war, die 14- bis 18jährigen aus den sogenannten untersten 40 % der Gesellschaft, die hauptsächlich aus Angehörigen verschiedener Minderheiten, aus Arbeitslosen, Sozialhilfeempfängern und anderen Armen bestehen, aus den allgemeinbildenden Schulen herauszunehmen und sie in berufsvorbereitenden Lehrgängen unterzubringen. Dazu hat man als umfassende Organisation die *Technical and Vocational Education Initiative (TVEI)* geschaffen, die von einer zentralen Behörde, der *Manpower Commission*, geleitet wird. Diese untersteht nicht dem Unterrichtsministerium, aber die zentralen Schulbehörden sollen trotzdem die einzelnen aus TVEI-Mitteln finanzierten Projekte überwachen (JONES 1988). Ein wichtiger Aspekt sind die sogenannten *compacts* (Pakete), Partnerschaften zwischen Arbeitgebern, Lehrern und örtlichen Behörden. Örtliche Betriebe bieten Jugendlichen, die die obligatorische Schulzeit absolviert haben, Arbeitsplätze mit einer Ausbildung oder eine Ausbildung im Hinblick auf Arbeitsplätze, sofern sie einige Bedingungen erfüllen, die von den Schulen und den Arbeitgebern gemeinsam festgelegt werden.

Von den Schulen wird erwartet, daß sie den TVEI-Forderungen entsprechen. Sie sollen sicherstellen,

1. daß die Fachpläne den Unterricht durch konkrete, realistische Beispiele an die Arbeitswelt binden;
2. daß die jungen Leute die Kenntnisse und die Kompetenz erwerben, die sie in einer hochtechnisierten Gesellschaft brauchen;
3. daß die jungen Leute durch eigene Erfahrungen und Beobachtungen am Arbeitsplatz, durch kommunale Projekte etc. direkten Einblick in die Welt der Arbeit und in wirtschaftliche Zusammenhänge gewinnen;
4. daß sie effektiver, problembewußter, teamfähiger, unternehmender und kreativer werden, weil die Art und Weise des Unterrichts diese Eigenschaften fördert;
5. daß sie unterstützt und beraten werden, so daß sie die Ausbildung und die Praktika wählen, die ihnen mehr Chancen im Leben eröffnen (JONES 1988, S. 11).

Wenn die Schulen denjenigen Jugendlichen wirklich helfen wollen, die einmal einfache Tätigkeiten ausüben werden, müssen sie größtmögliche Nähe zur Arbeitswelt anstreben. Bisher haben in den Schulen Hindernisse verschiedener Art dem Denken in solchen Bahnen im Wege gestanden.

Nicht nur auf die herkömmlichen Berufe soll das Bildungswesen vorbereiten, sondern auch auf zukunftsorientierte sowie auf Tätigkeiten, die derzeit noch nicht als Arbeit im eigentlichen Sinne aufgefaßt werden, wie z. B. künstlerische.

7.7 Schulen im Dienste des Ästhetischen

Während die praktisch-ästhetischen Fächer im Bildungswesen der meisten Länder bisher ein Dasein am Rande fristeten, werden sie in Zukunft wahrscheinlich mehr ins Zentrum rücken. Wenn wir aus der aktuellen Diskussion über Grundfragen der Gesellschaft und die Bedeutung von Bildung und Ausbildung in ihr Konsequenzen ziehen wollen, werden sie sogar zu einer gesellschaftlichen Notwendigkeit.

Schulen und Universitäten waren stets von der Oberschicht geprägt und sahen sich als Hüter der Kultur, wie diese sie definierte. Sie legten damit auch fest, was die anderen Gesellschaftsschichten für »fein« und »richtig« halten sollten. Allerdings könnte man sagen, daß die Spannung zwischen »hoher« und »niederer« Kultur ihrerseits ein kulturelles Phänomen ist. Die Amerikaner z. B. waren immer stolz auf ihr demokratisches Leben und die demokratische Kunst, wie sie beispielhaft etwa von Emerson und Whitman verkörpert wird (KROES 1988, S. XII). In Europa hingegen hat man das Populäre vielfach als minderwertig, subversiv oder gar als Ausdruck unkultivierter Amerikanisierung angesehen.

Eine solche Zwiespältigkeit des Kulturbegriffs ist nicht auf die Industrieländer beschränkt, nur ist der Konflikt in den sogenannten Entwicklungsländern anders gelagert. Er betrifft mehr das Verhältnis von Tradition und Moderne. Die »Religion« des Modernismus dringt auf Kosten der kulturellen Tradition vor, und dabei wird die zerstörerische Wirkung dieses Prozesses oft kaum wahrgenommen. Gerade im Bildungswesen gibt es sicher viele, die in der Verdrängung traditioneller, »primitiver« Kulturen durch ein moderneres Schulsystem einen Erfolg sehen; aber »Postmodernisten« betrachten die Welt aus einer anderen Perspektive. Sie haben erkannt, daß dieses System vieles von der ursprünglichen Kunst und Kultur der Entwicklungsländer zerstört hat. In Indonesien z. B. ist von der einheimischen Kultur kaum noch etwas übrig, weil das Leben der jungen Leute immer mehr von einem importierten Schulsystem mit viel formalem Lernen geprägt wird. So werden die traditionellen kulturellen Werte, die durch soziales Erfahrungslernen vermittelt werden, herabgewürdigt. Es ist wichtig, daß Lehrer und Politiker diese kulturellen Implikationen bildungspolitischer Strategien erkennen; denn Kunst und Kultur können ja nicht von anderen Dimensionen traditionellen Lebens abgelöst werden.

Ausbildung von Künstlern: In Kapitel 3 war von der Renaissance der Künste in den letzten Jahrzehnten und dem wachsenden Interesse an ihnen die Rede (vgl. S. 90 f.). Künstlerische Berufe wie Schauspieler, Tänzer, Architekt, Autor, Designer, Graphiker, Photograph, Musiker, Komponist, Bildhauer etc. werden daher wohl wieder mehr gefragt sein, ja wahrscheinlich werden in diesen Berufen in der Postmoderne mehr Menschen tätig sein als jemals zuvor. In den USA hat sich die Zahl der Maler, Autoren und Tänzer in den achtziger Jahren nahezu verdoppelt. Dieser Sektor verzeichnete damit die höchste Wachstumsrate von allen, und 1,5 Millionen Amerikaner sind jetzt in ihm beschäftigt (NAISBITT und ABURDENE 1990, S. 67). Rechnet man die Angehörigen der Dienstleistungsberufe hinzu, die für die Künstler tätig sind (z. B. indem sie ihre Produkte vermarkten), so ist es keine Übertreibung zu sagen, daß ein erheblicher Teil der amerikanischen Wirtschaft auf Kunst und Kultur beruht.

Es liegt auf der Hand, daß diese Entwicklung sich auf das Bildungswesen auswirkt. Früher waren Künstler eine Elite; eine viele Jahre dauernde Ausbildung bei Privatlehrern war die Norm. Ein modernes Schulwesen kann künstlerisch veranlagten jungen Menschen ganz andere Möglichkeiten der Entfaltung bieten und zugleich dazu beitragen, daß Kunst und Kultur in der Gesellschaft den ihnen gebührenden Rang erhalten. Für die Schule der Zukunft mit ihren Spezialisierungsangeboten und ihrer Nähe zum ganzen Spektrum der Arbeitswelt gilt erst recht, daß sie besondere Talente entschieden fördern kann.

Ausbildung für »Nischenberufe«: Ein weiteres potentielles Berufsfeld sind künstlerische oder andere kreative Tätigkeiten mit einem »menschlichen Antlitz«, die speziellen Interessen entgegenkommen. Man könnte von »Nischenberufen« sprechen. Wir sahen schon, daß moderne Technik und Automation den Zwang zur Standardisierung aufheben können, so daß jedes Produkt in einer unendlichen Vielfalt von Größen, Formen, Farben etc. hergestellt werden kann. Wer durch die Brotabteilung eines Supermarkts geht, kann ohne Mühe hundert verschiedene Brotsorten finden. Wer ein Auto kaufen will, kann es sich so ausstatten lassen, daß es kaum ein zweites gibt, das ihm in allen Einzelheiten gleicht. Farbe, Größe des Motors, Bereifung, Stoßstangen, Bezüge der Sitze, Kühlsystem etc. können in einem automatisierten Produktionsprozeß nach individuellen Wünschen gefertigt werden.

Auch das Handwerk hat auf den Wunsch nach »Produkten mit menschlichem Antlitz« reagiert. Z. B. glaubte man im Deutschland der sechziger Jahre, das Bäckerhandwerk habe keine Zukunft mehr, da Brotfabriken den größten Teil des Marktes übernommen hatten. In den siebziger Jahren gab es dann eine ziemlich plötzliche Trendwende. Die Kunden zweifelten an der Qualität der Backwaren aus der Fabrik und wollten den »Bäcker an der Ecke« wiederhaben, der seine bestimmten Spezialitäten und jeden Tag frische Ware hatte. Alsbald gab es wieder doppelt so viele Bäcker, und 1987 erlernten 28 000 Auszubildende dieses Handwerk (SOLMON 1992). Heute zweifelt niemand mehr, daß der »Bäcker an der Ecke« nahezu unbegrenzte Möglichkeiten hat, sofern er individuelle Wünsche eines festen Kundenkreises erfüllen kann.

Obwohl eine Automobilfabrik mit einem modernen Fließband 25 Millionen verschiedene Versionen eines Wagens produzieren kann, verlangen viele Kunden offenbar mehr als maschinell hergestellte Produkte. Nach und nach entsteht eine ganz neue Industrie, die mit dem Kunden in direktem Kontakt zusammenarbeitet, um nach seinen Wünschen ein Auto mit einer besonderen Note zu fertigen. Diese kann in einer besonderen Lackierung oder in einer bestimmten Tönung des Fensterglases bestehen, aber auch in einer durchgreifenden Veränderung des ganzen Äußeren.

Die Zeit ist vorbei, da die Technik die Individualität oder gewachsene kulturelle Normen zu bedrohen schien. Die Zukunft gehört einem neuen Typ Arbeitnehmer, der der auf den ersten Blick bestechenden Vielzahl der Varianten, die durch die Automation ermöglicht wird, noch etwas hinzufügt. Dieser neue Arbeitnehmer verspricht mehr, als die Pseudovielfalt der Automaten leisten kann: die nur einem Menschen mögliche Berücksichtigung individueller Geschmäcker und Wünsche. Er wird das Resultat einer Ausbildung sein, die das Kreative betont und für die Originalität, Individualität und kulturelle Vielfalt hohe Werte sind.

7.8 Soziale und kommunale Dienstleistungen

Vielerorts in der westlichen Welt hängen soziale Dienstleistungen auf örtlicher Ebene fast ausschließlich vom guten Willen einzelner ab, die dafür einen Teil ihrer Freizeit opfern. In Zukunft werden noch mehr Menschen die Zeit haben, eine solche Funktion wahrzunehmen. Ungücklicherweise sind diese Tätigkeiten nie als wirkliche Arbeit anerkannt worden, und erst recht hat man eine auf diese »Arbeit« bezogene Ausbildung für überflüssig gehalten. Diese Einstellung gilt es zu verändern. Der öffentliche Sektor einschließlich der Schulen muß sich mehr als bisher in den Dienst sozialer Erfordernisse vor Ort stellen. Die Ausführung sozialer Dienste muß ein selbstverständlicher Teil der Volkswirtschaft werden. Heute sind zahllose Menschen arbeitslos, während zugleich fast überall ein dringender Bedarf an Dienstleistungen besteht. Die Städte sind verschmutzt; die Parks sind nicht mehr die gepflegten, attraktiven Stätten der Erholung, die sie einst waren; Bibliotheken schränken ihre Öffnungszeiten ein oder werden ganz geschlossen; die Schulen sind überfüllt und werden nicht mehr richtig instand gehalten; es fehlen Freizeitstätten für die Jugend. Viele Arbeitslose könnten mit der Beseitigung eines Teils dieser Mißstände beschäftigt werden. In Los Angeles hat man es geschafft, ein Drittel der arbeitsfähigen Wohlfahrtsempfänger an wenigstens acht Tagen im Monat mit produktiven Diensten zu beschäftigen. Sie säubern Strände, Autobahnen, Polizeiwachen und Streifenwagen, reparieren Straßenlaternen, sorgen für Ordnung in Parks und helfen in Krankenhäusern und Jugendheimen (ADLER 1994, S. B 9). Das Bemerkenswerte an diesem Programm ist, daß es nicht mehr kostet als die normale Unterstützung, die ja die Menschen eigentlich erniedrigt, indem sie sie für Nichtstun bezahlt.

Neue Beschäftigungsmöglichkeiten können geschaffen werden »durch Dienstleistungen in Erziehung und Ausbildung, Gesundheitswesen, Fürsorge für Kinder, Alte und Behinderte, Freizeitaktivitäten, Reparatur und Instandhaltung von Gemeinschaftseinrichtungen und im kulturellen Bereich« (KNIGHT 1993, S. 6 f.). Betriebe man dies systematisch, so wäre vielen der dringendsten gesellschaftlichen Erfordernisse der Zukunft Genüge getan, und zugleich könnten viele, deren Perspektive jetzt nur ein Dasein in Arbeitslosigkeit ist, eine sinnvolle Arbeit erhalten. Die technische Entwicklung in Industrie und Landwirtschaft hat die Menschheit zu einem Punkt geführt, an dem viele nicht mehr über Jahre hin einer Vollzeitbeschäftigung nachzugehen brauchen. Die Zeit ist reif für eine Wirtschaft, die Dienste von Menschen für Menschen honoriert. Anderen zu dienen verleiht Würde. Die Gesellschaft muß die in diesen Dienstleistungen Tätigen spüren lassen, daß ihre Arbeit wichtig ist und daß sie mit ihr sich selbst und der Gemeinschaft dienen.

Auch die Bildungseinrichtungen müssen sich der Aufgabe stellen. An einigen amerikanischen Schulen gehören *soziale Dienste* zum Lehrplan. Die Schüler sind regelmäßig in einigen Schulstunden mit sozialen Diensten im Umfeld der Schule beschäftigt (McPHERSON 1991). Einer Schule wurde z. B. die Verantwortung für den durch die Stadt fließenden Bach übertragen, und neben konkreten Aufgaben wie der Beseitigung von Unrat gehörte dazu auch die Ausarbeitung eines Umweltplans zur Verbesserung von Luft, Boden und Wasser (SILCOX 1991). In Salt Lake City waren Grundschüler für das Aufräumen einer gefährlichen Abfalldeponie verantwortlich. Ihre Initiative führte zur Annahme neuer Umweltschutzbestimmungen, es wurden Hunderte von Bäumen gepflanzt und weitere Verbesserungen in der Umgebung durchgeführt (NATHAN und KIELSMEIER 1991).

In einigen Gemeinden erwartet man von den Jugendlichen, daß sie sich aktiv an Diensten für Familien, die Kommune, das kulturelle Leben etc. beteiligen. Einige junge Leute arbeiteten z. B. an der Restaurierung einer mehrere hundert Jahre alten Kirche mit und wurden gleichzeitig über ihre Rolle in der Geschichte des Ortes unterrichtet. Schüler einer High school in der Bronx halfen bei der Restaurierung eines Gebäudes, das Obdachlosen und auch einigen der Schüler als Wohnung dienen sollte (NATHAN und KIELSMEIER 1991).

Ausbildung für soziale Dienste am Ort: Seit der Zeit der progressiven Pädagogik nach dem Ersten Weltkrieg gibt es in Großbritannien und den USA eine planmäßige Ausbildung für soziale Dienste am Ort. In beiden Ländern finden sich bis heute viele Beispiele einer Kopplung von Ausbildung und örtlichen Entwicklungsprojekten. An der High school in Custer im Staate South Dakota gehören soziale Dienste seit langem zum Unterrichtsplan, so daß die Schule sich zu einer echten Ressource der Gemeinde entwickelt hat. So helfen etwa Schüler älteren Menschen bei der Suche nach zinsgünstigen

Krediten, oder sie führen Marktanalysen durch und informieren dann örtliche Firmen über die am meisten nachgefragten und die am Lager gewünschte Produkte. Sie sammeln auch in der Bevölkerung der Region lebende mündliche Überlieferungen und unterstützen eine örtliche geschichtliche Vereinigung, die auf Initiative der Schule gegründet wurde (VERSTEEG 1993).

Die Bedeutung einer Ausbildung für soziale Dienste am Ort wird allmählich in vielen Ländern erkannt, nicht nur wegen ihres erzieherischen Wertes, sondern auch wegen ihrer Funktion als Entwicklungsinstrument. Die Auszubildenden, ob sie nun noch Schüler oder längst mit der Schule fertig sind, werden als Partner behandelt. Menschen, die bisher oft unter Rassismus litten und ein Leben in Furcht und Hoffnungslosigkeit am Rande der Gesellschaft führten, werden durch das in sie gesetzte Vertrauen ermutigt und aufgewertet.

Historisch gesehen fügt sich die Ausbildung für soziale Dienste am Ort in das Bestreben, aus der Schule mehr zu machen als einen Ort regelmäßigen Unterrichts für klar definierte Schülergruppen. Die Schule öffnet sich ihrem Umfeld und wird zu einem Zentrum für besondere Hobbys, Religionsausübung, Sport und andere Freizeitaktivitäten. In Erweiterung dieser seit langem etablierten Tradition ist die Ausbildung für soziale Dienste ein Versuch, örtlichen Entwicklungserfordernissen auf noch kreativere Weise Rechnung zu tragen.

Ein gutes Beispiel liefert der Berliner Bezirk Kreuzberg, der im westlichen Teil der Stadt an der früheren Mauer liegt. Im Laufe der vier Jahrzehnte der Teilung war er zusehends verfallen und verwahrlost. Die es sich leisten konnten, zogen weg, und zurück blieben Arme, Arbeitslose, Alte und Hilfsbedürftige. Zwei Gruppen nahmen nach und nach die Plätze der Weggegangenen ein: Zum einen besetzten Punker, Skinheads und Obdachlose viele Häuser, zum andern konzentrierte sich in Kreuzberg ein immer größerer Teil der als Gastarbeiter nach Berlin gekommenen Türken. So hatte sich schließlich viel sozialer Zündstoff angesammelt. Die Behörden, gestützt auf den Rat von Bildungsfachleuten, begannen daraufhin mit einem umfassenden Restaurierungs- und Erneuerungsprogramm, und zwar in engem Kontakt mit den Bewohnern. Ihnen wurde nichts aufgezwungen, sie konnten die Maßnahmen nach ihren Wünschen aktiv mitgestalten. Das Programm wurde in kürzerer Zeit und mit geringeren Kosten abgewickelt, als man hätte erwarten können. Die Bewohner hatten sehr einfache Interessen: Sie wollten ihren Lebensstandard verbessern, sich im Bezirk sicher fühlen und ihre Grundbedürfnisse befriedigen können; aber sie wollten die Verhältnisse nicht so stark verändern, daß die Wohlhabenden zurückkämen und sie sich die Wohnungen nicht mehr leisten könnten. Mit Unterstützung durch die Fachleute bildeten sie eine Interessenorganisation, für die auch Mittel bewilligt wurden. Die Schulen im Stadtteil waren in das Verfahren einbezogen. Sie arbeiteten Fachlehrpläne aus, die die lokalen Bedürfnisse und Interessen berücksichtigten, so daß der Unterricht zur Identifikation der Menschen mit ihrem Stadtteil und zur Lösung ihrer Probleme beitragen konnte (KRÜGER und BUHREN 1992).

Lernen durch Teilhabe: Schulen lassen sich in der Regel ihre Ziele und die Forderungen, die sie an sich selbst stellen, von außen vorschreiben und beteiligen die Schüler nicht an der Kontrolle der Qualität des Unterrichts. Diese Tradition muß gebrochen werden, interne Qualitätskontrolle muß ganz selbstverständlich und stetig stattfinden. Das bedeutet u. a., daß Berufsausbildung nicht mit der Prüfung und dem Erwerb eines Zertifikats enden darf, sondern als Bestandteil der Arbeit weitergeht. Ferner muß der Unterricht als Teil eines *ganzheitlichen* Lernprozesses gesehen werden und nicht als isolierte Tätigkeit, die in einer Schule oder einer Lehrwerkstatt ohne Bindung an das wirkliche Leben stattfindet. Ein Arbeiter, der etwas Wichtiges beherrscht, sollte allein deswegen, ohne Ansehen seiner Stellung in der betrieblichen Hierarchie, als potentieller Lehrer für andere betrachtet werden, einschließlich der nominellen Lehrer und der Betriebsinhaber.

Mehrere Projekte führen beispielhaft vor, wie junge Leute in ein solches Lernen und Lehren durch Teilhabe einbezogen werden können. IMTEC hat einige dieser Projekte gefördert; daraus gingen Publikationen wie *Learning from Work and Community Experience* (DALIN u. a. 1983) und *Læring ved deltaking* (Lernen durch Teilhabe, DALIN und SKRINDO 1983) hervor. Das Grundmodell der Projekte enthält die folgenden Komponenten:

1. Gesellschaftliches Engagement: Von den Schülern und Auszubildenden wird erwartet, daß sie sich den Herausforderungen einer Tätigkeit stellen, die anderen nützt und einen offenkundigen Wert in sich selbst hat. Sie müssen Entscheidungen verantworten, die nicht nur sie selbst, sondern auch andere betreffen, und müssen für die Folgen einstehen.
2. Kritische Reflexion: Sie müssen dazu angehalten werden, die Ergebnisse und Konsequenzen ihrer Handlungen kritisch zu reflektieren.
3. Theoretische Kenntnisse: Sie müssen lernen, ihre praktischen Erfahrungen auf theoretische Kenntnisse zu beziehen.
4. Fähigkeit zur Integration: Engagement, Reflexion und Theorie müssen zu einem sinnvollen Ganzen integriert werden.
5. Teilhabe: Die Schüler und Auszubildenden müssen nicht nur an der Durchführung, sondern auch an der Planung, Organisation und Evaluation des ganzen Projekts beteiligt sein (DALIN 1983, S. 26–45).

197

Jüngeren Datums ist ein Netzwerk, das mit ganz ähnlicher Zielsetzung geschaffen wurde, das *International Network of Productive Schools in Europe* (BÖHM und SCHNEIDER 1993). Bildungsexperten aus zwölf Ländern haben sich zusammengefunden, um die »Produktivität« junger Menschen zu verbessern. Daß diese ihr Potential zu praktischen Taten in der wirklichen Welt nutzen können, statt sich mit passivem und simuliertem Lernen im Klassenraum zu begnügen, soll an Beispielen gezeigt werden. Produktives Lernen wird definiert als ein Lernprozeß mit doppelter Zielsetzung, nämlich sowohl das Individuum in der Gesellschaft als auch die (örtliche) Gesellschaft selbst voranzubringen. Der Lernprozeß beruht auf zielgerichteten Tätigkeiten in wirklichen Situationen, ausgeführt von Gruppen unter Anleitung von Lehrern.

Das Netzwerk will einen pädagogischen Kontext schaffen, der den Jugendlichen das Ziel vorgibt, eine sie selbst betreffende Situation zu verbessern. So hat sich z. B. eine Gruppe junger Leute in Spanien mit einem Projekt zur Förderung des Tourismus in ihrer Gemeinde beschäftigt. Teenager in Manila versuchen auf den Mülldeponien möglichst viel wiederverwertbare und verkäufliche Materialien zu sammeln. Eine junge Frau in einem Chemielabor bekommt die Aufgabe, an der Entwicklung eines Rostschutzmittels mitzuarbeiten. Ihnen allen gemeinsam sind die Teilhabe an der Realität und das Bemühen, sie positiv zu verändern. In allen diesen Projekten zur Verbesserung der Produktivität werden die jungen Leute als sachkundige Partner behandelt, die wissen, was gut und was nicht gut funktioniert. Sie tragen zur Verbesserung der Unterrichts- und Lernverfahren bei, und dies ist kontinuierlich Teil ihrer eigenen Ausbildung.

Dieser Prozeß kann nicht mit dem formalen Abschluß der Ausbildung enden, sondern muß während des ganzen Arbeitslebens weitergehen. Aus Norwegen sind sehr erfolgreiche Partnerschaften zur Verbesserung von Arbeitsbedingungen bekannt geworden. Gulowsen hat beschrieben, wie in einem Industriebetrieb Ausbildung ein Teil des Produktionsprozesses war. Die Hälfte eines jeden Arbeitstages war einem Übungsprogramm vorbehalten, bei dem die Arbeiter und Ausbilder sowohl Lehrer wie Schüler waren. In der anderen Tageshälfte wurde jeder in der Fabrik mit den Maschinen, den Verfahren etc. vertraut gemacht (GULOWSEN 1984).

7.9 Ausbildung für Familie und Freizeit

Traditionelle berufliche Bildung galt immer als selbstverständliche Aufgabe der Schule, und seit langem wird auch akzeptiert, daß der Unterricht auf Dienste für das Gemeinwesen vorbereitet. Ausbildung für Freizeitbeschäftigungen des einzelnen und für Aufgaben in der Familie fiel dagegen in aller Regel nicht in die Verantwortung der Schule. Im folgenden wollen wir uns dem, was man Freizeit- und Familienpädagogik nennen könnte, zuwenden und dabei drei Probleme herausgreifen: 1. In welchem Maße hat sich das öffentliche Schulwesen bisher des Freizeit- und Familienbereichs angenommen? 2. Inwieweit sollte das in Zukunft geschehen? 3. Inwieweit sollten Freizeitaktivitäten und Familienleben als zum Arbeitsleben gehörig betrachtet werden?

Die industrielle Gesellschaft hat jungen Menschen unvergleichlich viel Freizeit beschert. Am Anfang des Industriezeitalters nahm die Berufsarbeit noch den größten Teil des Tages in Anspruch, und die Freizeit diente der Ruhe und der Regeneration der Kräfte. Mit der Verkürzung des Arbeitstages wurde die Freizeit immer mehr zu einem potentiellen Konsumgut. Es entwickelte sich eine eigene Freizeitindustrie: Der Tourismus explodierte förmlich, die Zahl der Fernsehapparate und Autos nahm in ungeahntem Maße zu, es entstanden mehr Parks, Schwimmbäder, Naturpfade, Campingplätze etc. Diese Entwicklung reflektiert die Auffassung, die Freizeit diene der Befriedigung persönlicher Interessen und des Unterhaltungsbedürfnisses (NAHRSTEDT 1990, S. 12).

Doch setzt sich jetzt allmählich eine neue Sichtweise durch. In dem Maße, wie die Menschen immer mehr Freizeit bekamen, wurde es fragwürdig, sie nur als eine Zeit der Erholung und des Konsums zu sehen. Könnte sie nicht sinnvoller und nutzbringender verwendet werden? »Sinnvoll verbrachte Freizeit« ist freilich eine vage Bezeichnung, doch sollten ihr, so meinen wir, von den vielen Möglichkeiten zwei auf jeden Fall zugerechnet werden: zum einen die oben beschriebene Mitarbeit an gesellschaftlich relevanten Projekten vor Ort, zum andern Aktivitäten, die der einzelnen Familie und ihren Bedürfnissen zugute kommen.

Bisher ist das produktive und das Bildungspotential der Freizeit nur wenig bedacht worden; aber das scheint sich zu ändern. Die deutschen Volkshochschulen tragen mit ihren Angeboten in zunehmendem Maße dem Umstand Rechnung, daß viele Jugendliche und Erwachsene in ihrer Freizeit lernen wollen. Der *Club of Rome* argumentiert, Freizeitaktivitäten sollten die Kommunikationsfähigkeit, Kreativität und überhaupt die Persönlichkeitsentwicklung junger Menschen fördern; dabei sei Lernen durchaus mit Vergnügen und Spaß vereinbar. Manche Freizeitpädagogen treten vor allem für das örtlich verankerte kulturelle Lernen ein, das nach ihrer Auffassung die Kreativität und Kommunikationsfähigkeit besonders anregt. So wird das Lernen in der Freizeit immer mehr zum Instrument der Motivation und Aktivierung junger Menschen und zum Gegengewicht passiven Konsumverhaltens.

Natürlich gibt es auch Argumente gegen diese Sichtweise. Am häufigsten ist der Einwand, Freizeit müsse dem Wortsinn entsprechend frei bleiben. Sie sei etwas rein Privates, eine autonome Lebenssphäre. Alle Versuche, sie zu organisieren und zu kontrollieren, seien eine unangebrachte Einmischung in das Privatleben.

Besonders gilt das für Westdeutschland, wo Politiker sich immer noch von der früheren DDR distanzieren wollen, in der der Staat über die Freizeit der Bürger verfügte und sie seinen ideologischen und politischen Zwecken dienstbar machte. In Westdeutschland vertrat man die extreme Gegenposition mit der Behauptung, Freizeit, Familie und Demokratie seien unlösbar verbunden durch das gemeinsame Signum der Freiheit. Doch auch wer die These von der Freizeit als einer Privatsache respektiert, muß erkennen, daß sie *so* privat doch nicht mehr ist. Die Medien und die Freizeitindustrie sind schon so sehr in die Häuser eingedrungen, daß vom Frieden des Privatlebens kaum mehr die Rede sein kann. Die Freizeit ist extrem kommerzialisiert (OPASCHOWSKI 1983, S. 144).

Ein anderes Argument gegen eine zu weit gehende Organisation der Freizeit stammt von Janusz Korczak, der vor einer »von Erwachsenen produzierten Kultur für Kinder« warnt. Er sagt, die Kinder hätten ihre eigene Welt, in der sie Experten seien. Die Erwachsenen sollten die Geheimnisse und die Eigengesetzlichkeit der Jugend achten, die sich selbst organisieren und ihre Zwecke ohne Anleitung verfolgen können (KORCZAK 1992).

Trotzdem sollte Freizeitpädagogik die Einsicht fördern, daß Freizeit mehr ist als Erholung und Konsum. Ihr Wert als eine potentielle Zeit des Lernens, der Produktion und Kreativität muß den Menschen bewußt werden. *Inwieweit* der Staat und die Schulen mit diesbezüglichen Angeboten an die Jugend die Freizeit »besetzen« sollen, wird immer umstritten bleiben. In der früheren Sowjetunion gab es krasse Beispiele für den Mißbrauch der Freizeit und das Privatsphäre durch ideologische Fanatiker; aber heute finden sich in den GUS-Staaten auch Beispiele eines gelungenen Gleichgewichts von staatlicher Initiative und privatem Interesse. In Aserbeidschan ist der frühere Pionierpalast in ein sogenanntes Kreativitätshaus der Kinder umgewandelt worden. Dort werden den Kindern vielerlei Aktivitäten angeboten: Zeichnen, Sport, darstellendes Spiel, Tanz, naturwissenschaftliche und technische Experimente und vieles mehr. Bei dem Umwandlungsprozeß hat sich die als Träger des Hauses fungierende Jugendorganisation von der streng ideologischen Haltung, wie sie für alle früheren Sowjetrepubliken typisch war, entfernt. Das Kinderzentrum ist jetzt ein halböffentliches Unternehmen, aber mit öffentlicher Förderung, so daß die Kursgebühren niedrig gehalten werden können. Die Kinder lernen ihre Kultur schätzen und können in der Freizeit ihre Talente produktiv und kreativ entwickeln.

In Amerika kommt der Anstoß zu dem erwähnten Gleichgewicht aus einer ganz anderen Richtung, Freizeitangebote haben eine lange Tradition; aber sie wurden stets als ein privates Anliegen betrachtet. Vor kurzem hat nun die Carnegie Corporation für ein stärkeres öffentliches Engagement an sogenannten Institutionen für Jugendentwicklung plädiert. Zwar gibt es seit langem Organisationen wie die Pfadfinder, die amerikanische Campingvereinigung, das Jugendrotkreuz etc., aber keine von ihnen ist jemals so beachtet worden wie jetzt die Jugendentwicklungsinstitutionen (Carnegie Corporation 1992, 1994). Diese entwickeln sich offenbar zum Kern einer Reihe von Maßnahmen, die jungen Menschen Gelegenheit geben, ihre Freizeit produktiver und kreativer zu nutzen.

Unberührt von der Auseinandersetzung um den richtigen Weg der Freizeitpädagogik bleibt die Frage, inwieweit produktive Freizeitbetätigungen in der postmodernen Gesellschaft als legitime »Arbeit« anerkannt werden. In vielen Fällen wäre nach unserer Auffassung diese Bezeichnung angemessen. Aktivitäten zum persönlichen und gesellschaftlichen Nutzen verdienen die in dem Begriff »produktive Arbeit« enthaltene Anerkennung. Einen ersten Schritt in diese Richtung tut man in den USA, wo die Menschen aufgefordert werden, Aktivitäten zu dokumentieren, die ihrer persönlichen Entwicklung dienen. Das erklärt sich aus dem amerikanischen System der *Credits* (Punkte), sozusagen der Währung des Bildungswesens. Schon vergeben Bildungsinstitutionen *Credits* für nachgewiesene private Bemühungen. Damit wird anerkannt, daß jemand auch außerhalb offizieller Bildungsgänge die für die Wahrnehmung bestimmter Aufgaben erforderliche Kompetenz erworben haben kann. Der nächste Schritt wäre, daß man überhaupt aufhört zu fragen, woher er die Kompetenz hat.

Auch die EU wird sich in diese Richtung bewegen müssen. Schon jetzt steht die Frage der Kompetenz auf der Brüsseler Tagesordnung, da Examina und andere Berechtigungsnachweise aus den einzelnen Mitgliedsländern in zunehmendem Maße in der ganzen Union anerkannt werden. Dabei befürworten die meisten derzeit noch ein System, das die Anerkennung von der Einhaltung bestimmter nachweisbarer Mindeststandards in der Ausbildung abhängig macht. Als nächster folgerichtiger Schritt wird sich aber wohl ein Anerkennungsverfahren durchsetzen, das es den Leuten selbst überläßt zu entscheiden, wie sie sich die für einen bestimmten Job erforderlichen Kenntnisse und Fertigkeiten aneignen wollen; nur *daß* sie diese besitzen, müssen sie im Endeffekt demonstrieren können. In einigen Ländern wird schon heute so verfahren. In Norwegen z.B. dürfen Lehrer ihre eigenen

Kinder unterrichten, auch wenn sie eine Zeitlang im Ausland leben. Die Japaner haben ein ganzes Netz japanischer Schulen aufgebaut, die ein Nachmittags- und Freizeitangebot für länger im Ausland lebende Kinder vorhalten. Merkwürdigerweise fragt man in Japan nicht, was die Kinder der Auslandsjapaner in den Schulen des Gastlandes lernen oder nicht lernen. Es werden, anders gesagt, keine »Punkte« für das außerhalb des eigenen Systems Gelernte vergeben, auch wenn das Kind eine normale öffentliche Schule besucht. Eine logische Konsequenz dieser Orientierung müßte die Errichtung von Zentren sein, die tatsächlich vorhandene Kenntnisse und Fertigkeiten prüfen, ohne nach dem Woher zu fragen.

Auch auf mehreren anderen Gebieten leisten Schulen heute Pionierarbeit, so in der Gesundheitserziehung (Carnegie Corporation 1994) und in der »Familienpädagogik«. Damit stellt sich wieder die Frage, welche Rolle Schulen in der Gesellschaft spielen und nicht spielen sollen. Die Schule muß ihren Platz in einem breit angelegten *Netzwerk* der Lernorte und Lernangebote finden, und sie braucht *Bündnispartner* in dem Bestreben, eine lernende Gesellschaft zu schaffen. Der letzte Schritt auf dem Wege zur Anerkennung des Lernens für Familie und Freizeit wäre eine Bezahlung für persönliche, private Arbeit.

7.10 Notwendigkeit einer Gesamtschau

Am Anfang dieses Kapitels stellten wir fest, daß sich die meisten Vordenker eines Wandels der Schule im Blick auf das 21. Jahrhundert auf *ein* Problem konzentrieren. Es ist bezeichnend, daß die vier für das *Überleben* der Menschheit wichtigen Fragen, auf die wir eingingen – Umwelt, Friede, Gesundheit, Armut (vgl. S. 130–136) –, von verschiedenen Fachleuten jeweils als isolierte Probleme behandelt wurden. Ökologen konzentrieren sich gewöhnlich auf die Zerstörung der Umwelt und die Notwendigkeit, ein kritisches Bewußtsein für das bedrohte ökologische Gleichgewicht zu wecken. Friedensforscher beschäftigen sich mit Krieg und Gewalt und der Notwendigkeit von Rüstungskontrollen, Konfliktlösungsstrategien und Lösungen humanitärer Probleme. Wirtschaftswissenschaftler, die das Problem der Armut erforschen, betonen die ungleich verteilten Ressourcen und die soziale Ungerechtigkeit, und sie fordern eine Ordnung, die nicht bestimmte Gruppen benachteiligt, sowie Schulen, die allen die Kompetenz und Fähigkeit vermitteln, in der Welt zurechtzukommen.

Diese Liste könnte ergänzt werden. Die Beschäftigung mit den Themen *Demokratisierung* und *Multikulturelle Gesellschaft* zeigt die gleiche Eindimensionalität. Wer Probleme des multikulturellen Zusammenlebens erforscht, behandelt in der Regel Rassismus und Vorurteile und fordert mehr soziale Gerechtigkeit und die Achtung ethnischer und kultureller Verschiedenheiten. Beim Blick auf die Gesamtheit der Probleme wird klar, daß die jeweils geforderte unterrichtliche Behandlung offenkundige Gemeinsamkeiten und Berührungspunkte aufweist. Es geht meistens um Machtbeziehungen, Gerechtigkeit, Interdependenz, Zuweisung von Ressourcen, Menschenrechte, Umweltbedingungen, Entwicklung des Gemeinwesens und Achtung anderer Menschen. Die Hauptprobleme der Zukunft haben so viel gemeinsam, daß sich ein zusammenfassendes didaktisches Konzept formulieren läßt, sozusagen ein Rahmen um die einzelnen Modelle. Derek Heater hat das versucht, indem er eine Liste allgemeiner Unterrichtsziele vorlegte, denen sich alle Einzelziele leicht zuordnen lassen:

1. Kenntnisse der Welt und der Menschheit als Ganzes, die Einsicht, daß Schulfächer eine globale Dimension haben;
2. eine Ahnung von der Verflechtung der heutigen Welt, ein Erkennen der globalen Dimension der Probleme, ein Verstehen der Systemnatur der heutigen Welt, die Einsicht, daß es verbindende, allen Menschen gemeinsame Erfahrungen gibt;
3. Anerkennung der Tatsache, daß die Menschen in ihren Beziehungen zueinander Rechte und Pflichten haben und daß auch die Verfolgung eigener Interessen Kooperation erfordert;
4. das Bewußtsein, daß jeder in seiner Sicht der Weltprobleme und anderer Menschen vom eigenen kulturellen Hintergrund beeinflußt ist;
5. Einfühlungsvermögen, d. h. die Fähigkeit, andere Gesellschaften von *ihren* Voraussetzungen her und die eigene Gesellschaft aus der Perspektive anderer zu sehen;
6. Wertschätzung anderer, Mitgefühl mit den Unglücklichen, Anerkennung der Leistungen der Kreativen;
7. die Fähigkeit, eine in rascher Veränderung begriffene Welt zu verstehen und aus einer Fülle von Informationen kritische Einsichten zu gewinnen;
8. interkulturelle Kompetenz, d. h. die Fähigkeit, mit anderen über kulturelle Grenzen hinweg zu kommunizieren, möglichst vorurteilslos und mit der Bereitschaft, auch etwaigen Vorurteilen der anderen entgegenzutreten;
9. die Bereitschaft zu verantwortlichem Handeln bei dem Bemühen, zur Lösung der Weltprobleme beizutragen (HEATER 1984, S. 25).

Dies alles impliziert, daß Erziehung, Unterricht und Ausbildung von einer ganzheitlichen Sicht der Welt ausgehen und eine Komponente *sozialen Handelns* haben müssen (KNIGHT 1987). Natürlich werden die einzelnen Schulen unterschiedliche Schwerpunkte setzen; das ist nicht nur unvermeidlich, sondern auch angebracht. Nicht genug kann betont werden, daß alle

Lehrenden lernen müssen, die Verbindung ihres besonderen Faches oder Anliegens mit anderen gesellschaftlichen Notwendigkeiten zu sehen.

8. Was ist eine gute Schule?

Eine Absicht dieses Buches ist der Versuch einer – zumindest abstrakten – Antwort auf die Frage: Was ist eine gute Schule? Diese Antwort setzt eine Vorstellung von der künftigen Gesellschaft voraus, zu deren Entwicklung die Schule beitragen soll. Auch muß vorweg geklärt sein, was junge Menschen lernen sollten und wieviel davon die Schule ihnen »liefern« kann. Dies wiederum hängt ab von den Forderungen, die die heutige Gesellschaft stellt, aber nicht *nur* von ihnen. Denn Erziehung und Bildung müssen sich immer auch auf die Zukunft beziehen, in der die heutigen Jugendlichen leben werden. Ohne ein realistisches Bild des *Heute* und ohne eine Vision der *künftigen Gesellschaft* können wir eine »gute Schule« nicht definieren.

Wir beginnen ganz von vorn, indem wir fragen: Brauchen wir überhaupt eine Schule? Kritik an der Schule – ihrer Organisation, ihrem Angebot, ihrer Effektivität – ist so alt wie die Schule selbst. Die Kritik ist auch heute so streng, wie sie immer war (ABBOTT 1994). Gibt es irgendeinen Grund zu der Annahme, daß wir am Beginn des postmodernen Zeitalters die Schule durch eine andere Form institutionalisierten Lernens ersetzen werden?

Eine gute Schule hat viele Merkmale. Wir wollen uns in diesem Kapitel vor allem mit Lernprozessen, Rollen, Personenbeziehungen, Klima und grundlegenden Werten in einer solchen Schule beschäftigen. Ferner wollen wir einige Charakteristika eines nach unserer Auffassung *idealen Lehrplans* sowie des Systems, von dem die Schule ein Teil ist, benennen.

Dabei müssen wir uns mit einer groben Skizze begnügen; wir zeichnen sozusagen das Bild der guten Schule mit breitem Pinsel. Mehrere wichtige Aspekte lassen wir außer acht, so den Unterschied zwischen Grund- und Sekundarschulen oder zwischen Schulen in verschiedenartigen Gesellschaften und politischen Systemen. Wir gehen im folgenden von der Schule in einer hochentwickelten Industriegesellschaft aus. Was guter Unterricht in den Entwicklungsländern bedeutet und wie Schulen dort trotz geringer Ressourcen verbessert werden könnten, haben wir an anderer Stelle untersucht (DALIN u. a. 1994; RUST und DALIN 1990). Dieses Kapitel faßt die in dem vorliegenden Buch angestellten Überlegungen zusammen und beschreibt Merkmale einer guten Schule, die auf das 21. Jahrhundert vorbereitet. Dabei beschränken wir uns auf die übergeordneten Fragen, auf die *Richtung* der wünschenswerten Entwicklung. Ebenso wichtig ist natürlich, *wie* die heutige

Schule auf den Weg der angestrebten Reformen gebracht werden kann. Darauf werden wir im geplanten zweiten Buch eingehen.

8.1 Brauchen wir die Schule im 21. Jahrundert?

Die raschen Wandlungen unterworfene Gesellschaft wird im nächsten Jahrhundert nicht weniger dynamisch sein. Sie läßt sich am besten als eine *lernende Gesellschaft* beschreiben, weil Kenntnisse und Kompetenz die Schlüssel zu ihrem Erfolg sind. Neu ist dabei, daß das Lernen künftig nicht mehr der jungen Generation vorbehalten sein wird, die sich auf das Erwachsenenleben vorbereitet; es wird ganz selbstverständlich zum Alltag aller Altersgruppen, Berufe und sozialen Schichten gehören. Die Vorstellung vom lebenslangen Lernen ist uns schon jetzt nicht mehr fremd, doch denken wir dabei meist wohl nur an bestimmte Berufe. Künftig werden *alle* ein Teil der *lernenden Gesellschaft* sein.

Die Frage ist, wie wir am besten den vielfältigen Lernerfordernissen entsprechen können. Kann die Schule, wie wir sie aus diesem Jahrhundert kennen, weiterhin eine geeignete Form der Organisation des Lernangebots sein? Noch dominiert sie, aber sie trifft zunehmend auf eine Konkurrenz (z. B. in den Betrieben oder durch die Medien), die großen Teilen der Gesellschaft die Richtung des Lernens vorgibt. Es entsteht ein *Lernmarkt*, am schnellsten außerhalb des etablierten Schulsystems, und das *nicht organisierte Lernen*, z. B. das Lernen im Alltag, tritt mindestens gleichrangig neben das herkömmliche Lernen im Schulunterricht.

Es liegt auf der Hand, daß die Massenmedien als Bildungsinstitutionen immer wichtiger werden, sowohl im positiven wie im negativen Sinne. Zum andern weitet das Lernen in der Freizeit, z. B. durch Reisen und Tourismus, den Blick der Menschen; sie lernen andere Lebensweisen, andere Sprachen etc. kennen. Und auch am Arbeitsplatz wird heute vieles gelehrt und gelernt, was früher in der Schule stattfand. Die Schule könnte also, anders gesagt, einen großen Teil der Aufgaben, die sie bisher wahrgenommen hat, an andere abtreten. Hinzu kommt noch, daß viele Jugendliche schulmüde sind, so daß sie vom Unterricht kaum mehr profitieren. Manche Kritiker meinen denn auch, die Schule sei ineffektiv und zu teuer (COOMBS 1968). Gäbe es Alternativen zur Schule, so würden sie wahrscheinlich von großen Teilen der Bevölkerung begrüßt. Sicher ist, daß die Schule ihre bisher relativ isolierte und autonome Stellung nicht behalten wird. Das Lernen wird differenziertere Formen annehmen und auf viele Institutionen verteilt sein. Das Angebot der Schule wird folglich auch flexibler und mannigfaltiger sein als im 20. Jahrhundert. In den Debatten der letzten Jahre wurden zur Rolle der

206

Schule zwei extreme Positionen vertreten. Es gab Kritiker, die für eine *Entschulung* der Gesellschaft plädierten, und andererseits Anwälte einer *geschulten* Gesellschaft, in der Schule und Ausbildung lebensbestimmend sind.

8.2 Eine entschulte Gesellschaft?

Vor einigen Jahren wurde in mehreren Ländern diskutiert, ob die Zeit, da die Schule von unbestreitbarem Nutzen war, nicht abgelaufen sei. In Norwegen stellte der Soziologe Niels Christie ein grundsätzliches Gedankenexperiment an: Was täten die Norweger, wenn es die Schule nicht gäbe? Wie würden sie dann die Lernbedürfnisse der Gesellschaft und des einzelnen befriedigen (CHRISTIE 1971)? Das Buch erschien ungefähr gleichzeitig mit Ivan Illichs berühmtem Entschulungs-Vorschlag. Seine Grundthese war, daß die Schule – ähnlich wie Gefängnisse und das Militär – zu den manipulierenden und destruktiven Institutionen der Gesellschaft gehöre. Diese wollte er abgeschafft sehen und statt ihrer auf das Wachsen sogenannter *freiwilliger (convivial) Institutionen* setzen, die der Benutzer aus einem spontanen Bedürfnis heraus selbst wählt und aufsucht, wie z. B. Bibliotheken, Museen und Parks. Diesen müsse auch die Schule gleichen (ILLICH 1970).

Illich distanzierte sich von einem staatlich definierten, durch Schulbehörden und Lehrer genau regulierten Lernprozeß. Er wollte die Rolle des Staates auf das Setzen von Rahmenbedingungen beschränken, innerhalb welcher die Schule dem einzelnen Schüler völlige Freiheit lassen könne. Er sah den Staat gleichsam als Mutter, die ihrem Kind bestimmte Dinge verbietet (nicht über die Straße zu laufen, nicht über des Nachbarn Zaun zu klettern etc.), ihm aber im übrigen Bewegungsfreiheit und ein Handeln nach seinen Wünschen gestattet.

Was Illich zur Struktur eines Lernangebots in einer entschulten Gesellschaft sagte, ist recht vage. Konkreter äußerte sich sein Kollege Everett Reimer. Dessen Modelle der von beiden intendierten Art des Lernens ähneln durchaus dem, was wir als »Schule« kennen. Schulen würden demnach nicht verschwinden, aber doch nur als eine »Reserve« erhalten bleiben; die Norm wären individualisierte Lernangebote (REIMER 1971).

Sowohl Illich als auch Reimer waren mehr an Lernmaterialien als am Lehrer und dessen Unterrichtstätigkeit interessiert. Es ging ihnen um Bücher, audiovisuelle Lernmittel (heute stünde an deren Stelle wahrscheinlich die Informationstechnologie), Schlüsselpersonen im Umfeld der Schule und andere Schüler als Lernpartner. Die Lehrer, »die aufgrund von Erfahrung den

Gebrauch der wichtigeren Lernressourcen organisieren können«, werden erst am Ende erwähnt (a. a. O. S. 94 f.).

Die entschulte Gesellschaft ist Theorie geblieben. Im Gegenteil, nie war die Position der Schule stärker als in den letzten 25 Jahren. Erst in jüngster Zeit wird diese Position erneut in Frage gestellt. Die Schule wird nicht wegsterben; aber ihre Rolle in der postmodernen Gesellschaft wird sicher nicht mehr die gleiche sein wie in der Endphase der Moderne.

John Abbott, der Leiter der Organisation *Education 2000* in Großbritannien, trifft die folgende Unterscheidung:

Lernen und Schulbesuch sind keine Synonyme. Wer die Ausbildung verbessern will, sollte nicht den vielen Versuchen, die Schule zu festigen, einen weiteren hinzufügen, sondern lieber untersuchen, wie Lernen stattfindet..., und dann darüber nachdenken, wie all die öffentlichen Ressourcen in den Dienst der Schaffung eines neuen Lernmodells gestellt werden könnten (ABBOTT 1994).

Abbott macht mit Nachdruck geltend, daß die moderne Gesellschaft ein von Grund auf reformiertes System des Lernens brauche. Er begründet das, indem er die Voraussetzungen akademischen und kommerziellen Erfolgs einander kontrastiert: Der erste erfordert ein längeres, in Einsamkeit durchgeführtes Studium mit normalerweise ununterbrochener Arbeit, Konzentration auf ein einzelnes Fach, viel schriftliches Formulieren und analytische Fähigkeiten. Kommerzieller Erfolg erfordert Zusammenarbeit mit anderen, die Fähigkeit, mit fortwährenden Verwirrungen fertig zu werden, und Kompetenz auf mehreren Gebieten; z. B. muß man sich ausdrücken, Probleme lösen und Entscheidungen treffen können.

Abbott tritt auch für ein verändertes Lernverfahren ein. Unter Hinweis auf Forschungsergebnisse zur Gehirntätigkeit (vgl. Kap. 6) möchte er erreichen, daß die Schulen sich auf wenige Dinge konzentrieren und diese dafür vertieft behandeln.

Von zentraler Bedeutung in diesem Zusammenhang ist das Thema *Umstrukturierung*. Albert Shanker zitiert in einer Rede für *Education 2000* Jack Bowsher, den früheren Ausbildungsleiter bei IBM, folgendermaßen:

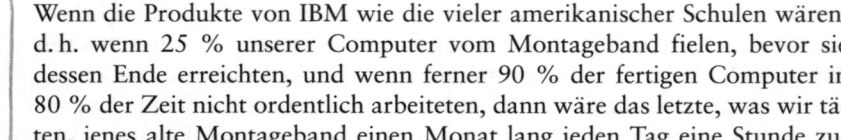

Wenn die Produkte von IBM wie die vieler amerikanischer Schulen wären, d. h. wenn 25 % unserer Computer vom Montageband fielen, bevor sie dessen Ende erreichten, und wenn ferner 90 % der fertigen Computer in 80 % der Zeit nicht ordentlich arbeiteten, dann wäre das letzte, was wir täten, jenes alte Montageband einen Monat lang jeden Tag eine Stunde zusätzlich laufen zu lassen. Statt dessen würden wir das ganze Produktionssystem von Grund auf neu durchdenken (ABBOTT 1994).

Im ganzen wird man sagen müssen, daß das Thema *Entschulung* heute mit mehr Berechtigung diskutiert wird als in den frühen siebziger Jahren. Es gibt dafür zwei Hauptgründe: Der Reform- und Erneuerungsdruck ist stärker geworden, und die Medien und andere Anbieter auf dem Lernmarkt sind wirkliche Alternativen zur Schule geworden.

8.3 Schule von der Wiege bis zum Grabe

Einen Gegensatz zur Entschulung stellt das Projekt »Bildung für das 21. Jahrhundert« des Europarats dar, das eine *geschulte* Gesellschaft anvisiert und ein organisiertes Lernen für alle Altersgruppen vorsieht, gegliedert in vier Phasen:

1. Allen Kindern bis zum fünften Lebensjahr wird ein Platz im Kindergarten und in der Vorschule angeboten, nicht als Ersatz, sondern als Ergänzung der Erziehung in der Familie.
2. Alle Kinder und Jugendlichen bis zum 16. Lebensjahr werden in einer sogenannten Basisschule unterrichtet. Sie ist in zwei Stadien unterteilt. Das erste dauert sechs Jahre und soll das Interesse der Kinder an der sozialen und technischen Wirklichkeit wecken, grundlegende Kompetenzen in Mathematik, der Muttersprache und im mündlichen Gebrauch von Fremdsprachen vermitteln, musische und physische Fähigkeiten entwickeln und kulturelle und sportliche Betätigungen anbieten. – Im zweiten Stadium, das fünf Jahre dauert, lernen die Schüler die wichtigsten Begriffe der einzelnen Fächer kennen. Das Lernen wird individualisiert und an Verträge gebunden. Die Examina werden in allen europäischen Ländern anerkannt.
3. Auch die dritte Phase ist noch obligatorisch, doch besteht eine Wahlmöglichkeit zwischen einem allgemeinbildenden und einem berufsbildenden Zweig. Der Europarat will die beiden nicht scharf trennen, aber findet die Unterscheidung sinnvoll. Wer nicht den allgemeinbildenden Zweig (auch »College-Angebot« genannt) wählt, ist zum Besuch eines mindestens zweijährigen berufsbildenden Lehrgangs verpflichtet.
4. Universitätsstudien und/oder Erwachsenenbildung machen die letzte Phase aus. Sie ist nicht mehr obligatorisch; aber jeder soll ein Anrecht auf sie haben. Der Europarat will damit ein *Recht auf Bildung* realisieren, das im Prinzip bis ans Lebensende gilt. Er erwartet, daß die meisten von dem Recht Gebrauch machen.

Der Europarat betont die Wichtigkeit von Schulgebäuden für die Verwirklichung dieses Programms, aber weist auch darauf hin, daß nicht-schulische Institutionen wie Bibliotheken, Museen, Kinos, Laboratorien, Auditorien, Behördengebäude etc. eine zunehmend wichtige Rolle spielen werden. Gleiches gilt für das Fernsehen und für Datenendeinrichtungen.

Es ist offenkundig, daß es keinen größeren Gegensatz zur entschulten Gesellschaft geben kann als das Programm des Europarats. Wir neigen keinem der beiden Extreme zu. Wir glauben weder, daß die Schule im nächsten Jahrhundert verschwinden, noch daß sie sich zu einer Einrichtung für alle Altersgruppen entwickeln wird. Aber wir sind überzeugt: Wenn es die Schule nicht gäbe, so müßte sie erfunden werden! Andererseits gilt: Wenn die Schule nicht alle bestehenden Möglichkeiten nutzt, z. B. die der neuen Medien und der Informationstechnologie, wenn sie nicht bereit ist, die etablierten Wahrheiten in Frage zu stellen, so kann sie zu einem sterbenden Dinosaurier werden.

8.4 Die etablierten Wahrheiten

Bevor wir zur Form der Schule im nächsten Jahrhundert Stellung nehmen, sind mehrere Fragen zu klären. Sie betreffen die mit »Schule« verbundenen scheinbaren Selbstverständlichkeiten.

8.4.1 Was und wer ist ein Schüler?
Heute gilt zunächst noch: ein junger Mensch zwischen sechs und fünfundzwanzig; aber diese Definition wird zunehmend ungenauer. Künftig werden auch die Allerjüngsten ein ihren Entwicklungsbedürfnissen angepaßtes Lernangebot erhalten. Natürlich wird das allermeiste davon durch die Eltern und die Familie herangetragen; aber dieses *informelle Lernen* wird als solches anerkannt werden. – Auch in den höheren Altersgrupen wird es Schüler bzw. Studenten geben. Es wird ganz selbstverständlich sein, daß jemand in seinem Betrieb an Fortbildungsmaßnahmen teilnimmt oder sich in der Freizeit weiterbildet, aber die *Formen* solchen Lernens werden ganz anders sein als in der heutigen Schule. Auch Lehrer werden während ihrer ganzen Laufbahn insofern »ewige Studenten« sein, als sie viel enger als heute an Kollegen und an Netzwerke gebunden sein werden, um so ihre Professionalität fortzuentwickeln.

Wichtig ist vor allem, daß der Lernende im Mittelpunkt steht. Der einzelne Schüler wird in zunehmendem Maße unter einer Vielzahl von Lernmöglichkeiten und Lernformen wählen können. Nur *die* Optionen werden sich am *Lernmarkt* behaupten, die von den natürlichen Anlagen des Kindes und der Einzigartigkeit jedes Kindes ausgehen.

8.4.2 Was und wer ist ein Lehrer? Der Lehrer im traditionellen Sinne wird auch weiterhin wichtig sein, nicht zuletzt als Rollenmodell in einer Schule, für die *Verstehen* ein höherer Wert ist als *Wissen* (vgl. Kapitel 5) und die »den ganzen Menschen« und die Entwicklung seiner Persönlichkeit in den Mittelpunkt ihrer Bemühungen stellt. Aber die Unterscheidung von Schüler und Lehrer wird weniger klar sein. Schüler mit großen intellektuellen und menschlichen Ressourcen können auch einmal Lehrer sein, und Lehrer sind Schüler in dem Sinne, daß sie ihr Leben lang hinzulernen und sich fortbilden. Lehrer und Schüler lernen voneinander in kooperativen Gruppen und Schüler voneinander bei Aufgaben, deren Lösung Zusammenarbeit erfordert. In den unteren Klassen können Eltern und andere Personen aus dem Umfeld der Schule durch Fachkenntnisse und Erfahrung den Unterricht bereichern. Die Lehrer werden vermutlich mit noch größeren Schwierigkeiten konfrontiert sein als heute, und entsprechend größer wird ihr Kräfteverschleiß. Das liegt einmal an dem ständigen Zwang zu Umstellungen und Veränderungen, noch mehr aber an der steigenden Erwartung, daß Lehrer eine Reihe nichtfachlicher Funktionen wahrnehmen. Damit stellt sich die Frage, ob der Lehrerberuf für die meisten auch künftig für die Dauer des ganzen Berufslebens eine Vollzeitbeschäftigung sein wird. Die Wahrscheinlichkeit spricht eher dagegen. Viele, die sich nicht voll mit dem Beruf identifizieren mögen oder dem Verschleiß nicht gewachsen sind, werden nur teilweise oder für eine begrenzte Phase ihrer Berufslaufbahn Lehrer sein. Die Kombination der Lehrtätigkeit mit anderer Arbeit (im weitesten Sinne) wird immer üblicher werden.

Lehrer müssen zur Kenntnis nehmen, daß nicht mehr die *Antwort*, sondern die *Frage* der Schlüssel zum Lernen ist. Man wird von ihnen nicht mehr erwarten, daß sie stets die eine und richtige Antwort wissen. Erwartet wird vielmehr, daß sie sich auf grundlegende Probleme konzentrieren, daß sie die Neugier jedes Kindes anregen und jedem Kind helfen, Entdeckungen zu machen und systematisch zu arbeiten.

8.4.3 Was ist ein Lehrplan? Es wird immer schwieriger werden, ein gemeinsames, d. h. für alle verpflichtendes Pensum zu definieren. Die Wissens- und Informationsrevolution führt der Schule ständig neues Wissen zu, und ständig ändern sich auch die Bedürfnisse der Schüler. Wahrscheinlich werden die Schulbehörden von detaillierten Lehrplänen immer mehr abrücken und nur noch die *Richtung* und die *allgemeinen Ziele* verbindlich vorgeben. Dazu wird eine Verpflichtung auf das *Grundlegende* und das *Exemplarische* gehören. Eine Operationalisierung der Ziele wird wohl manchmal noch versucht werden, aber das wird wegen der damit verbundenen Probleme nicht mehr der Regelfall sein. Der *wirkliche Lehrplan* wird an den einzelnen Schulen in Bindung an die zentral vorgegebenen Rahmenbedingungen und

Werte festgelegt. Dem Lehrer bleibt nach Absprache mit örtlichen Behörden und den Schülern ein erhebliches Maß an Wahlfreiheit.

Eine detaillierte *inhaltliche* Ausformung des Lehrplans ist nicht mehr das Hauptproblem. Die Aufgabe besteht vielmehr darin, die wenigen grundlegenden Lernfelder zu definieren, auf denen vertiefte Kenntnisse unerläßlich sind, und die Schüler an diese Felder heranzuführen.

9.4.4 Was ist ein Lehrbuch? In der Informationsgesellschaft hat jeder Zugang zu einer enormen Menge Informationen aus fast allen Lebensgebieten. Computer, CD-ROM und andere Speichermedien ermöglichen die Nutzung der ganzen Breite des jeweiligen Wissens. Ein Lehrer kann heute bereits aufgrund von auf den neuesten Stand gebrachten Quellen ein Lehrbuch für ein bestimmtes Thema selbst schreiben. Damit wird die Erstellung schuleigener und individualisierter Lehrpläne erleichtert, und der Begriff *Lehrbuch* bekommt einen ganz neuen Sinn. Basiswissen wird man wohl auch künftig zwischen zwei Buchdeckeln finden; aber die auf eine bestimmte Zielgruppe zugeschnittenen »Bücher« werden allmählich eine immer größere Rolle spielen. Wenn man sich ferner klarmacht, daß die meisten Schüler die Informationsquellen genauso nutzen können wie ihre Lehrer, könnte das »Lehrbuch« von Lehrern und Schülern gleichermaßen kontinuierlich revidiert und aktualisiert werden.

Alle Lehrbücher sind im Augenblick ihres Erscheinens schon überholt. Das heißt nicht, daß sie nicht nützlich wären. Die besten vermitteln den Schülern in übersichtlicher Form ein Grundwissen und helfen ihnen, sich das jeweilige Gebiet selbständig näher zu erschließen.

8.4.5 Was ist ein Klassenzimmer? Schulgebäude stammen aus einer Zeit, in der ein *Sammelpunkt* die unerläßliche Bedingung organisierten Lernens war. Die Lerninhalte standen fest, sie wurden in den Lehrbüchern in aufbereiteter Form dargeboten, und der Lehrer spielte eine zentrale Rolle als Vermittler. Heute ist der Großteil des Wissens und der Informationen außerhalb der Schule zugänglich: in Computern, Bibliotheken, kommunalen Einrichtungen, in den Medien, am Arbeitsplatz. Damit werden die Wände des Klassenraums zu einer Schranke, sie schließen nicht mehr die Welt des Lernens auf. Der Klassenraum des nächsten Jahrhunderts hat keine Wände, so wie Wissen keine Grenzen kennt.

Die Öffentlichkeit wird zum *erweiterten Klassenraum*. Je authentischer die Aufgaben beim Lernen sind, desto mehr wird die Öffentlichkeit, das Gemeinwesen, zu einer Ressource. In zunehmendem Maße werden die elektronischen Netzwerke zu einer Art *Klassenraum ohne Wände*. Sie bieten Schülern wie Lehrern neue Möglichkeiten, ihn zu erweitern.

Die Schule wird also nicht nur von einer weiteren Öffentlichkeit lernen, sondern wird auch ihrerseits in die lokale und globale Öffentlichkeit etwas hineintragen. Dieses Geben und Nehmen bedeutet, daß der Klassenraum größer und ergiebiger wird.

8.4.6 Was ist wohlorganisierter Unterricht? In der Vergangenheit war Frontalunterricht vom Katheder die dominierende Methode. Schrittweise wurde sie zurückgedrängt, vor allem in der Grundschule, und Methoden, die die Schüler mehr aktivierten, traten in den Vordergrund. Aber der Frontalunterricht ist keineswegs verschwunden. Und traditionell ist allemal der äußere Rahmen: Ein Lehrer unterrichtet in einem geschlossenen Raum eine Lerngruppe in einem Fach. Viele Schulen haben die Nachteile dieses Organisationsmodells bemerkt und Veränderungen eingeleitet. In den kommenden Jahren werden sich neue Formen, teilweise aufgrund wirtschaftlicher Zwänge, immer mehr durchsetzen, so etwas Großklassen mit Teamteaching und dem Einsatz von Schülern als Hilfslehrern, der verstärkte Gebrauch von Bibliotheken und Computern, spezielle Lehrpläne für einzelne Schüler, längere Studienperioden. Ältere Schüler werden Lernverträge eingehen können, die sie vom traditionellen Unterricht freistellen und ihnen selbständiges Arbeiten an bestimmten Aufgaben oder Projekten ermöglichen. Die Schulen werden sich in der Konkurrenz dann am ehesten behaupten, wenn sie in der Lage sind, ihren Unterricht flexibler als heute zu organisieren.

Diese Ideen sind nicht neu, spätestens seit John Deweys Zeiten sind sie allgemein bekannt, und dennoch verwenden nur wenige Schulen alternative Unterrichtsformen. Sie werden ihre bisherige Praxis überprüfen müssen.

8.4.7 Wer besitzt die Schule? Ursprünglich gehörten Schulen der Kirche oder einer privaten Organisation. Seit der Mitte des vorigen Jahrhunderts wurden sie in den westlichen Ländern nach und nach staatlich, außer in den Niederlanden, wo über 70 % noch immer privat sind. Derzeit befindet sich der öffentliche Sektor in den OECD-Ländern in einer Krise; es zeigt sich immer mehr, daß er sich beschränken, d. h., auf die wesentlichsten staatlichen Aufgaben konzentrieren muß. Schon gibt es eine deutliche Tendenz zur Privatisierung, zu Marktprinzipien und zur Halbstaatlichkeit (REICHARD 1992). Ein anderer Trend ist die Ablösung der kommunalen Verantwortung für Schulen durch direkte staatliche Lenkung (so z. B. in Großbritannien). Wie wir schon früher gezeigt haben, ist die Trägerschaft an sich, ob staatlich oder privat, nicht das entscheidende Problem. Das ist vielmehr die Finanzierung. In den Niederlanden z. B. sind die Kirchen Träger der meisten Schulen; aber der Staat kommt für 100 % der Kosten auf. In Norwegen trägt er 85 % der Kosten privater Schulen. Künftig wird es vermutlich eine Reihe neuer Trägerschafts- und Finanzierungsmodelle geben, die staatliche Garantien und finanzielle Zuwendungen mit kommunalen Mitteln, privaten Spenden, Teilfinanzierung durch Betriebe oder Glaubensgemeinschaften und Eigenanteilen der Eltern oder Schüler verbinden. Alle möglichen Gruppen werden sich am privaten Sponsoring beteiligen; daher wird es wieder mehr kleine wohnungsnahe Schulen und Privatschulen geben.

Die Schulen müssen alle verfügbaren Ressourcen nutzen. Eine der wichtigsten sind *Verantwortungsfreude und Fähigkeiten*, die freigesetzt werden, wenn Menschen spüren, daß sie wirklich ernst genommen werden und mitbestimmen können, wenn sie sich sozusagen als *Besitzer* der Schule fühlen, die ihre Kinder besuchen. Das bedeutet, daß Schulen sich ihrem Umfeld öffnen müssen.

8.4.8 Wer kontrolliert die Schule? In dem Maße, wie Sponsoring und finanzielle Arrangements wichtiger werden, fällt auch die stetige Kontrolle der Schulen immer mehr den Zusammenschlüssen verschiedener Gruppen zu, die als interessierte Partner der Schule auftreten. Eines der Probleme des öffentlichen Schulmonopols war, daß die »Klienten« (Eltern und Schüler) an Entscheidungen über die Schule nur ganz am Rande beteiligt waren. Die Systeme wurden zu groß und unübersichtlich, die Bürokratie übernahm weitgehend Macht und Verantwortung, und komplementär dazu wurden Schüler und Eltern zu Objekten degradiert. In Zukunft wird es darauf ankommen, daß Eltern und Schüler in den schulischen Prozeß direkt einbezogen werden. Das heißt nicht, daß dem Rektor und den Lehrkräften die *pädagogische* Leitung entzogen wird, wohl aber, daß die Klienten bei der Leitung der Schule eine aktive Rolle spielen und direkt Verantwortung übernehmen. Dieses Modell wird in Ländern wie Neuseeland und den Niederlanden seit langem erprobt.

Öffentliche Organisationen, in diesem Falle die Schule, können nur dann effektiv sein, wenn die Professionellen wie die Nutzer ihrer Rollen neu definieren.

8.4.9 Welche Werte werden maßgebend sein? In einer dezentralisierten Gesellschaft gilt das Prinzip der sozialen Kontrolle am jeweiligen Ort; aber damit werden bestehende Konflikte nicht beseitigt. Vor allem ist das in multikulturellen Gesellschaften der Fall, in denen verschiedene Lebensstile, Gewohnheiten und Werte in vielen Städten und Gemeinden für Spannungen sorgen. »Nationale Werte« sind heutzutage nicht leicht zu definieren, weil kaum eine Gesellschaft noch hinreichend homogen ist. Mit den Werten anderer zu leben und sie zu achten: das werden die Schüler in der Schule von morgen lernen müssen, hier liegt eine ihrer zentralen Aufgaben. Kenntnis und Verständnis der Werte anderer gibt auch den eigenen Werten eine neue Perspektive. Aber unbestreitbar kann eine solche Begegnung der Kulturen und Werte zu Konflikten führen, die in jeder Gemeinschaft gelöst werden müssen.

Für Schulen ist der Wertekonflikt eine Chance. Die Fähigkeit, Konflikte auszuhalten und zu bearbeiten, wird in den Gesellschaften der Zukunft sehr geschätzt werden. Schüler müssen lernen, wie sie mit Problemen und Konflikten umgehen können. Jede Schule muß daher ihr eigenes Verfahren der Konfliktlösung erarbeiten und ihre eigenen, schulspezifischen Normen und Werte entwickeln.

8.4.10. Kann die Schule lernen? Wir sind überzeugt, daß die Schule als Organisation lernfähig ist. Aber wird sie die Kraft, Kreativität und Anpassungsfähigkeit aufbringen, die sie für die großen Aufgaben der kommenden Jahre braucht? Eine ganz wesentliche Aufgabe wird sein, mit Veränderungen zu leben und die aus ihnen sich ergebenden Probleme und Konflikte zu lösen (DALIN und ROLFF 1991).

Eine Frage dürfte damit schon beantwortet sein: Glauben wir an eine *entschulte Gesellschaft* oder an *Schule von der Wiege bis zum Grabe?* Wir meinen, daß die Schule, wie sie heute ist, im nächsten Jahrhundert nicht mehr lange überleben kann, aber daß eine kreative und erneuerte »Schule« alle Möglichkeiten hat, den Herausforderungen der Zukunft gewachsen zu sein. Sie darf nicht statisch sein; sie muß sich kontinuierlich verändern und *aktiv an sich selbst arbeiten.* Schulentwicklung wird so zu einem ganz wesentlichen Stichwort.

8.5 Kann die Schule den Bedürfnissen der Schüler gerecht werden?

In Kapitel 5 gingen wir auf drei Lernbedürfnisse ein, die nach unserer Ansicht für Kinder und Jugendliche in Hinblick auf das 21. Jahrhundert am wichtigsten sind. Diese Bedürfnisse, wie wir sie definierten, stehen alle in einem Bezug zu den zehn Visionen, die wir für die postmoderne Gesellschaft als wesentlich ansehen (siehe Kapitel 4). Ist es möglich, Organisations- und Lernformen zu finden, die den Bedürfnissen entgegenkommen? Wir nennen einige Beispiele:

8.5.1 Grundlegende Kenntnisse und Fertigkeiten: Dazu gehören das Erlernen des Lernens, ein Verständnis der Eigenart der Fächer, die Fähigkeit zur Problemlösung und zur Kommunikation. In Kapitel 6 betonten wir, daß alle Schüler fachlich gefordert werden müssen. Vor allem ist wichtig, daß sie sich systematische Lernverfahren aneignen und daß sie Problemlösungsfähigkeiten und Kreativität entwickeln.

Kommunizieren können ist eine Fähigkeit von grundlegender Bedeutung. Das gilt für alle Formen der Kommunikation, die mündliche und die schriftliche, die Muttersprache und mindestens zwei Fremdsprachen, für

Texte, Bilder und den Computer. Zwischenmenschliche Kommunikation wird immer wichtiger in dem Maße, wie an die Stelle des früher selbstverständlichen Oben und Unten eine »horizontalere« Gesellschaft tritt.

Die Schule der Zukunft wird über neue und wichtige Ressourcen verfügen. Vor allem kann *die Schule als Gemeinschaft* mehr als andere Institutionen die zwischenmenschliche Kommunikation fördern. Besonders wichtig ist diese Ressource an Schulen mit vielen Immigrantenkindern, weil das Verständnis anderer Kulturen und die Verbesserung der sprachlichen Kompetenz in einem multikulturellen Umfeld neue Möglichkeiten eröffnen.

Ebenso wichtig ist die Verwirklichung unserer Vision der *Partnerschaft* von Männern und Frauen, Jungen und Mädchen. Die Schule der Zukunft muß alle ihre Aktivitäten im Hinblick auf die gleichberechtigte Teilhabe der Geschlechter durchdenken und zugleich sicherstellen, daß Jungen und Mädchen dennoch ihre geschlechtsspezifischen Fähigkeiten entfalten können. Wiederum ist es *die Schule als Gemeinschaft*, an die sich diese Herausforderung richtet.

8.5.2 Wissen und Verstehen: Die beiden Begriffe bezeichnen für uns zwei wichtige, gleichrangige Ziele der Schule im nächsten Jahrhundert: einmal die Aneignung »tiefen« Wissens, einschließlich der Fähigkeit, Einzelheiten zu einem Gesamtbild zu fügen, komplizierten Zusammenhängen einen Sinn zu entnehmen, zum andern die Entwicklung von Einfühlungsvermögen, Empathie, Verständnis (siehe Kapitel 6).

Diese Ziele werden am ehesten dann erreicht, wenn den jungen Menschen Verantwortung übertragen wird, wenn sie für ihre Handlungen einstehen müssen, wenn sie, anders gesagt, nach und nach wie verantwortliche Erwachsene behandelt werden. Das ist allein im Klassenraum oder sonst in der Schule nicht möglich; es bedarf dazu authentischer Aufgaben, ähnlich denen des *Lernens durch Teilhabe* und vergleichbarer Programme.

Ebenso wichtig ist es, die jungen Leute sowohl zur Unabhängigkeit zu ermutigen als auch ihr Bedürfnis nach Nähe und Zuwendung zu befriedigen. Wenn die Schüler wirklich Empathie für andere Menschen und Kulturen entwickeln sollen, müssen wir im kleinen anfangen, mit der Klasse, der Schulgemeinschaft, dem örtlichen Umfeld. Solidarität mit den Schwachen der Gesellschaft und aktives Engagement für Kinder in Entwicklungsländern können zu exemplarischen Bemühungen werden, die ein großes Lernpotential enthalten und das Verstehen in dem genannten Sinne fördern.

Die Wandlungen der Einstellung und des Verhaltens, die dem Wohle anderer dienen sollen, sind schwierig und kommen nicht von selbst. Kinder und Jugendliche brauchen Erwachsene als Rollenmodelle. In den Kinderjahren spielen hier natürlich die Eltern die entscheidende Rolle, aber spätestens ab der Pubertät werden auch andere, z. B. Lehrer, als Vorbilder wichtig. Praktisch kommen alle engagierten Erwachsenen in Frage, die von Berufs wegen oder in ihrer Freizeit mit Erziehung und mit Jugendlichen zu tun haben.

Junge Leute haben oft auch gleichaltrige Idole, seien es einzelne oder Gruppen. Der entscheidende Konflikt ist aber nicht der zwischen Erwachsenen und Jugendlichen als Rollenmodellen. Wichtiger ist der Unterschied zwischen der *Ich-Kultur* und der *Wir-Kultur*, zwischen denen, die nur auf den eigenen Vorteil und Erfolg bedacht sind, und denen, die auch für andere Verständnis haben. Jugendliche, die mit sich selbst schwer zurechtkommen und ein geringes Selbstwertgefühl haben, erliegen oft der Versuchung, soziales Bewußtsein und Solidarität geringzuschätzen. Dem entgegenzuwirken ist nicht leicht, eine Patentlösung gibt es nicht. Die beste Vorbeugung, die Eltern leisten können, ist Hilfe zum Aufbau eines gesunden Selbstvertrauens von klein auf. Ist dies nur teilweise gelungen, muß die Schule in Zusammenarbeit mit dem Elternhaus die Bemühungen fortsetzen, damit jeder Schüler befähigt wird, Mitgefühl mit anderen und Solidarität zu entwickeln.

8.5.3 Konsument und Produzent: In Kapitel 5 sprachen wir von der Konsumenten- und Produzentenrolle (vgl. S. 131 f.). Der Produzent ist durch Kreativität gekennzeichnet, sei es bei der Lösung komplexer Probleme, sei es bei der Schaffung von Kunstwerken, mit denen er die Welt bereichert.

Wir alle sind Konsumenten. Als solche müssen wir uns bemühen, gut informiert und kritisch zu sein. In Nordamerika und Europa existiert eine Konsumgesellschaft. Der Konsum darf aber nicht alles sein; denn wenn die Konsumenten nur nehmen und der Gesellschaft nichts zurückgeben, gerät sie aus dem Gleichgewicht und kann womöglich nicht mehr regenerieren, was ihr genommen wurde. Ein solches Ungleichgewicht ist heute gegeben, und zwar sowohl im Verhältnis zur Natur als auch in der ungleichen Verteilung der Güter. Wir müssen daher unser Konsumverhalten ändern (vgl. hierzu die Kapitel 3 und 4), und die Schule hat dabei eine wichtige Aufgabe. Sie hilft den Schülern, die Folgen exzessiven Konsums zu begreifen und die Notwendigkeit einer Umkehr, d. h. einer Orientierung an Gesundheit, Gleichgewicht und gerechter Güterverteilung, einzusehen. Es gibt schon Entwürfe und Pläne, die die Schüler zu praktischer Solidarität mit den Armen und zum Erkennen des Zusammenhangs von Konsumverhalten und Gesundheit führen können. Es ist daher denkbar, daß die Jugendlichen auf diesem Gebiet Rollenmodelle für diejenigen Älteren abgeben, die den Blick für die Vernetzung von Konsum und Produktion verloren haben.

Nur wenigen Menschen sind Produzenten (im früher beschriebenen Sinne des Wortes, das hier also *nicht* Warenproduktion oder überhaupt alle Arten mechanischen Produzierens meint). Zu vieles von dem, was in der Schule geschieht, ist simple Reproduktion. Die Schüler schreiben etwas von der Tafel ab, wenden Formeln an oder suchen zu erraten, welche Antwort auf eine Frage der Lehrer erwartet, ja, sie werden bisweilen sogar dafür gelobt, daß sie »die richtige Frage« gestellt haben, und sind also bemüht, diese herauszufinden. Dies alles läßt sie in der Konsumentenrolle verharren. Die Schule der »richtigen« Fragen und Antworten ist gefährlich, weil sie Passivität fördert und den Dialog formal und vorhersehbar macht. Die Schüler lernen aufzunehmen, was ihnen vorgesetzt wird, und freuen sich, wenn sie eine richtige Antwort gegeben oder eine Klassenarbeit »geschafft« haben (Educational Leadership 1994).

Die Schule der Zukunft muß in viel stärkerem Maße als die heutige die kreativen Fähigkeiten der Schüler ermutigen. Das Musisch-Künstlerische muß in der täglichen Arbeit einen Platz haben. Etwas Ungewöhnliches zu realisieren darf nicht von vornherein aussichtslos sein. Projekte, die die Routine sprengen, die die Schüler vom Gewohnten wegführen und sie mit dem Unfertigen und Unbekannten konfrontieren, verdienen Unterstützung. Das ist nicht zuletzt im Hinblick auf den Arbeitsmarkt der Zukunft wichtig, der auf allen Gebieten unsere Kreativität fordern wird. Diese muß allgemein als ein hoher Wert geschätzt werden.

8.6 Der Lehrplan in der Schule der Zukunft

In diesem Abschnitt wollen wir die nach unserer Ansicht wichtigsten *grundsätzlichen* Aspekte des Lehrplans behandeln, vor allem die, die in der Schule der Zukunft anders sein werden als heute. Wir beschränken uns, anders gesagt, auf die *Richtung* und den inneren *Zusammenhang* des Lehrplans. Eine umfassende Darlegung inhaltlicher und didaktischer Probleme ist nicht beabsichtigt; dazu sei auf die einschlägige Fachliteratur verwiesen (z. B. GUNDEM 1991, HAMEYER 1991).

Dennoch ist es wichtig, die Prämissen zu verdeutlichen, die unserer relativ konzentrierten Fassung des künftigen Lehrplans zugrunde liegen:

8.6.1 Weniger ist besser als mehr: Die meisten Lehrpläne sind überladen. Lehrer klagen über Zeitdruck; zu selten bleibe Muße zur Diskussion, zur Reflexion, zur vertiefenden Behandlung eines Gegenstands, zum Bemühen um wirkliches Verständnis. Es gilt daher *die fundamentalen und exemplarischen Tatsachen und Begriffe* festzumachen, die zusammen eine solide Basis weiteren Lernens abgeben.

8.6.2 Alles hängt zusammen: Die Arbeit an Schulreformen hat gelehrt, daß es keine isoliert zu sehenden Einzelheiten gibt, daß vielmehr *alles zusammenhängt.* Es ist kontraproduktiv, einen Teil des Lehrplans ohne den Blick auf das Ganze verändern zu wollen. Ebenso ist es sinnlos, nur in allgemeinen Bahnen zu denken und die praktische Durchführbarkeit der Maßnahmen zu vernachlässigen. In der Lehrplanarbeit ist es unerläßlich, alle Vorschläge im Zusammenhang und in Zuordnung zu übergeordneten Werten zu sehen und eine Strategie der Umsetzung zu entwickeln. Wichtig ist auch die Einsicht, daß rein kognitive Kenntnisse und Fähigkeiten nicht von der Entwicklung der Person isoliert werden dürfen. Unterrichtspläne müssen so konzipiert werden, daß sie die fachliche, persönliche und soziale Entwicklung integrieren.

8.6.3 Das Fachliche und das Interdisziplinäre: In Kapitel 6 traten wir für einen soliden, an Grundproblemen orientierten, exemplarischen Fachunterricht ein. Dieser wird in der Schule der Zukunft noch an Bedeutung gewinnen. Zugleich aber sind die Schüler mit den komplexen Problemen von heute konfrontiert, und diese lassen sich selten mit Kenntnissen aus nur einem Fach verstehen oder lösen. Ein problemzentrierter Unterricht, bei dem die Aufgaben aus der Perspektive verschiedener Fächer betrachtet werden, muß daher im Lehrplan einen selbstverständlichen Platz haben. Erst die Gesamtheit der Perspektiven macht einen solchen Unterricht fruchtbar.

8.6.4 Das Lernen in der Schule und das Lernen im Alltag: Die Lernprozesse in der Schule sind an sich autonom, aber müssen dennoch an das Lernen der Schüler im Alltag und an ihre jeweilige Entwicklungsstufe angebunden werden. Oft ist der Unterrichtsgang nur an der inneren Logik des jeweiligen Faches orientiert. Aber der herkömmliche Fachunterricht deckt nur einen Bruchteil dessen, was die Schüler lernen und was ihre Vorstellungen formt. Daher ist es wichtig, das Lernen in der Schule ein Stück weit dem Lernen anzunähern, das aus alltäglichen Handlungen und Einsichten erwächst. Es gilt also Aufgaben und Unterrichtsformen zu finden, die dies leisten. Schüler lernen dann am besten, wenn sie motiviert sind, wenn sie das Warum einsehen und wenn sie das zu Lernende zu vorhandenen Erfahrungen in Beziehung setzen können.

8.6.5 Individuelles Lernen und Lernen in der Gruppe: In den meisten Ländern lernen die Schüler während der Pflichtschulzeit alle das gleiche. Der Unterricht, der einem für alle geltenden Lehrplan folgt, soll grundlegende Kenntnisse und Fertigkeiten vermitteln vor allem exemplarisch sein. Alle Schüler einer Klasse brauchen gemeinsame Bezugspunkte, von denen aus sie weiterlernen können, auch wenn dies dann in verschiedenem Tempo geschieht. Schulisches Lernen ist kumulativ. Das gilt aber auch fürs Nichtlernen: Schüler, die über keine sichere Grundlage verfügen, geraten unweigerlich ins Hintertreffen und reihen eine Niederlage an die andere. Der Abstand zwischen ihnen und den anderen (»learning gap«) wird im Laufe der Schulzeit immer größer, und entsprechend schwieriger wird es, die Klasse so zusammenzuhalten, daß alle noch vom Unterricht profitieren. Es gibt aber Wege, dieser Tendenz entgegenzuwirken und die Gruppensolidarität aufrechtzuerhalten (siehe z. B. STEVENSON und STIGLER 1992).

8.6.6 Schule und Gesellschaft: Mit den Problemen von heute und den Aufgaben von morgen sehen sich die Schüler täglich konfrontiert, im praktischen Leben, durch die Massenmedien und auf sonstigen Wegen. Die Schule hat die Aufgabe, die für das Leben der Schüler entscheidenden Anforderungen zu beschreiben, zu analysieren und zum Nachdenken über sie anzuregen. Sie muß einschlägige Informationen in einen Kontext stellen, Wissen zu vermitteln und Verständnis zu wecken suchen. Wesentlich könnten die folgenden Anforderungen sein:

- eine multikulturelle Gesellschaft zu schaffen und in ihr zu leben;
- eine praktische, lebendige Partnerschaft der Geschlechter zu entwickeln;
- sich für das nahe Umfeld einzusetzen, in ihm Verantwortung zu übernehmen;
- für die physische Umwelt Verantwortung zu übernehmen, die Bedeutung ökologischen Denkens im täglichen Leben zu erkennen;
- Chancen und Gefahren des Lebens in einer von moderner Wirtschaft und Technik geprägten Gesellschaft zu erkennen;
- für den Frieden zu arbeiten und Krieg zu verhindern;
- in einer mehrere Generationen umfassenden Gesellschaft zu leben und in ihr Verantwortung zu tragen;
- die »Sprache« der Medien zu verstehen, mit der von ihnen ausgehenden Informationsflut kritisch umzugehen;
- unterschiedliche Lebensbedingungen zu sehen, Ursachen der Unterschiede zu erkennen und sich für eine gerechtere Welt einzusetzen;
- den Trend zur Internationalisierung und Globalisierung zu verstehen, fähig und bereit zu sein, in einer internationalen Gesellschaft zu arbeiten und Verantwortung zu tragen;
- die Dynamik des Arbeits- und Wirtschaftslebens zu verstehen, selbst tätig zu werden (z. B. durch Gründung einer Firma) und so eine aktive Beziehung zu diesem das Leben nach der Schule beherrschenden Lebensbereich aufzubauen;
- den kaum noch übersehbaren *Lernmarkt* einschließlich des »elektronischen Marktes« zu nutzen und einen persönlichen *Lernplan* aufzustellen, bei dem Schüler, Eltern und Lehrer kooperieren.

8.6.7 Persönliche Entwicklung: Von entscheidender Bedeutung für alle Schüler ist die Erfahrung, *daß sie wirklich etwas beherrschen*. Eine wichtige Dimension der persönlichen Entwicklung ist die Selbsteinschätzung, das Erkennen eigener Stärken und Schwächen. Dazu gehört, daß jeder sich besondere Leistungen zutraut und Formen und Gelegenheiten findet, sich auszudrücken. Das kann schriftlich, im Dialog oder in einer Diskussion geschehen, aber auch in der Musik, in Bildern, in Sport und Spiel.

8.6.8 Soziale Entwicklung: Eines der Hauptmerkmale der gesellschaftlichen Entwicklung ist das Zurücktreten hierarchischer zugunsten horizontaler Strukturen. Die Gesellschaft der Zukunft wird noch mehr als die heutige eine *horizontale Gesellschaft* sein. In ihr sind Kommunikations- und Problemlösungsfähigkeit unerläßlich. Die Schüler müssen lernen, sich als Teil einer Gemeinschaft zu begreifen, produktiv umzugehen mit Situationen, in denen viele gemeinsam zu einer Entscheidung finden sollen. Alle müssen mit den wichtigsten Problemen des gesellschaftlichen Diskurses vertraut werden. Die Lösung der Probleme kann nicht den an der Spitze der Gesellschaftspyramide Placierten überlassen bleiben. Dem hat die Schule Rechnung zu tragen. Während die Schule in moderner Zeit fast ausschließlich die Kompetenz des einzelnen zu entwickeln und individuelle Leistungen zu messen bemüht war, muß sich die Schule der Zukunft stärker auf kollektive Kompetenzen und Leistungen konzentrieren. Das bedeutet keine Geringschätzung individueller Hervorbringungen; es gilt zwischen individuellen und kollektiven Gesichtspunkten eine Balance zu finden.

8.6.9 Der Lehrer als Lernender: Der Lehrer hat den Schlüssel zur Zukunft der Schule. Ohne eine wirklich motivierte und qualifizierte Lehrerschaft bleiben alle Überlegungen zur Zukunft der Schule Wunschträume. Die Lehrplanarbeit muß daher wie alle Bildungsreformen auf die Lehrer als die zentralen Akteure abgestellt sein. Sie müssen Gelegenheit haben, selbst hinzuzulernen und dabei von Kollegen und anderen kompetenten Personen unterstützt zu werden. D. h., wer anderen beim Lernen helfen soll, muß selbst kontinuierlich lernen. Die Lehrer müssen – in Zusammenarbeit mit Kollegen – in viel stärkerem Maße als heute den Unterrichtsplan abwandeln, formen und vertiefen können. Die Erarbeitung eines neuen Plans ist daher auch ein Lernprozeß.

8.6.10. Die lernende Schule: Der Lehrplan setzt voraus, daß Lehrer, Schüler und andere oft an Aufgaben arbeiten, für die es keine fertigen Lösungen gibt, oder daß sie mit bisher unbekannten Fragestellungen konfrontiert werden. Er setzt voraus, daß die Schule sich zu einer *lernenden Organisation* entwickelt, in der es die Regel ist, daß alle Untersuchungen anstellen, forschen, zusammenarbeiten und gemeinsam Ergebnisse erzielen. So werden der

Lernprozeß und die Ergebnisse zum gemeinsamen Besitz. Wenn erst ein solches Lernklima existiert, wird die Schule sich kontinuierlich fortentwickeln als eine Organisation, die an ihren Aufgaben wächst. Sie ist eine lernende Schule.

8.7 Lernfelder

In den letzten Jahrzehnten war in den OECD-Ländern eine Tendenz zu einer Verbreiterung des Spektrums der Lerninhalte zu beobachten, weg vom einseitig Theoretischen. Trotzdem zeigen die Versuche, die wichtigsten Sachgebiete eines Lehrplans zu benennen, daß es immer noch schwierig, wenn nicht unmöglich ist, eine verbindliche Typologie zu finden. Lawton ging z. B. von einer Art Kulturanalyse aus und postulierte acht »curriculum systems« für einen Lehrplan der britischen Sekundarschule (LAWTON 1983), und zwar

- Sozio-Politik,
- Wirtschaft,
- Kommunikation,
- Rationalität,
- Technologie,
- Moral,
- Glaube,
- Ästhetik.

In Großbritannien hat es in den letzten Jahren eine bemerkenswerte »schulbasierte« Lehrplanentwicklung gegeben, während zugleich erstmals auch ein zentraler Lehrplan erarbeitet wurde. Dabei spielte die Schulaufsicht eine zentrale Rolle, indem sie sicherzustellen suchte, daß die folgenden »areas of experience« berücksichtigt wurden (DES 1985):

- Ästhetik und Kreativität,
- menschliche Interaktion (»the human and social«)
- Linguistik und Literatur,
- Mathematik,
- Naturwissenschaften,
- Moral,
- physische Gesundheit,
- geistige Entwicklung
- Technologie.

Diese Liste sieht einer skandinavischen Liste der »Erfahrungsgebiete«, die im Pensum einer Schule vorkommen sollten, zum Verwechseln ähnlich. Da solche Listen recht umfassend ausfallen und der den einzelnen Gebieten zugeordnete Stoff ständig anspruchsvoller wird, ist es von entscheidender Bedeutung, daß sowohl Planer als auch Lehrer die kritische Frage stellen, *warum ein Gebiet in den Lehrplan aufgenommen werden soll.* Damit ist zunächst die Ebene der grundsätzlichen didaktischen Entscheidungen angesprochen; aber soweit es um Fragen des Unterrichtsalltags geht, müssen der Lehrer vor Ort und die einzelne Schule ein gewichtiges Wort mitreden können. Die Arbeit an einem Anstaltslehrplan steht im Zentrum aller Bemühungen um ein schuleigenes pädagogisches Profil.

Es gibt heute schon mehrere Unterrichtspläne, die als *Rahmenpläne* landesweit gültige Grundsätze vorgeben, aber die Ausfüllung des Rahmens in so hohem Maße der einzelnen Schule überlassen, daß diese sich dadurch profilieren kann. Ein Beispiel ist das neuseeländische »Curriculum Framework« von 1993, das auf folgenden Prinzipien beruht:

1. Der Lehrplan gibt für das Lernen und die Leistungsbeurteilung in neuseeländischen Schulen die *Richtung* an.
2. Er will dazu beitragen, daß *alle* Schüler Fortschritte machen und bestimmte Ziele erreichen.
3. Die einzelne Schule kann die Unterrichtspläne für ihre Schüler weitgehend selbst gestalten. So ist z. B. die Aufstellung der Stundentafel ihr allein überlassen.
4. Der Lehrplan garantiert ein zusammenhängendes, fortschreitendes Lernen während der ganzen Schulzeit.
5. Er garantiert die Gleichheit der Bildungsmöglichkeiten.
6. Er würdigt die Bedeutung der Kultur der Minderheiten, vor allem der Urbevölkerung, und berücksichtigt, daß die neuseeländische Gesellschaft multikulturell ist.
7. Der Lehrplan ist »grenzenlos« und bindet Neuseeland an die internationale Staatengemeinschaft.

Die Umsetzung eines solchen Plans erfordert professionelle Lehrer, eine enge Kooperation von Schule, Elternhaus und gesellschaftlichem Umfeld, professionellen Umgang mit Konflikten und die Beschäftigung mit mehreren Kulturen. (Näheres zu Neuseeland in Band 2 dieser Serie).

8.8 Der norwegische Rahmenlehrplan

Bei der Einführung der sogenannten Reform 94 hat das norwegische Unterrichtsminmisterium den für den gesamten organisierten Unterricht geltenden allgemeinen Teil eines Lehrplans vorgelegt. Er enthält viele neue Momente. Zum ersten Male werden alle Schularten und die Erwachsenenbildung gemeinsam behandelt. Das Ministerium beschränkt sich daher auf *allgemeine* Richtlinien für den Unterricht. So entstand ein sehr bemerkenswertes bildungspolitisches Dokument, nicht zuletzt deshalb, weil es zur Diskussion ausdrücklich auffordert. Das Ministerium nennt sechs Hauptziele des Schulunterrichts:

8.8.1 Der nach Sinn suchende Mensch: Der Plan betont Norwegens christliches und humanistisches Kulturerbe, den Sinn der Toleranz (vor allem in einer multikulturellen Gesellschaft) und die Bedeutung des demokratischen Rechtsstaates. Als wesentlich hervorgehoben werden ferner die Wissenschaft und ihr auf Vernunft, Kritik und Forschung beruhender Fortschritt sowie der sittliche Vertrag, der die Gesellschaft zusammenhält, und der Mensch als sittliches Wesen mit der »Fähigkeit, das Wahre zu suchen und das Richtige zu tun« (KUF, o. J. S. 9).

Der Plan sucht eine Brücke zu bauen zwischen der norwegischen Identität und Kultur mit ihren überkommenen christlichen und humanistischen Grundwerten einerseits und fremden Kulturen, Religionen und Werten andererseits. Mögliche Konflikte werden nicht geleugnet, doch wird der Schule klar die Aufgabe zugewiesen, diese zu bearbeiten und die Fähigkeit der Schüler zur Zusammenarbeit zu stärken.

8.8.2 Der schöpferische Mensch: Der Plan unterstreicht die Notwendigkeit, neuen Herausforderungen nicht auszuweichen. Ihnen müsse mit Erwartungen und dem Wunsch, zu handeln und Widerstände zu überwinden, begegnet werden. Die Schule müsse an die natürliche Neugier und Lernlust der Kinder anknüpfen und ihnen helfen, ihre schöpferischen Fähigkeiten soweit wie möglich zu nutzen. Zugleich wird aber die Wichtigkeit des Faktenwissens betont, da es »Träume, Phantasie und Spiel« anregen könne (a. a. O. S. 12).

In diesem Zusammenhang zeichnet der Plan das Idealbild des *aktiven Schülers*, der sich über Phänomene und Vorgänge wundern könne, aber zugleich die Anfänge wissenschaftlichen Arbeitens probe, indem er nach möglichen Erklärungen suche und deren Haltbarkeit überprüfe. Zur Aufgabe der Bildung heißt es, sie müsse »die schwierige Balance finden zwischen dem Respekt vor gesicherten Kenntnissen und der kritischen Haltung, ohne die es keine neuen Erkenntnisse gibt ... (a. a. O. S. 15). Die mit dem Neuen und seiner Anwendung eventuell verbundenen ethischen Fragen werden ausdrücklich thematisiert.

8.8.3 Der arbeitende Mensch: Der Lehrplan hebt die Bedeutung der technischen Entwicklung für das Land und die epochalen Auswirkungen technischer Innovationen stark hervor. »Technik – im weitesten Sinne des Wortes

– hat den Zufall und das glückliche Zusammentreffen von Umständen durch Berechenbarkeit und Sicherheit ersetzt« (a. a. O. S. 17). Zugleich wird aber auch das zerstörerische, in Kriegen gipfelnde Potential der Technik deutlich betont. Für die Schule folge daraus die Aufgabe, Chancen und Gefahren der Technik zu verdeutlichen.

Der Plan unterstreicht den Wert guter Arbeitsgewohnheiten in der Schule. Sie müsse den Schülern helfen, vom Bekannten zum Unbekannten fortzuschreiten, auf Veränderungen flexibel zu reagieren, sich technischen Fortschritten anzupassen. Alle Schüler seien möglichst allseitig zu fördern, wenn nötig durch individuell angepaßte Lehrpläne und besondere Hilfen. Wichtig sei in Zukunft vor allem aktives Lernen, bei dem der Lehrer als Helfer und Wegweiser eine zentrale Rolle spiele. Diese basiere auf »Achtung vor der Integrität der Schüler, Sensibilität angesichts ihrer ungleichen Voraussetzungen und dem Wunsch, daß sie ihre Möglichkeiten bis an die persönlichen Grenzen ausschöpfen und dabei Neuland entdecken mögen ... (a. a. O. S. 22). Betont wird auch, Lernen sei Teamarbeit und der Lehrer somit Leiter einer Arbeitsgemeinschaft.

8.8.4 Der allgemeingebildete Mensch: Nach den Intentionen des Lehrplans sollen sich die Schüler eine breite Allgemeinbildung aneignen. Sie wird definiert als

– konkretes Wissen über den Menschen, die Gesellschaft und die Natur (dadurch Gewinnung eines Überblicks und einer Perspektive);
– Erfahrung und Reife zur Meisterung des Lebens – des praktischen, des gesellschaftlichen und des persönlichen;
– Eigenschaften und Werte, die die Zusammenarbeit der Menschen erleichtern und das Zusammenleben bereichern und spannend machen (a. a. O. S. 23).

Diese Bildung soll aufgeklärt und ganzheitlich sein. Der Lehrplan wendet sich daher gegen die bisherige Tendenz zu immer weitergehender Spezialisierung und unterstreicht die Notwendigkeit einer die ganze Gesellschaft umfassenden Verständigungsbasis. In dem Zusammenhang wird nochmals die Spannung zwischen norwegischer Identität und weltoffener, internationaler Orientierung betont.

8.8.5 Der kooperative Mensch: In diesem Teil wird zunächst die herrschende komplexe Jugendkultur beschrieben. Sie wird als weitgehend isoliert vom Arbeitsleben charakterisiert. Dies habe dazu geführt, daß »indirekte Erfahrung auf Kosten der direkten zugenommen hat« (a. a. O. S. 30). Den Schülern müßten daher Pflichten und Verantwortung bei praktischer Arbeit übertragen werden. Für die Schulgemeinschaft müsse sich jeder einzelne verantwortlich fühlen. Schüler, Eltern und das örtliche Umfeld müßten ein umfassendes lernfreundliches Klima schaffen.

8.8.6 Der umweltbewußte Mensch: Der Lehrplan erkennt den Naturwissenschaften, der Ökologie und der Ethik einen hohen Rang zu. Die Konsequenzen des westlichen Lebensstils werden kritisch thematisiert: »Unsere Art zu leben und unsere Gesellschaftsform wirken sich einschneidend und bedrohlich auf die Umwelt aus.« Erforderlich sei daher eine »nachhaltige Entwicklung«. Die Schule habe die Aufgabe, »ganzheitliche naturwissenschaftliche und ökologische Kenntnisse« zu vermitteln.

Am Ende dieses allgemeinen Teils eines Lehrplans wird das Konzept der »integrierten Persönlichkeit« erörtert. Es handelt sich um den Versuch, die in den sechs Abschnitten genannten Komponenten im Zusammenhang zu sehen. Die Liste der guten Intentionen ist ziemlich lang, und zum Schluß wird dies gesagt:

»Unterricht und Ausbildung sind ein schwieriger Balancegang; sie müssen mehrere Ziele im Gleichgewicht halten. Ihre Aufgabe ist die allseitige Entwicklung der Fähigkeiten und Eigenarten der Schüler, damit sie moralisch handeln, kreativ arbeiten, mit anderen kooperieren und in Harmonie mit der Natur leben können. Die Schule soll helfen, ihren Charakter zu formen, und damit den einzelnen befähigen, sein Leben selbst in die Hand zu nehmen, Verpflichtungen gegenüber der Gesellschaft zu erfüllen und Verantwortung für die Umwelt wahrzunehmen« (a. a. O. S. 40).

Dieser Lehrplan ist ungewöhnlich gut durchdacht und formuliert; er ist ein für die norwegische Schule wichtiges Dokument. Die Politiker haben eine Vision in ein Programm umgesetzt, das in der norwegischen Bevölkerung auf ein hohes Maß an Zustimmung rechnen kann.

Es ist allerdings unklar, welche Daten das Unterrichtsministerium seiner Zielprojektion zugrunde legte. Unklar bleiben auch die Visionen des künftigen Norwegen, und es wird nicht erörtert, welche gesellschaftlichen Kräfte die vom Lehrplan intendierte Entwicklung fördern oder behindern könnten. Vermutlich werden die Fachlehrpläne einiges konkretisieren. Dennoch bleibt kritisch anzumerken, daß ein so wichtiges Vorhaben wie der Entwurf des allgemeinen Teils eines neuen Rahmenlehrplans gründliche Vorarbeiten und eine breitgestreute Mitwirkung der Basis erfordert. Eine Vision muß zum *Besitz* derer werden, die sie in die Wirklichkeit umsetzen sollen (vgl. Kapitel 4).

Eine andere Schwäche des Plans ist die fehlende Setzung von Prioritäten. Es werden viele Werte und Intentionen genannt, aber sie werden nicht gewichtet. Da der Plan sehr umfassend ist, kann es zu Zielkonflikten kommen, die in einer konkreten Situation (wenn es etwas um zeitliche und finanzielle

Ressourcen geht) gelöst werden müssen. Wie das geschehen soll, sagt der Plan nicht. Es gibt nur einen Weg: nämlich der einzelnen Schule und dem einzelnen Lehrer die professionelle Verantwortung für die praktische Umsetzung zu übertragen.

8.9 Das Projekt *EDUCATION 2000*

Ein weiteres Beispiel für neue Rahmenlehrpläne ist *Education 2000*. Wir wollen kurz die Grundgedanken dieses umfassenden Entwicklungsprojekts zusammenfassen, das die Lehrplandiskussion neu belebt hat (ABBOTT 1994). Die Autoren stellen eingangs fest, daß es beim Lernen sowohl um Inhalte als auch um Prozesse geht, und fordern dann die Berücksichtigung der folgenden Dimensionen:

8.9.1 Ständiges Streben nach Verständnis: Nach den Intentionen des Lehrplans müssen Lehrer die Schüler zu unabhängigem Denken ermutigen. Sie müssen aktives Engagement fördern, bloßes Berichten zurückdrängen, zur Vertiefung auffordern. Sie müssen den Schülern helfen, ihr eigenes Lernen zu verstehen.

8.9.2 Ordnen erworbener Kenntnisse: Die Lehrer müssen klarmachen, warum die Welt des Wissens in Fächer gegliedert ist. Sie müssen die Verwendung von Symbolen einüben, Verbindungen aufzeigen, falschen Vorstellungen entgegentreten, die intellektuelle Reife und die Leistungsfähigkeit der Schüler berücksichtigen, Interessen und Lernfreude wecken, lehren, wie man lernt.

8.9.3 Ausbildung für die Zukunft, nicht für die Vergangenheit: Lehrer müssen an geeigneten Inhalten klarmachen, daß viele Dinge Veränderungen unterworfen sind, daß manche Kenntnisse daher veralten. Entsprechend müssen sie, am besten unter Verwendung moderner Medien, aktuelle Gegebenheiten in die Zukunft projizieren.

8.9.4 Einprägen möglicher Rollen des Menschen: Der Lehrplan muß sich an der Leitvorstellung vom Menschen als einem lernenden und denkenden Wesen orientieren. Dementsprechend müssen Lehrer die Einzigartigkeit des Menschen hervorheben: seine Rolle als Denker, Gestalter, Konstrukteur, Schöpfer, in Sinnbildern Sprechender. Sie müssen zeigen, wie Menschen sich durch Gespräch, Diskussion und gemeinsames Handeln verständigen, wie sie mit Problemen umgehen, wie sie durch Lernen die Welt verändern können.

8.9.5 Orientierungshilfe für das ganze Leben: Lehrer müssen den Schülern klarmachen, daß sie sich auf lebenslanges Lernen in einer schnell sich verändernden Welt vorbereiten müssen und daß sie nach und nach ihr Lernen in Unabhängigkeit selbst zu verantworten haben. Die Schüler müssen eine sittliche Orientierung finden, sie müssen moralische und später auch politische Entscheidungen treffen. Sie brauchen den Willen zum Handeln und die Zuversicht, richtig zu entscheiden, selbst dann, wenn es keine Gewißheiten und keine Stabilität gibt.

8.9.6 Technologie: Den Schülern muß deutlich werden, daß die enormen Fortschritte der Informationstechnologie das ganze jemals schriftlich fixierte Wissen verfügbar gemacht haben und daß das Hauptziel des Lernens sich entsprechend verändert hat. Heute kann es nur lauten: lernen, wie man lernt. –

Wir haben drei Beispiele zukunftsorientierter Lehrpläne betrachtet und können einige wichtige Gemeinsamkeiten feststellen. Wir wollen noch einen Schritt weitergehen und einen eigenen Rahmenlehrplan für die Schule der Zukunft skizzieren.

8.10 Entwurf eines Rahmenlehrplans für die Schule der Zukunft[1])

Zur Illustration unseres Lehrplans für die Schule der Zukunft verwenden wir ein vereinfachtes Modell, das auf den ersten Blick befremdlich wirken mag. Es besteht aus vier Hauptelementen:

Abb. 3: Die vier Hauptelemente eines Rahmenplans

8.10.1 Natur: Der Begriff meint sowohl biologische *Kenntnisse* als auch *Verständnis* der Natur, mit besonderer Berücksichtigung der Ökologie. Die

---

1) Dieser Entwurf entstand in Zusammenarbeit mit Prof. Vadim Petrovsky, Moskau, und geht z. T. auf seine Anregungen zurück.

Schüler müssen elementare Einsichten in die Naturgesetze gewinnen. Dazu gehören ein Verständnis der Eingriffe des Menschen in das ökologische Gleichgewicht und die Frage, wie dieses, sofern es gestört ist, wiederhergestellt werden kann. Die Bedeutung der Natur für den Menschen hat im Laufe der Geschichte geschwankt, und es gibt auch verschiedene Arten des »Verstehens« der Natur. Auf diesem Gebiet sind Grundkenntnisse naturwissenschaftlicher Tatsachen, Begriffe und Verfahrensweisen unverzichtbar. Darüber hinaus aber muß einem verantwortbaren Umgang mit den Naturressourcen der Boden bereitet werden.

Der naturwissenschaftliche Unterricht gewinnt an Bedeutung, sobald der Ökologie Priorität eingeräumt wird. Und das wird unerläßlich sein, da der Mensch die derzeitige ökologische Krise herbeigeführt hat, die sich im nächsten Jahrhundert allem Anschein nach noch verschärfen wird. Einblick in das komplexe Zusammenspiel der Teile eines Ökosystems läßt sich nur durch ein gründliches und aufwendiges Studium der wesentlichen Tatsachen und Vorgänge gewinnen. Daher wird das Fach Biologie in der postmodernen Schule eine wichtigere Rolle spielen als heute. Es wird das Verhältnis von Mensch und Natur unter den Aspekten Harmonie und Konflikt thematisieren, und der einzelne Schüler wird mehr als heute die Natur als Teil seines Lernens *erleben*.

8.10.2 Kultur: Damit sind Kenntnis und Verständnis der historischen und kulturellen Entwicklung des Menschen gemeint, einschließlich der Gegenwart. Dies hatte bisher in den Lehrplänen eine beherrschende Stellung, von den gesellschaftskundlichen Fächern über die humanistischen bis zu den ästhetischen. Künftig werden auch die Unterwerfung (»Kultivierung«) der Natur durch den Menschen (Nutzung der natürlichen Ressourcen) und im Zusammenhang damit die wesentlichen Züge der wirtschaftlichen und technischen Kultur eine wichtige Rolle spielen. Da wir uns auf multikulturelle Gesellschaften zubewegen, hat jede Kultur Anspruch auf Verständnis und Achtung. Dazu muß sich jeder zunächst seiner Verankerung in der eigenen Kultur bewußt werden. Solidarität mit den Armen in der Welt und Arbeit für den Frieden sind eine Kulturaufgabe im weitesten Sinne, also auch eine Aufgabe der Schule.

Die multikulturelle Gesellschaft wird auch den historischen Fächern ihren Stempel aufdrücken, da Kultur- und Kunstgeschichte sowie einheimische und fremde Religionen und Sprachen an Bedeutung gewinnen werden. Das wird sich in den Lehrplänen niederschlagen, vor allem in den Großstädten. Die Schüler werden entweder in multikulturellen Klassen oder durch ein Reiseprogramm das Leben in multikulturellen Gesellschaften direkt erfahren können. Zur multikulturellen Perspektive gehört ferner die Frage, wie verschiedene Kulturen im Laufe der Geschichte mit der Natur umgegangen sind.

8.10.3 Ich selbst: Es gilt zu erkennen und zu verstehen, wer ich bin, wie ich reagiere und handle und was ich tun muß, um mich als Person weiterzuentwickeln. Erreicht werden soll die Entwicklung eines gesunden Selbstgefühls, das Erkennen eigener Stärken und Schwächen, eine positive Einstellung zur Arbeit und zum Lernen (soziales Kapital) und die Fähigkeit zur Kommunikation. Zur Selbsterkenntnis gehört, daß die Schüler Muße haben müssen, sich selbst zu entdecken, z. B. mit dem eigenen Körper umzugehen sowie musische und ästhetische Fähigkeiten und Fertigkeiten zu entwickeln.

Die Selbstfindung, die Bildung sozialen Kapitals und die Aneignung von Lerntechniken und Kommunikationsfertigkeiten sind unerläßliche *Voraussetzungen* schulischen Lernens. Sie zu schaffen ist heute wichtiger als je zuvor; denn wie wir früher gezeigt haben, ist das soziale Kapital in großen Teilen der Gesellschaft in den letzten Jahrzehnten deutlich schwächer geworden. Wenn das Elternhaus versagt, muß die Schule nach bestem Vermögen eine leidliche Gleichheit der Bildungschancen herzustellen suchen. Das Ich und sein soziales Kapital werden am besten aufgebaut in Zusammenarbeit mit anderen und in planmäßiger Beschäftigung mit fachlichen Dingen. Im Idealfall identifizieren sich die Schüler mit dem Gegenstand; dann wäre das Ziel, Motivation und Ausdauer beim Lernen zu schaffen, erreicht.

8.10.4 Die anderen: Hier geht es darum, etwas über andere Menschen zu erfahren und sie zu verstehen. Wie leben sie, was motiviert sie, wie soll ich mich zu ihnen verhalten? Dieser Teil des Lehrplans hat also die mitmenschlichen Beziehungen zum Gegenstand, z. B. in der Klasse, in der Schule, im nahen Umfeld, aber auch die Beziehungen zu anderen Kulturen, Religionen und Sprachen. Die Schule als Lernort wird auf diesem Gebiet öfter an ihre Grenzen stoßen. Reisen, die Nutzung elektronischer Netzwerke und die Zusammenarbeit mit freiwilligen Organisationen sind sinnvolle Ergänzungen. Es gibt kein sinnfälligeres Beispiel dafür, daß die Schule sich ihrer Umgebung öffnen muß. Unterließe sie es, engte sie ihre Ressourcen zu sehr ein.

8.11 Der integrierte Lehrplan

Der Lehrplan der Schule war bisher in der Hauptsache auf die beiden Sektoren *Natur* und *Kultur* bezogen, und auch ihre Ressourcen (qualifizierte Lehrer, Pläne, Lehrbücher, Materialien, Ausrüstung) lassen sich im wesentlichen diesen beiden Sektoren zuordnen. Die Mehrzahl der planmäßigen Unterrichtsstunden gilt »Natur«- und »Kultur«-Fächern. Diese werden auch weiterhin ihre zentrale Stellung behaupten; aber sie werden erstens in einem

Bezug zu den beiden anderen Sektoren stehen, und zweitens haben sie sich den *grundlegenden Werten der Schule* als einem leitenden und alle Sektoren im Gleichgewicht haltenden Gesichtspunkt unterzuordnen. In einem integrierten Lehrplan muß es sowohl innerhalb jedes Sektors als auch zwischen den Sektoren Werte geben, die über Stoffwahl und Methoden entscheiden. Diese Werte müssen den Lehrplan durchdringen und der Schule, dem Lehrer und dem Schüler helfen, richtige Entscheidungen zu treffen. Damit kommt der Wertediskussion in jeder Schule eine ganz zentrale Bedeutung zu. Die Orientierung an einem gemeinsam erstellten Wertekatalog kann dann so aussehen:

Abb. 4: Grundlegende Werte als Orientierungspunkt im integrierten Lehrplan

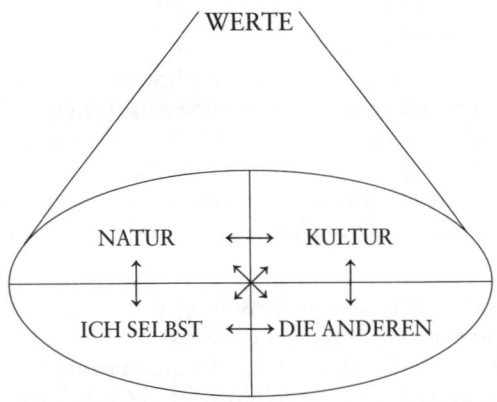

Welches sind nun die grundlegenden Werte einer Schule? In Kapitel 4 haben wir die Werte genannt, an denen sich nach unserer Auffassung die Gesellschaft der Zukunft orientieren sollte (vgl. S. 97 ff.). Diese sollten auch die den Alltag der Schule leitenden Prinzipien sein. Und natürlich gehören die allgemein anerkannten demokratischen und sittlichen Werte zur Grundlage. In Europa und Nordamerika sind das die Werte der christlichen und humanistischen Tradition. Im nächsten Jahrhundert müssen diese Traditionen in einen Dialog mit anderen Religionen treten, damit das Werte- und Normensystem der Schule im Sinne einer multikulturellen Gesellschaft umfassender wird.

Auch wenn große Anstrengungen zur Schaffung eines vom Konsens aller getragenen Wertesystems unternommen werden, muß die Schule abweichende Werte tolerieren. Darüber hinaus wird es auch in Zukunft Gruppen geben, die für ihre Kinder eine besondere, auf ihrem privaten Wertesystem beruhende Schule wünschen. Das Recht auf private Schulen ist ein wichtiges Menschenrecht und sollte nicht durch bürokratische oder finanzielle Sanktionen ausgehebelt werden. Jeder sollte das Recht und die Möglichkeit haben, eine ihm geeignet scheinende Schule zu wählen, auch eine Internatsschule oder eine alternative private Schule.

8.12 Das Schulprofil

Jede Schule sollte einen auf anerkannten Prinzipien beruhenden Lehrplan haben, der ihr ein Profil gibt. Ihn zu erarbeiten muß das gemeinsame Anliegen von Schulträgern, Schulleitung und Lehrern sein. Ältere Schüler können an der Formung des Schulprofils beteiligt werden, während in der Grundschule die Eltern mitwirken sollten, jedenfalls bei Grundsatzdiskussionen und Anhörungen.

Bei der Ausarbeitung ihres Plans sollte die Schule viel Freiheit haben, aber die Entscheidungen sollten dennoch mit übergeordneten nationalen Werten, Normen und Zielen harmonieren. Es fällt in die Verantwortung der Schule gegenüber dem Staat nachzuweisen, daß das Schulprofil, die Organisation des Lernens (z. B. die Stundentafel) und die Lehrmethoden sowohl nationalen Zielsetzungen dienen als auch zur Entwicklung der örtlichen Kultur beitragen.

Eine Schule könnte z. B. die Verbesserung der Kommunikation und des Austauschs zwischen verschiedenen Kulturen mit Vorrang behandeln, weil sie darin den besten Weg sieht, die Schüler auf eine konfliktreiche Zukunft vorzubereiten, und weil es im Umfeld der Schule Spannungen zwischen den Kulturen gibt. Da zwischenmenschliche Kompetenzen in zunehmendem Maße geschätzt werden, könnte die Schule ein »Kooperationslernen« trainieren. Das geht zunächst am besten in überschaubaren Verhältnissen, z. B. durch Bildung von Kleingruppen innerhalb einer Klasse. Der nächste Schritt wäre die Klassen- oder Schulgemeinschaft, und später kann eine Ausweitung auf die Gesellschaft im ganzen und auf andere Kulturen erfolgen.

Mit diesen Hinweisen dürfte das Grundprinzip genügend verdeutlicht sein. Im Rahmen eines eindeutigen, konzentrierten und vorrangig zu behandelnden nationalen Curriculums, das für *alle* Schulen gilt, muß die *einzelne* Schule ein Profil entwickeln und spezifische lokale Ziele verfolgen können. Dies muß geschehen in einem Prozeß, der alle Beteiligten einbindet und an der Schaffung einer gemeinsamen Wertgrundlage für die Schule und das sie tragende Umfeld teilhaben läßt.

Ferner muß jeder Lehrer das Recht haben, mit einzelnen Schülern auf sie persönlich zugeschnittene »Lernverträge« abzuschließen. Es kann kein Ziel an sich sein, daß alle Schüler in allen Stunden gemeinsam dem Fachunterricht folgen und dabei das gleiche tun. Schüler und Lehrer sollten gemeinsam einen Plan erstellen und verantworten, der den Schüler seinen spezifischen Fähigkeiten entsprechend fordert und fördert. Dies kann geschehen durch besondere Aufgaben, durch »Feld«-Arbeit, Zusammenarbeit mit anderen Schülern, zeitweilige Tätigkeit als Hilfslehrer, Verwendung elektronischer Netzwerke und überhaupt moderner Medien.

Das läuft hinaus auf eine Schule, die zu allererst *zentrale Vorgaben erfüllt*, die in diesen *das Exemplarische sichert* und die gleichwohl *auch* den Bedürfnissen des einzelnen Schülers und des örtlichen Umfeldes Rechnung trägt. Eine solche Schule braucht *professionelle Lehrer*, die über die Ressourcen frei verfügen und, wann immer das geboten erscheint, individuelle Lernprogramme erstellen können. Sie braucht Schüler, die sich sowohl als verantwortliche Glieder einer *Lerngemeinschaft* sehen und deren Ziele zu erreichen suchen als auch *persönliche Lernziele* verfolgen.

Das bedeutet, daß die einzelne Schule *ihre Ergebnisse selbst verantwortet* und nicht ferngesteuert werden kann. Das heißt ferner, daß Interessenkonflikte in der Schule selbst und ihrem Umfeld gelöst werden müssen. Das hat Konsequenzen für die Schüler, die Lehrer und die Schulleitung. Praktisch bedeutet es, daß die Schule sich zu einer *lernenden Organisation* entwickeln muß.

In anderem Zusammenhang haben wir auf die Bedeutung des *Organisationslernens* für künftige Schüler hingewiesen (DALIN und ROLFF 1991). Schüler, die die Wertvorstellungen anderer Menschen kennen, die gelernt haben zuzuhören, Probleme und Konflikte konstruktiv zu lösen, werden stärker dastehen als die, deren einzige Strategie das Ausprobieren ist oder die völlig von ihren Kameraden und Freunden abhängig sind. Will die Schule eine so verstandene Kompetenz vermitteln, muß sie die Schüler an ihrer Entwicklung ständig aktiv teilhaben lassen. *Eine gute Schule für das 21. Jahrhundert ist in erster Linie eine lernende Organisation.*

Was getan werden muß, damit die heutige Schule sich zu einer solchen entwickelt, ist eine komplexe Frage. In dem geplanten zweiten Buch wollen wir uns mit ihr auseinandersetzen.

Bibliographie

Abbott, J. (1987) IMTEC Schoolyear 2020 MAP no. 220.

Abbott, J. (1994) ›Learning markes sense; recreating education for a Changing Future‹, *Education 2000*, Hertfordshire.

Aburdene, P. & Naisbitt, J. (1992) *Megatrends for Women: From Liberation to Leadership,* New York: Random House.

ACOT. (1993) *Apple Classroom of Tomorrow Project*, IMTEC Schoolyear 2020 MAP no. 501.

Adams, B. S., Pardo, W. E. and Schneidewind, N. (1992) ›Changing the way things are done around here‹, *Educational Leadership,* **49**, (4), 37–42.

Adler, J. N. (1994) ›The importance of a real job‹, *Los Angeles Times*, (4 January), p. B9.

Adorno, T. W. & Horkheimer, M. (1947) *Dialektik der Aufklärung,* Amsterdam.

Alftenposten (1994) Intervju med A. Toffler and E. Morin, 19 January.

Aho, E. (1987) *Education and Communications*, IMTEC Schoolyear 2020 MAP no. 361.

Allerbeck, K. R. and Hoag, W. J. (1985) *Jugend ohne Zukunft*, München/Zürich: Piper.

Allis, S. (1993) Angels among us, *Time*, (27 December), 56–65.

Altmann, L. K. (1991) WHO Says 40 million will be infected with AIDS virus by 2000, *New York Times*, (18 June).

Anderson, J. (1983) *The Architecture of Cognition*, Cambridge, MA.: Harvard University Press.

Anderson, J. R. (ed.) (1981) *Cognitive Skills and their Acquisition*, Hillsdale, NJ: L. Earlbaum Associates.

Anderson, J. (1993) *Intergrating Action Research in Washington's Schools*. IMTEC Schoolyear 2020 MAP no. 442.

Anderson, R. H. (1993) *A Total School District Restructuring Effort,* IMTEC Schoolyear 2020 MAP no. 443.

Arac, Jo. (1986) Introduction, *Postmodernism and Politics*, Minneapolis: University of Minnesota Press.

Aries, P. (1975) *Centuries of Childhood*, New York: Vintage.

Baethge, M., Hantsche, B., Pelull, W. and Voskamf, V. (1989) *Jugend: Arbeit und Identität*, Leske: Opladen.

Bailey, T. (1991) Jobs of the future and the education they will require: Evidence From occupational forecasts, *Educational Researcher* **20** (2) AERA, March.

Bane, M. J. (1976) *Here to Stay: American Families in the Twentieth Century*, New York: Basic Books.

Banks, J. A. (1988) *Multiethnic Education: Theory and Practice*, Boston: Allyn & Bacon.

Banks, J. A. (1993) Multicultural education as an academic descipline. Multicultural Education, **1** (3) 12–14.

Baptiste, H. P. Jr and Hughes K. R. (1993) *Education in a Multicultural Society*, IMTEC Schoolyear 2020 MAP no. 490.

Barton, P. (1982) *Worklife Transitions: The Adult Learning Connection*, New York: McGraw Hill.

Bell, D. (1973) *The Coming Post-Industrial Society*, New York: Basic Books.

Bell, D. (1976) *The Cultural Contradictions of Capitalism*, London, Heineman.

Bellah, R. N., Madsen, R., Sullivan, W. M., Swidler, A. and Tipton, S. M. (1985) *Habits of the Heart*, New York: Harper & Row.

Bergh, L. (1993) *Technique-Industry-Future: What Role Can our School Play?* IMTEC Schoolyear 2020 MAP no. 422.

Bergsten, C. F. (1988) *American in the World Economy: A Strategy for the 1990s*, Washington, DC.

Berman, P., McLaughlin, M. W. (1977) *Federal Programs Supporting Educational Change. IV: The Findings in Review*, Santa Monica, CA: Rand Corporation.

Bernbaum, G. (1993) *From school to work: a critical discussion*. IMTEC Schoolyear 2020 MAP no. 300.

Bernstein, H. (1994) It's a fine line between profit and greed, *Los Angeles Times*, 2 January, p. M5.

Bernsten, T. (1994) Bærekraftig forbruk, *Aftenposten*, 30 January.

Bjørkvold, J. R. (1993) *Det musiske menneske*, Oslo: Freidig Forlag.

Bjorn-Andersen, N. and (eds) (1982) *Information Society: For Richer, for Poorer*. New York: Oxford.

Bjørndal, L. (1988) Skole for Os, *Arbeiderbladet*, 14 May.

Blatt, R. (1987) *Open Education and the Apple Vivarium Project: Multi-Sensory Learning Now and in the Future*, IMTEC Schoolyear 2020 MAP no. 225.

Bloom, A. (1987) *The Closing of the American Mind*, New York: Simon & Schuster.

Bluestone, B. and Harrison, B. (1989) Changing occupational and reward structures, in D. S. Eitzen and M. B. Zinn (eds) *The Reshaping of America*, Englewood Cliffs, NJ: Prentice Hall, pp. 103–07.

Bobbitt, F. (1912) The elimination of waste in education, *Elementary School Journal*, **12**.

Böhm, I. and Schneider, J. (1993) *Schools and the World of Work*, IMTEC Schoolyear 2020 MAP no. 430.

Bolam, R. (1987) *The Garth Hill School, England*. IMTEC Schoolyear 2020 MAP no. 221.

Botvin, G. J. and Eng, A. (1982) The efficacy of a multicomponent approach to the prevention of cigarette smoking, *Preventive Medicine*, **11**, 199–211.

Bouvier, L. F. and Grant, L. (1994) *How many Americans: Population, Immigration and the Environment*, San Francisco: Sierra Club Books.

236

Brandenburg Ministry (1993) *Pedagogical Principles of Orientation for the Elementary Schools of Brandenburg*, IMTEC Schoolyear 2020 MAP no. 455.

Brandt, R. (1994) Helping professional dreams come true, *Educational Leadership*, 51 (7), p. 3.

Briggs, J. and Peat, F. O. (1989) *Turbulent Mirror: An Illustrated Guide to Chaos Theory and the Science of Wholeness*, New York: Harper and Row.

Brisco, J. (1991) PennSERVE: The Governor's Office of Citizen Service, *Phi Delta Kappan*, 72 (10), 758–60.

Brock-Utne, (1985) *Educating for Peace: A Feminist Perspective*, New York: Pergamon.

Brophy, J. (1982) *Classroom Organization and Management*, Washington DC: National Institute of Education.

Brown vs Board of Education of Topeka (Kansas) (1954) 347 US 483, 74 Sup. Ct. 691.

Brown, A. L. (1980) Megacognitive development and reading, in R. J. Spiro, B. C. Bruce and W. F. Brewer (eds) *Theoretical Issues in Reading Comprehension*, Hillsdale, NJ: L. Earlbaum Associates.

Brown, L. R. (ed.) (1984) *State of the World*, New York: W. W. Norton.

Brown, S. (1993) Earning and learn: apprenticeship program pays students to stay in school, *Vocational Education Journal*, 68 (4), 34–5.

Brzezinski, Z. (1970) *Between Two Ages: America's Role in the Technetronic Era*, New York: Viking Press.

Brown, D., Deardorff, A. and Stern, R. (1992) A North American free trade agreement: analytical issues and a computational assessment, *The World Economy*, 15 (1), 11–30.

Budd, S. A. and Jones, A. (1990) *The European Community: A Guide to the Maze*, 3rd edition, London: Kogan Page.

Capra, F. (1983) *The Turning Point*, Toronto: Bantam Books.

Carnegie Corporation (1992) A matter of time: risk and opportunity in the nonschool hours, Report of the Task Force on Youth Development and Community Programs, New York: Carnegie Council on Adolescent Development.

Carnegie Corporation (1994) *Frontiers in the Education of Young Adolescents*, Report of a conference held at Marbach Castle, Germany, from 3–5 November.

Carnegie Forum on Education and the Economy (1986) *A Nation Prepared: Teachers for the 21st Century*, Washington, DC: Task Force on Teaching as a Profession.

Carnevale, A. P. and Gainer, L. J. (1989) *The Learning Enterprise*, Washington, DC: US Dept of Labor.

Cawelti, G. (1993) *The National Study of High School Restructuring*, IMTEC Schoolyear 2020 MAP no. 446.

Christensen, K. (1989) The New Social Organization of Work, in D. S. Eitzen and M. B. Zinn (eds) *The Reshaping of America*, Englewood Cliffs, NJ: Prentice Hall.

237

Christie, N. (1971) *Hvis skolen ikke fantes*, Oslo: Universitetsforlaget.

Cipolla, C. M. (1978) *The Economic History of World Population*, (7th edn) Hammondsworth.

Clark, H. and Sloan, H. (1958) *Classrooms in the Factories*, Rutherford, NJ: Dickinson College.

Clendon, M. M. (1993) Model Environmental Education Summer Camp and Business Plan, unpublished masters thesis in Social Ecology at the University of California, Irvine.

Coleman J. S. & Hoffer, T. (1987) *Public and Private High Schools: The Impact of Communities*, New York: Basic Books.

Coleman, J. S. (1987) Families and schools, *Educational Researcher*, (August–September).

Coleman, J. S. (1988) *Future Schools: Relations to Family and Student*. IMTEC Schoolyear 2020 MAP no. 379.

Collis, B. and De Vries, P. (1994) New technologies and learning in the European Community. *THE. Journal* **21** (8), 83–7.

Conrad, D. and Hedin, D. (1981) National Assessment of Experimental Education: Summary and Implications, Center for Youth Development and Research, University of Minnesota.

Conrad, D. and Hedin, D. (1982) The Impact of Experimental Education on Adolescent Development, Child and Youth Service, **4** (3–4), 57–76.

Coombs, P. H. (1968) *The World Educational Crisis*, New York: Oxford University Press.

Crane, K., Asch, B. J., Heilbrunn, J. Z. and Cullinanc, D. C. (1990) *The Effect of Employer Sanctions on the Flow of Undocumented Immigrants to the United States*, Santa Monica, CA: Rand Corporation.

Curtin, P., Cochrine, L., Avila, L. and Adams, L. (1994) A quiet revolution in Teacher Training, *Educational Leadership*, **51** (7), 77–80.

Dalin, Å. (1993) *Kompetanseutvikling i arbeidslivet, Veier til den lærende organisasjon*, Oslo: Cappelen.

Dalin, J. (1994) *How Schools Improve: An International Report*. London: Cassell.

Dalin, P. and Skrindo, M. (1981) *Læring ved Deltaking*, Oslo: Universitetsforlaget.

Dalin, P., Dollar, B., Rust, V. D., Van den Bosch, L., Kershaw, N., and Skrindo, M. (1983) *Learning from Work and Community Experience*, Windsor: NFER-Nelson Publishing.

Dalin, P. and Rolff H.-G. (1991). ›Å lære å tenke‹. *Norsk Skoleblad*, 24–5; 26, nr. 27; 28.

Dalin, P. (1987) *Evaluation of the Norwegian Educational Computer Program: Process and Outcomes*. IMTEC Schoolyear 2020 MAP no. 353.

Dalin, P. (1994) *How Schools Improve*. London: Cassell.

Darby, K. (1993) A Tale of Two Cities: School/Housing Partnership Revitalizes Arizona Towns, *Vocational Education Journal*, **61** (6) 40–1.

Deakin, N. (1987) *The Politics of Welfare*, London: Methuen.

de Jouvenel, H. (1988). Europe at the dawn of the third millennium: a synthesis of the main trends. *Futures*, **20** (5).

Department of Education and Science (DES) (1985) *The Curriculum from 5 to 16*. London: HMSO.

Der Spiegel (1993) Intervju med Jürgen Mittelstraß.

Derr, B. (1986) *Managing the New Careerists*, London: Jossey-Bass Inc. Publishers.

Deutsch, K. (1961) Social mobilization and political development, *American Political Science Review*, **15** (September), 493–514.

Dewey, J. (1899) *School and Society*, Chicago: University of Chicago Press.

Dewey, J. (1916) *Democracy and Education*, New York: Macmillan Co.

Dixon, R. G. (1994) Future schools and how to get there from here, *Phi Delta Kappan*, **75** (5).

Domini, M. (1993) *Education in a Multicultural Society*, IMTEC Schoolyear 2020 MAP no. 414.

Drucker, P. F. (1989) Changing occupational and reward structures. In D. S. Citzen and M. B. Zinn (eds) *The Reshaping of America*, (ed) Englewood Cliffs, NJ: Prentice Hall, 81–84.

Drucker, P. F. (1993) *Managing for the Future: The 1990s and Beyond*. New York: Truman Talley Books.

Dwyer, D. (1994) Apple Classrooms of Tomorrow: What We've Learned, *Educational Leadership*, **51** (7), 4–10.

Dyrli, O. E. (1993) The Internet, *Technology & Learning*, **14** (2), 50–8.

Economist (1989) *AIDS in Africa*, 25 November 16.

Edelman, G. M. (1992) *Bright Air, Brilliant Fire: On the Matter of the Mind*. New York: Basic Books.

Eder, K. (1982) A new social movement? *Telos*, no. 52 (Summer), 52–0.

Educational Leadership (1994) *Teaching for Understanding*, **51** (5), ASCD, VA, USA.

Eisler, R. (1987) *The Chalice and the Blade, Our History, Our Future*, San Francisco: Harper.

Ellul, J. (1981) *Perspectives on Our Age*, New York: Seabury.

Enkenberg, J. (1987) *Information Technology as a Medium of Developing the Municipality and its Educational System*. IMTEC Schoolyear 2020 MAP.

Etzioni, A. (1968) *The Acitve Society: A Theory of Societal and Political Processes*, New York: Free Press.

Everett R. (1971) *School is Dead: Alternatives in Education*, Carden City, NY: Doubleday.

Feinberg, W. (1993) *Japan and the Pursuit of a New American Identity*. New York: Routledge.

Ferrell, D. (1993) Battling the Demons of City Life, *Los Angeles Times* (22 December), A1; A6–7.

Fortune 500. (1992; 1993). *Fortune* (20 April); (19 April).

Fourcault, M. (1984) What is Enlightenment? in Paul Rabinow, ed., *Foucault Reader*. New York: Pantheon.

Fullan, M. (1984) *External Professional Development Programme*. IMTEC Schoolyear 2020 MAP no. 3.

Galtung, J. (1975) *Peace Education: Problems and Conflicts, in Education for Peace*, Builford: IPC Science and Technology Press.

Gardner, A. B. (1984) *Cultural Pluralism and Other Major Issues in American Education*. IMTEC Schoolyear 2020 MAP no. 308.

Gardner, H. (1993) On Teaching for Understanding, *Educational Leadership*, no. 7, ASCD: Association for Supervision and Curriculum Development.

Gazman, O. (1991) Reform of school organization and management in Russia. Unpublished document on file at IMTEC.

Glass, K. H. (1982) Peace In and Out of Our Homes; A Report on a Workshop, *Teachers College Record*, 84 (1), pp. 232–9.

Glasser, W. (1981) *Station of the Mind*, New York: Harper & Row.

Global Alliance for Transforming Education (1991) Education 2000: a holistic approach (unpublished article), GA: GATE.

Godler, Z. (1993) *Education in a Multicultural Society*, IMTEC Schoolyear 2020 MAP no. 415.

Goeudevert, D. (1992) *The Wolfsburger Manifesto – Today*, Wolfsburg: IPI.

Golik, D. (1993) *Development of Humanitarian Education in Ukraine*, IMTEC Schoolyear 2020 MAP no. 453.

Goodchild, S. (1994) Coombes Infant School, an information sheet of the Berkshire Department of Education, Reading, England, 26 July.

Goodlad, J. I. (1975) Transition toward Alternatives, in John I. Goodlad, G. D. Feustermacher, R. Skager, C. Weijnberg, T. J. La Belle and V. D. Rust, *The Conventional and the Alternative in Education*. Berkeley, CA: McCutchan Publishing Corp. 241–68.

Gordon, H. and Demarest, J. (1982) Buberian learning groups: the quest for responsibility in education for peace, *Teachers College Record*, 84 (1), 210–25.

Gore, A. (1993) *Earth in the Balance: Ecology and the Human Spirit*. New York: Plume Book.

Gottschall, D. and Schulte, B. (1991) Mit dem Chaos Leben, *Manager Magazin*, 8, 138–55.

Gray, D. B. (1985) *Ecological Beliefs and Behaviors*, Westport, CN: Greenwood Press.

Gray, P. (1993) Teach your children well, *Time* (special issue), 69–71.

Greenberg, P. (1992) How to institute some simple democratic practices pertaining to the respect, rights, roots, and responsibilities in any classroom, *Young Children* July, 10–17.

Greenberger, E. and Steinberg, L. D. (1986) *When Teenagers Work: The Psychological and Social Costs of Adolescent Employment*, New York: Basic Books.

Griffin, D. (1989) Joint ventures: a new agenda for education, *Vocational Journal*, **64** (3).

Grünfeld, B. (1993) Sykdomsbehandling uten noen grense, *Aftenposten*, kronikk, 16 March.

Gulowsen, J. (1984) *Heavy Trends in the World of Work*, IMTEC Schoolyear 2020 MAP no. 311.

Gundem, B. B. (1989) *Skolens oppgave og innhold. En studiebok i didaktikk.* Oslo: Universitetsforlaget.

Gunleiksrud, P. (1990) Med skjegget i postmodernismen. *Norsk Pedagogisk Tidsskrift*, February.

Gutmann, A. (1987) *Democratic Education*, Princeton, NJ: Princeton University Press.

Haavelsrud, M. (1981) *Approaching Disarmament Education*, Guildford, Surrey: Westbury House.

Habermas, J. (1983) Modernity An Incomplete Project, in *The AntiAesthetic: Essays on Postmodern Culture.* (ed. H. Foster), Seattle, WA: Bay Press, 3–15.

Habermas, J. (1989) *The New Conservatism*, translated by Shierry Weber Nicholsen, Cambridge, MA: MIT Press.

Haines, C. (1993) *Flexible Change Managing Learning*, IMTEC Schoolyear 2020 MAP no. 454.

Hall, M. (1991) Gadugi: A Model of Service Learning for Native American Communities, *Phi Delta Kappan*, **72** (10), 754–7.

Hamburg, B. A. (1994) Education for health futures: health promotion and life skills training. A paper prepared for the Carnegie Corporation's *Frontiers in the Education of Young Adolescents*, a conference held at Marbach Castle, Germany, 3–5 November.

Hameyer, U. (1991) Curriculum theory, in *International Encyclopedia of Curriculum*, (ed. A. Lewy), Oxford/New York: Pergamon.

Hamilton, S. F. (1992) Contrasting Vocational education in the United States and West Germany: what a difference a system makes, in *Vocational Education: Germany and the United States*, (eds. V. D. Rust, H. Silberman and M. Weiner), Berkeley, CA: National Center for the Study of Vocational Education.

Hamilton, S. F. and Hamilton, M. A. (1992) A progress report on apprenticeships, *Educational Leadership*, **49** (6), 44–7.

Harding, S. (1991) *Whose Science? Whose Knowledge?*, Ithica, NY: Cornell University Press.

Hassan, I. (1975) Joyce, Beckett and the postmodern imagination, *Tri Quarterly*, **24**, Fall.

Hassan, I. (1982) *Toward a Concept of Postmodernism: The Dismemberment of Orpheus*, Madison: University of Wisconsin Press, 259–71.

241

Haugen, H. (1988) *Entering Phase 2 of the Norwegian Policy for Information Technology in Education*, IMTEC Schoolyear 2020 MAP no. 397.

Heater, D. (1984) *Peace through Education*, London: Falmer Press.

Hechinger, F. M. (1992) *Fateful Choices: Healthy Youth for the 21st Century*, New York: Carnegie Council on Adolescent Development.

Heller, H. C. and Kiely, M. L. (1994) Hum Bio: Stanford University's human biology curriculum for the middle grades. A paper prepared for the Carnegie Corporation's *Frontiers in the Education of Young Adolescents*, a conference held at Marbach Castle, Germany, from 3–5 November.

Helm, L. (1994) Talk is cheap, and now Bells future is rich, *Los Angeles Times*, A1; A26.

Hepburn, M. A. (ed.) (1983) *Education in Democratic Schools and Classrooms.* Washington, DC: National Council for the Social Studies.

Herbert, N. (1987) *Quantum Reality: Beyond the New Physics*, New York: Anchor Books.

Hernes, G. and Knudsen, K. (1976) *Utdanning og ulikhet*, Oslo: Universitetsforlaget.

Hesse, J. J. and Zöpel, C. (1987) *Zukunft und staatliche Verantwortung*, Baden-Baden: Forum Zukunft, Nomus Verlagsgesellschaft.

Hewton, E. (1986) *Education in Recession*, London: George Allen & Unwin.

Hoachlander, G. (1987) Californias High Schools: Preparing for 2010, an unpublished paper prepared for the California Economic Development Corporation, 24 August.

Horkheimer, M. and Adorno, T. W. (1947) *Dialektik der Aufklärung. Philosophische Fragmente.* Amsterdam: Querido.

Hollin, T. (1993) *A Systematic Change for a School.* IMTEC Schoolyear 2020 MAP no. 458.

Holmes, B. (1983) *International Guide to Educational Systems*, Paris: UNESCO.

Hopkins, A. G. (1987) *Promotion of Experimental Learning through Peer Group Seminars.* IMTEC Schoolyear 2020 MAP no. 157.

Horsfjord, V. and Dalin, P. (1988) Læreren og naturfagsundervisningen, Rapport no. 2, SISS-prosjektet, Oslo: Universitetsforlaget.

Hostrop, R. W. (ed.) (1973) *Foundations of Futurology in Education.* Homewood, IL: ETC Publications.

Hostrop, Richard W. (ed.) (1975) *Education beyond Tomorrow*, Homewood, IL: ETC Publications, Foreword.

Howe, I. (1959) Mass society and postmodern fiction, *Partisan Review*, 26 Summer.

Hungerford, H. R. and Volk, T. L. (1990) Changing learner behavior through environmental education. *Journal of Environmental Education*, 21 (3), 8–23.

Hunter, M. (1984) Knowing, teaching and supervising, in J. P. Hosford (ed.) *Using What We Know about Teaching.* Alexandra, VA: Association for Supervision and Curriculum Development.

Hurrelmann, K. and Engel, V. (1989) *The Social World of Adolescence, International Perspectives.* Berlin/New York: Walter de Gruyter.

Husen, T. (1972) *Social Background and Educational Career*, Paris: OECD.

Hutchins, C. L. (1987) *Restructuring as the Third Wave Strategy for School Reform*, IMTEC Schoolyear 2020 MAP no. 350.

Hutchins, C. L. (1988) *Design as the Missing Piece in Education*. IMTEC Schoolyear 2020 MAP no. 358.

Huyssen, A. (1986) Mapping the postmodern, in A. Huyssen (ed.) *After the Great Divide: Modernism, Mass Culture, Postmodernism*. Bloomington, IN: Indian University Press, 3–15.

Hyseni, A. (1993) Education in Multinational Kosova. IMTEC Schoolyear 2020 MAP no. 416.

Illich, Ivan (1970) *Deschooling Society*, New York: Harper & Row.

Inkles, A. and Smith, D. H. (1974). *Becoming Modern*, Cambridge: Harvard University Press.

Jameson, F. (1983) Postmodernism and consumer society, in H. Foster (ed.), *The AntiAesthetic: Essays on Postmodern Culture*. Seattle, Washington: Bay Press, 111–125.

Jameson, F. (1984) Postmodernism, or the cultural logic of late capitalism, *New Left Review*, **146** (Juli/August), 55.

Jencks, C. (1987) *What is PostModernism?* New York: St. Martins Press.

Jennings, M. K. and Niemi, R. G. (eds.) (1974) *The Political Character of Adolescence: The Influence of Families and Schools*, Princeton, NJ: Princeton University Press.

Johnson, D. W., Johnson, R. T. and Holübec, E. (1991) *Cooperation in the Classroom*, 3rd edn. Edina, Minn.: Interaction Book.

Johnston, W. J. and Packard, A. E. (1987) *Workforce 2000: Work and Workers for the Twentyfirst Century*. Indianapolis. IN: Hudson Institute.

Johnstone, B. (1988) Fading of the Miracle, *Far East Economic Review*, 1 Jan.

Jones, A. (1988) *Schooling and the World of Work*. IMTEC Schoolyear 2020 MAP no. 368.

Jordan, S. (1993) *The Impact of EC Programmes on Educational Transformation in East Germany*, IMTEC Schoolyear 2020 MAP no. 426.

Joyce, B., Rolheiser-Bennett, C. and Showers, B. (1987) *Students Growth and Models of Teaching*, IMTEC Schoolyear 2020 MAP no. 358.

Junne, G. and Birman, J. (1989). The impact of biotechnology on European agriculture, In E. Yoxen & V. Di Martino (ed.), *Biotechnology in Future Society*, Aldershot: Gower.

Kagen, J. (1994) Interview, *Newsweek*, 7 February.

Kahn, H. and Wiener, A. J. (1967) *The Year 2000: A Framework for Speculation on the Next Thirtythree Years*, New York: Free Press.

Kanning, R. G. (1994) What multimedia can do in our classrooms, *Educational Leadership*, **51**, 7, p. 40–4.

Kennedy, P. (1993) *Preparing for the Twenty-first Century*, New York: Random House.

Kern, H. and Schumann, M. (1986) *Das Ende der Arbeitsteilung? Rationalisierung in der industriellen Production*, München: R. Piper & Co.

Kiuru, S. (1988) *The Role of Broadcasting*, IMTEC Schoolyear MAP no. 369.

Klausmeier, H. J. and Goodwin, W. (1971) *Learning and Human Abilities: Educational Psychology*, New York: Harper & Row.

Knight, B. (1988) *Flexible School Day Patterns for the Future*, IMTEC Schoolyear 2020 MAP no. 375.

Knight, T. (1987) *Education for Democratic Future.* IMTEC Schoolyear 2020 MAP no. 355.

Knight, T. (1993) *A Human Service Society: Renewing the Relationship between Education, Work, and Schooling*, IMTEC Schoolyear 2020 MAP no. 425.

Knight, T. (1988) *A Democratic Apprenticeship in Primary School*, IMTEC Schoolyear 2020 MAP no. 222.

Kohonen, V. (1988) *Towards Experimental Learning in Elementary Language Education*, IMTEC Schoolyear MAP no. 233.

Konttinen, R. (1987) *Integrating the Computer as a Tool in the School Work*, IMTEC Schoolyear 2020 MAP no. 219.

Kreitzberg, P. (1993) *Democratic vs. Scientific and Expert Legitimation.* IMTEC Schoolyear 2020 MAP no. 482.

Kroes, R. (1988) *High Brow Meets Low Brow: American Culture as an Intellectual Concern.* Amsterdam: Free University Press.

Krüger, A. (1993) Local communities and urban regeneration: the contribution of community education, *Community Development Journal*, **28** (4), 342–54.

Krüger, A. and Buhren, C. G. (1992), *Community Education in Germany: Development, Concept, Practice*, Essen: COMED, e.V.

Krylova, N. B. (1993) *Sociocultural Conditions for Educational Democracy in Russia*, IMTEC Schoolyear 2020 MAP no. 478.

KUF (undated) Læreplan for grunnskole, videregående opplæring, voksenopplaering – Generell del, Oslo.

Küng, H. (1992) Projekt Weltethos, München und Zürich: R. Piper & Co.

Kupchan, C. A. (1994) What Ukraine especially needs now is a little more nationalism, *Los Angeles Times* 27 November, M2.

Kurtakko, K. (1988) *Environment Centered Education and Instruction in School: The OKO Project and New Approaches to Education*, IMTEC Schoolyear 2020 MAP no. 223.

Kwiecinska, A. & Gokas, K. (1993) *How to Develop A Democratic Culture of School in the Changing Polish Society?* IMTEC Schoolyear 2020 MAP no. 401.

Laaksonen, T. (1987) *Nokiaa Information Systems*, IMTEC Schoolyear 2020 MAP no. 370.

LaBelle, T. J. (1981) An introduction to the nonformal education of children and youth, Comparative Education Review, **25**. 3, 315–29.

Lasch, C. (1978) *Culture of Narcissism*. New York: Norton.

Lasch, S. (1990) *Sociology of Postmodernism*, London: Routledge.

LAUSD (Los Angeles Unified School District) (1993) *Humanities Approach to Culture: Hands Across the Campus Program*, Draft Copy, Los Angeles: Los Angeles Unified School District.

Lawton, D. (1983) *An Introduction to Curriculum Research and Development*, London: Heinemann.

Leino, J. (1987) *New Technology and Teachers Knowledge Accessing Modes*, IMTEC Schoolyear 2020 MAP no. 356.

Lemke, H. (1984) *Development of New Occupational Training Structure for the Industrial Metal Working and Electrical Engineering Occupations in the Federal Republic of Germany*, IMTEC Schoolyear 2020 MAP no. 158.

Leonard, G. B. (1974) How we will change? *Intellectual Digest*, June.

Lerner, D. (1958) *The Passing of Traditional Society*, New York: Free Press.

Levin, H. (1969) What was modernism? *Massachusetts Review*, 1 Aug.

Levin, H. (1976) Educational Opportunity and social inequality in Western Europe. *Social Problems*, **24** (2), pp. 148–72.

Levin, H. (1993) Education for democracy: Western Europe and the US state of the Art, paper prepared for the IMTEC Fourth International School Year 2020 Conference and Bogensee, Germany 5 September.

Lewis, D. and Greene, J. (1990) *Thinking Better*, New York: Holt, Rinehart & Winston.

Liegle, L. (1990) Vorschulerziehung. In O. Anweiler, W. Mitter, H. Peisert, H.-P. Schäfer and W. Stratenwerth (eds.), *Vergleich von Bildung und Erziehung in der Bundesrepublik Deutschland und in der Deutschen Demokratischen Republik*. Köln: Verlag Wissenschaft und Politik.

Ljket, T. (1991) Dutch experience with school choice: implications for american education. Unpublished paper.

Lobocki, M. (1993) *Altruism as an Urgent Educational Task*. IMTEC Schoolyear 2020 MAP no. 480.

Lockhead, M. E. (1986) Teaching analytic reasoning skills through pair problem solving, in J. W. Segal, S. F. Chipman and R. Glaser and (eds) *Thinking and Learning Skills*; 1, Hilsdale, NJ: Erlbaum.

Lockhead, M. E. and Verspoor, A. M. (1991) *Improving Primary Education in Developing Countries*, Washington DC: Oxford Press.

Lorand, F. (1993) Contradiction in the Democratization process of public education in Hungary, IMTEC Schoolyear 2020 MAP.

Los Angeles Times. (1990) For the strong, a new dynamic of power. A World Report Special Edition: Seeking a New World, 11 December.

Lowell Elementary School (1984) *Lowell Elementary Sparkle Proposal Schools of the 21st Century Project for Washington State Legislature*, IMTEC Schoolyear 2020 MAP no. 226.

Lyotard, J.-F. (1984) *The Postmodern Condition: A Report on Knowledge*, (first published in France in 1979 and translated into English by G. Bennington and B. Massumi). Minneapolis: University of Minnesota Press.

Machlup, F. (1962) *The Production and Distribution of Knowledge in the United States*. Princeton: Princeton University Press.

Malthus, T. R. (1798) *An Essay on the Principle of Population as It Affects the Future Improvement of Society*, London, printed and reviewed (1965) by J. Bonar, New York.

Mannheim, K. (1936) *Ideology and Utopia* (translated from the German by L. Wirth and E. Shils), New York: Harcourt, Brace & World.

Marcuse, H. (1966) *Eros and Civilization*, Boston: Beacon Press.

Marton, F., Hounsel, D. and Entwistle, N. (1986) *Hur vi lär*, Raben & Sjøgren.

Marzano, R. and Dole, J. (1983) *Teaching relationships and pattern of information*, Denver: Mid-Continent Regional Educational Laboratory.

Maslow, A. H. (1971) *The Farther Reaches of Human Nature*, New York: Viking Press.

Mathismoen, O. (1993) Sårbart matfat, *Aftenposten*, 15 Oct.

Mayeas, D. (1978) About women: the post-divorce poly-family, *Los Angeles Times*, 7 May.

McCune, S., Jesse, D., Brown, J. and McFairland, K. (1988) *Educational Restructuring and an Agenda for the 21st Century*, IMTEC Schoolyear 2020 MAP no. 378.

McPherson, K. (1991) Project service leadership, *Phi Delta Kappan*, 72, 10, 750–3.

Meadows, B. V. (1972) World III *Limits to Growth*.

Meadows, B. V. (1993) Through the eyes of parents, *Educational Leadership*, 51 (2), 31–4.

Meyer-Dohm, P. (1988) Neue Technologien: Herausforderung für die Qualifikation der Mitarbeiter im Betrieb, S. Bachmann, M. Bohnet und K. Lompe (eds.), in *Industriegesellschaft im Wandel: Chancen und Risiken heutiger Modernisierungsprozesse*, Hildesheim: Olms Weidmann, 169–88.

Mittelstraß, J. (1993) Thesen zum Begriff schulischer Bildung, Internt Skrift. Unpublished paper.

Moi, T. (1988) Feminism, Postmodernism and Style: Recent Feminist Criticism in the United States, *Cultural Critique*, 9 (Spring), 3–22.

Moynihan, D. P. (1993) *Pandemonium: Ethnicity in International Politics*. New York: Oxford University Press.

Nahrstedt, W. (1990) *Die Entstehung der Freizeit*, Göttingen: Vandenhock & Ruprecht.

Naisbitt, J. and Aburdene, P. (1990) *Megatrends 2000: Ten New Directions for the 1990s*, New York: Avon Books.

Nathan, J. and Kielsmeier, J. (1991) The Sleeping Giant of School Reform, *Phi Delta Kappan*, 72 (10), 739–42.

National Commission on Secondary Vocational Education (1984) The unfinished agenda: the role of vocational education in the High School, Columbus, OH: The National Center for Research in Vocational Education, Ohio State University.

National Education Association (NEA) (1984) *Action Plan for Restructuring Schools: The Learning Laboratories*, IMTEC Schoolyear 2020 MAP no. 231.

NCEE (National Center on Education and the Economy) (1990). *America's Choice: High Skills or Low Wages*, Rovester, New York: National Center on Education and the Economy.

Newmann, F. M. and Wehlage, G. C. (1993) Five standards of authentic instruction, *Educational Leadership*, ASCD, 50 (7).

New York Times (1991) A Latin American Ecological Alliance (paid announcement), 22 July.

Newton, E. (1986) *Education in Recession*, London: George Allen & Unwin.

New Zealand Curriculum Framework (1993) Wellington: Minister of Education.

Newton, E. (1988) *Implementation of a Provincial School Improvement Program; Problems and Possibilities for 2020*, IMTEC Schoolyear 2020 MAP no. 390.

Nicholson, C. (1989) Postmodernism, feminism and education: the need for solidarity, *Educational Theory*, 39, 197–205.

Nickerson, R. (1984) Kinds of thinking taught in current programs, *Educational Leadership*, 42 (1), 26–37.

Niemonzynski, A., Dorczak, R., Stepski, M., Kwiecinska, A. & Gokas, K. (1993) *How to Develop a Democratic Culture of School in the Changing Polish society*, IMTEC Schoolyear 2020 MAP no. 401.

Noewle, T. (1993) Growing up Responsible, *Educational Leadership*, 51 (3).

Nonaka, I. (1988) Creating organizational order out of chaos: self-renewal in japanese firms, *California Management Review* (Spring), 57–73.

Odmark, T. (1993) *From Detailed State Regulation to Municipal Wisdom: a Change of Paradigm in Swedish School Politics: The Uppsala Project*, IMTEC Schoolyear 2020 MAP.

OECD (Organisation for Economic Co-operation and Development) (1989) *Schools and Quality. An International Report*, Paris: OECD.

Opaschowski, H. W. (1983) Arbeit, Freizeit, Lebenssinn? Leverkusen: Lelske.

Orr, D. W. (1992) *Ecological Literacy: Education and the Transition to a Postmodern World*, Albany: SUNY Press.

Owen, J. D. (1986) *Woring Lives: The American Work Force since 1920*, Lexington, MA: Lexington Books.

Owens, C. (1983) The discourse of others: feminists and postmodernism, in H. Foster (ed.). *The Anti-Aesthetic: Essays on Postmodern Culture*, Seattle: Bay Press.

Papadakis, E. and Taylor-Goodby, P. (1987) *The Private Provision of Public Welfare*, Brighton: Wheatsheaf.

Paul, R. (1984) Critical thinking: fundamental to education for a free society, *Educational Leadership*, **42** (1).

Paulston, R. G. (1976) *Conflicting Theories of Social and Educational Change*, Pittsburgh: University Center for International Studies, University of Pittsburgh.

Pentz, M. A., Dwyer, J. H., Mackinnon, D. P., Flay, B. R., Hansen, W. B., Wang, E. Y. I. and Johnson, A. (1989) A multi-community trial for primary prevention of adolescent drug abuse: effects on drug use prevalence, *Journal of American Medical Education*, **261**, 3259–3266.

Perelman, L. J. (1990) *Further Education and Training of the Labour Force: Country Reports: United States*, Paris: Organisation for Economic Co-operation and Development (OECD).

Peters, T. (1987) *In Search of Excellence*, New York: Harper Collins.

Pickover, C. (1990) *Computers, Pattern, Chaos and Beauty*, New York: St. Martin's Press.

Pirsig, R. M. (1974) *Zen and the Art of Motorcycle Maintenance*, New York: Bantam.

Population Today, **16** (1), 1988.

Postman, N. (1987) *Will the New Technologies of Communication Weaken or Destroy what is most worth preserving in Education and Culture?* IMTEC Schoolyear 2020 MAP no. 360.

Purkey, S. C. and Smith, M. S. (1983) Effective schools: a review, *The Elementary School Journal*, **83**, no. 4.

Raaen, F. D. (1984) *The School in its Local Environment*, IMTEC Schoolyear 2020 MAP no. 142.

Ragsdale, R. (1987) *Computers in the School of the Future*, IMTEC Schoolyear 2020 MAP no. 362.

Ragsdale, R. G. and Durell, B. (1994) Final Report: Happy Valley Computer Project, presented to the Rural County Board of Education, January.

Reimer E. (1971) *School is Dead, An Essay on Alternatives in Education*, Garden City, NY: Doubleday.

Reitan, T. (1984) *Open Schools in Norway.* IMTEC Schoolyear 2020 MAP no. 215.

Resnick, L. (1983) Toward a cognitive theory of instruction, in (eds) *Learning and Motivation in the Classroom*, S. Paris, G. Olson and H. W. Stevenson. Hillsdale, NY: Erlbaum.

Reynolds, D. (1988) *Effective Schools Research in Great Britain: The End of the Beginning*, IMTEC Schoolyear 2020 MAP no. 373.

Richert, G. (1988) *InterAgency Collaboration for Schools of the 21st Century.* IMTEC Schoolyear 2020 MAP no. 394.

Ricoeur, P. (1965) *History and Truth.* Evanston, IL: Northwestern University Press.

Riedl, R. and Carroll, S. (1993) Impact North Carolina: 21st century education. *T.H.E Journal*, **21** (3) October; pp. 85–9.

Rogel, J. (1984) *Action Research on Cooperative Learning*, IMTEC Schoolyear 2020 MAP no. 228.

Röhrs, H. (1983) Frieden – Eine pädagogische Aufgabe. Idee und Realität der Friedenspädagogik, Agenter Pedersen: Westermann.

Röhrs, H. (1994) *The Pedagogy of Peace as a Central Element in Peace Studies: A Critical Review and an Outlook on the Future*, pamphlet No. 63 of Peace Education Miniprints, Malmö, Sweden.

Rolff, H.-G. (1988) *Preparing for the Information Society*, IMTEC Schoolyear 2020 MAP no. 380.

Rolph, E. S. (1992) *Immigration Policies: Legacy From the 1980s and Issues for the 1990s*. Santa Monica, CA: Rand Corporation.

Roosens, E. (1994) Education for living in pluriethnic societies. A paper prepared for the Carnegie Corporation's *Frontiers in the Education of Young Adolescents*, a conference held at Marbach Castle, Germany from Nov. 3–5.

Rorty, R. (1979) *Philosophy and the Mirror of Nature*, Princeton: Princeton University Press.

Rorty, R. (1990) The dangers of over-philosophication-reply to Arcilla and Nicholson, *Educational Theory*, **40** Winter 41–5.

Rust, Val D. (1978/79) An educational interpretation of marcusian thought, *Philosophy of Education: Proceedings of the Far West Philosophy of Education Society*, **12**.

Rust, V. D. (1989) *The Democratic Tradition and the Evolution of Schooling in Norway*, Westport, CN: Greenwood Press.

Rust, V. D. and Dalin, P. (1985) Computer education Norwegian style: a comprehensive approach, *Educational Technology*, **25** (6), 17–20.

Rust, V. D. and Schofield, T. (1978) The West German sports club system: a model for lifelong learning, *Phi Delta Kappan* April, 54–36.

Rust, V. D., Knost, P. and Wichmann, J. (eds) (1994) *Education and the Values Crisis in Central and Eastern Europe*, Frankfurt a/M: Peter Lang.

Sandvand, J. E. (1994) Vi ler ikke lenger av ›Ola Dunk‹, *Aftenposten*, 19 February.

Sayer, J. (1993) *Education for Democracy*, IMTEC Schoolyear 2020 MAP no. 482.

SCANS (The Secretary's Commission on Achieving Necessary Skills) (1992) *Learning a Living. A Blueprint for High Performance*. Washington: US Dept of Labour.

Scherer, M. (1992) School snapshot: focus on African American culture, *Educational Leadership*, **49** (4), 17–19.

Schierbeck, O. (1994) *Ondskapens automatikk*, Kobenhavn: Politiken. 19 February.

Schlechty, P. C. (1991) *Schools for the 21st Century*, San Francisco: Jossey-Bass.

Schlesinger Jr., A. M. (1995) The disuniting of America: reflections on a multicultural society, in J. A. Shapiro and A. Shapiro (eds). *Campus Wars: Multiculturalism and the Politics of Difference*, Boulder: Westview Press, 226–34.

Schmidt, H. (1983) Technological change, employment and occupational qualifications, *Vocational Training Bulletin*, 11 June.

Schmidt, H. (1992) German vocational education and the dignity of work, in *Vocational Education: Germany and the United States*, (eds) V. D. Rust, H. Silberman and M. Weiner, Berkeley, CA: National Center for the Study of Vocational Education.

Schumann, M. and Wittemann, K. P. (1985) Entwicklungstendenzen der Arbeit im Produktionsbereich, in E. Altvater, M. Baethge und Others (eds), *Arbeit 2000: Über die Zukunft der Arbeitsgesellschaft*, Hamburg: VSE Verlag, 32–50.

Schwan, G. (1986) Das deutsche Amerikabild seit der Weimarer Republik. *Aus Politik und Zeitgeschichte*, 31–5.

Scott Paper Company and Lowell Elementary School (1988) IMTEC Schoolyear 2020 MAP no. 227.

Scott, P. (1990) Reaching beyond enlightenment, *Times Higher Education Supplement*, 24 August, 28.

Senge, P. M. (1990) *The Fifth Discipline, The Art and Practice of the Learning Organisation*. New York: Doubleday Currency.

Shanker, A. (1987) *The Role of the Teacher in Year 2020*, presentation at the School Year 2020 Conference, Finland, IMTEC 1987.

Silcox, H. (1991) Abraham Lincoln High School: community service in action, *Phi Delta Kappan*, **72** (10), 758–9.

Sills, D. and Merton, R. K. (eds) (1991) *International Encyclopedia of Social Science*, vol. 19, 70.

Simmons, J. (1974) Economic development and educational reform: a research proposal, Washington, DC: World Bank.

Sivard, R. L. (1987) *World Military and Social Expenditures 1987–88*. Washington, DC: World Priorities.

Sleeter, C. E. (ed.) (1991) *Empowerment through Multicultural Education*. Albany, NY: State University of New York Press.

Sloan, D. (1982) Toward an education for a living world, *Teachers College Record*, **84** (1), 1–14.

Smith, S. L. (1980) *Schooling: More or Less*, Auckland, NZ: Jacaranda Press.

Smolowe, J. (1993) Intermarried... with children, *Time* (special issue), Fall, 64.

Soja, E. W. (1989) *Postmodern Geographics: The Reassertion of Space in Critical Social Theory*, London: Verso.

Solmon, L. (1992) An economics perspective of vocational education, in *Vocational Education: Germany and the United States*, V. D. Rust, H. Silberman and M. Weiner (eds), Berlekey, CA: National Center for the Study of Vocational Education.

Sontheimer, M. (1990) Die Erde ist voll, *Die Zeit*, **52** (21 December), 15–17.

SSB: *Historisk statistikk* (1978) Oslo.

SSB: *Utdanningsstatistikk, videregående skole* (1992) Oslo.

Stammer, L. B. (1993) Astonishing religious revival abloom in Russia, study finds, *Los Angeles Times*, (25 Decenber), B6.

Stanek, M. (1993) *Demands of the Labour Market and Education in the Czech Republic*, IMTEC Schoolyear 2020 MAP no. 431.

Stevenson, H. and Stigler, J. (1992) *The Learning Gap*, New York: Summit Books.

Svingby, G. (1993) Effektive kunnskaper, *Bedre skole*, 2.

Sykorova, A. (1993) *The Position of a Teacher in the Process of Social Change*. IMTEC Schoolyear 2020 MAP no. 477.

Sylvester, R. (1985) Research on memory: major discoveries, major educational challenges, *Educational Leadership*, **42** (7), 69–75.

Task Force on Economic Adjustment and Worker Dislocation (1986) *Economic Adjustment and Worker Dislocation in a Competitive Society*, Washington, DC: U.S. Department of Labor.

Taylor, F. (1911) *The Principles of Scientific Management*, New York: Harper and Row.

Technology in Education Act of 1993 – S. 1040 (1994) *T.H.E. Journal*, 21 (1), 8.

Tella, S. (1994) New Information and Communication Technology as a Change Agent of Change of an Open Learning Environment, Pt 2, Department of Teacher Education, University of Helsinki, Research Report 133.

Thomas, D. C. & Klare, M. T. (1989) *Peace and World Order Studies*, Boulder, CO: Westview Press.

The Guardian (1989) Schools which became grant maintained from 1 September 1989, 29 August, 23.

Toffler, A. (1970) *Future Shock*, New York: Bantam.

Toffler, A. (1980) *The Third Wave*, New York: Bantam Books.

Toffler, A. (1983) *Preview and Premises*, New York: Bantam Books.

Toffler, A. (1990) *Powershift: Knowledge, Wealth and Violence at the Edge of the 21st Century*. New York: Bantam Books.

Totten, S. (1982) Activist educators, *Teachers College Record*, **84** (1), 199–209.

Toynbee, A. (1954) *A Study of History, IX*, London: Oxford University Press.

Tyler, R. (1985) *Basic Principles of Curriculum and Instruction*, Chicago: University of Chicago Press.

Udgaard, M. (1992) Valuta som politisk seismograf, *Aftenposten*, 11 September.

UNICEF (1988) *The State of the World's Children*, New York: Oxford University Press.

US News & World Report: Outlook (1993).

van Daele, H. (1991) Education and Changing Social Realities in Europe, paper presented at the Comparative and International Education conference, held in Pittsburgh, 14–17 March.

Versteeg, D. (1993) The rural high school as community resource, *Educational Leadership*, 50 (7), 54–5.

Vilarmau, J. M. (1993) *The Feabe Scheme (EC and Catalonia)*, IMTEC Schoolyear 2020 MAP no. 421B.

Vision: California 2010 (1988) A Special Report to the Governor, Sacramento: California Economic Development Corporation.

von Reichard, C. (1992) Kommunales Management im internationalen Vergleich, *Der Städtetag*, P12 *January*.

von Weizsäcker, E. U. (1992) Why the North must act first, Geneva: International Academy for the Environment.

Voutilainen, T. (1987) *Developing Effective Thinking Skills*, IMTEC Schoolyear 2020 MAP no. 357.

Wald, S. (1992) Biotechnology, agriculture and food, *OECD Observer*, no. 177.

Wallis, C. (1994) A class of their own, *Time* (31 October), 52–61.

Waltner, J. C. (1992) Learning from scientists at work. *Educational Leadership*, 49 (6), 48–52.

Weiler, H. N. (1983) Legalization, expertise and participation: strategies of compensatory legitimation ineducational policy, *Comparative Education Review*, 27, 259–77.

Wertheimer, M. (1945) *Productive Thinking*, New York: Harper & Row.

Weugelers, W. (1988) *The modular approach in The Netherlands: a technical Rationality in the Relationship between Education and Labor*. IMTEC Schoolyear 2020 MAP no. 160.

White, A. (1988) *Education in the Information Age*, IMTEC Schoolyear 2020 MAP no. 376.

Williams, R. and Heritage, M. (1988) Increasing lay power in school site management: comparing and contrasting England and Chicago, IMTEC Schoolyear 2020 MAP no. 383.

World Population Prospects (1988) United Nations Population Division, New York.

World Resources (1990–1991) World Resources Institute and International Institute for Environment and Development, New York/Oxford 1990.

Your Resource Guide to Environmental Organizations (1991) Irvine, CA: Smiling Dolphin Press.